AF287624

Richard Lutz

Neues Konzept zur 2D- und 3D-Visualisierung kontinuierlicher, multidimensionaler, meteorologischer Satellitendaten

Schriftenreihe des

Instituts für Angewandte Informatik / Automatisierungstechnik

am Karlsruher Institut für Technologie

Band 37

Eine Übersicht über alle bisher in dieser Schriftenreihe erschienenen Bände finden Sie am Ende des Buchs.

Neues Konzept zur 2D- und 3D-Visualisierung kontinuierlicher, multidimensionaler, meteorologischer Satellitendaten

von
Richard Lutz

Dissertation, Karlsruher Institut für Technologie
Fakultät für Maschinenbau
Tag der mündlichen Prüfung: 30. November 2010
Hauptreferent: Prof. Dr.-Ing. habil. Georg Bretthauer
Korreferent: Prof. Dr.-Ing. habil. J. Wernstedt

Impressum

Karlsruher Institut für Technologie (KIT)
KIT Scientific Publishing
Straße am Forum 2
D-76131 Karlsruhe
www.ksp.kit.edu

KIT – Universität des Landes Baden-Württemberg und nationales
Forschungszentrum in der Helmholtz-Gemeinschaft

KIT Scientific Publishing 2011
Print on Demand

ISSN: 1614-5267
ISBN: 978-3-86644-668-7

Ein neues Konzept zur 2D- und 3D-Visualisierung kontinuierlicher, multidimensionaler, meteorologischer Satellitendaten

Zur Erlangung des akademischen Grades eines

Doktors der Ingenieurwissenschaften

von der Fakultät für Maschinenbau des

Karlsruher Instituts für Technologie

genehmigte

Dissertation

von

Dipl.-Ing. Richard Lutz

geboren am 23. November 1960 in Pforzheim

Hauptreferent:	Prof. Dr.-Ing. habil. G. Bretthauer
Korreferent:	Prof. Dr.-Ing. habil. J. Wernstedt
Tag der mündlichen Prüfung:	30.11.2010

Danksagung

Die vorliegende Dissertation entstand während meiner Tätigkeit als wissenschaftlicher Mitarbeiter am Institut für Angewandte Informatik (IAI) des Karlsruher Instituts für Technologie (KIT).

Mein besonderer Dank gilt Herrn Prof. Dr.-Ing. habil. Georg Bretthauer, der mir die Erstellung der Arbeit ermöglichte und mich stets durch Diskussion und kritische Hinweise unterstützte.

Herrn Prof. Dr.-Ing. habil. Jürgen Wernstedt danke ich sehr für die Übernahme des Korreferats.

Weiterhin danke ich allen Kolleginnen und Kollegen des Instituts für Angewandte Informatik, welche auf unterschiedlichste Weise zum Gelingen der Arbeit beigetragen haben, insbesondere für die freundliche und kreative Arbeitsatmosphäre, die kollegiale Hilfe bei den kleinen und großen Problemen der täglichen Arbeit, für viele Diskussionen und Zuarbeiten in Form von Praktika, Diplom-, Bachelor- und Masterarbeiten sowie für eine gut funktionierende Hardware- und Software-Infrastruktur.

Namentlich nennen möchte ich Herrn Thomas Beckmann, Frau Madlen Behlert, Frau Beatrice Daum, Herrn Jürgen Engelmann, Herrn Michael Gehle, Herrn Werner Geiger, Frau Claudia Greceanu, Frau Friedel Jung, Herrn Tobias Kirchberg, Herrn Lars Liedtke, Herrn Hans-Peter Lorenz, Herrn André Priebe, Herrn Martin Rebenstorff, Frau Susanne Ressel, Herrn Sascha Schlindwein, Herrn Christian Schmitt, Frau Sabine Schuhmacher, Herrn Marc Schulirsch, Herrn Jens de Witt und Herrn Ronny Wörl.

Ein ganz besonders herzlicher Dank gilt schließlich meinen Eltern, die mir mein Studium nach der Schulzeit ermöglichten und vor allem meiner Frau Eva und meinen Kindern Fabian, Svenja und Miriam. Alle waren für mich während der Promotionszeit ein wichtiger Rückhalt.

Inhaltsverzeichnis

1 **Einleitung**   **1**

1.1   Bedeutung einer intelligenten Datenauswertung und Visualisierung konti-
      nuierlicher, multidimensionaler, meteorologischer Satellitendaten   3

    1.1.1   Umweltsatellit ENVISAT und Instrument MIPAS   4

    1.1.2   Kontinuierliche, mehrdimensionale, meteorologische Satelliten-
          daten   5

    1.1.3   Struktur der meteorologischen MIPAS/ENVISAT-Satellitendaten   7

    1.1.4   Anforderungen an die Visualisierung kontinuierlicher,
          multidimensionaler Satellitendaten   12

1.2   Darstellung des Entwicklungsstandes   15

    1.2.1   Punktbasierte Diagramme   16

          1.2.1.1   Scatterplot (Streudiagramm, Punktdiagramm)   16

          1.2.1.2   Scatterplot-Matrix (Streudiagramm-Matrix)   18

    1.2.2   Linienbasierte Diagramme   21

          1.2.2.1   Liniendiagramm   21

          1.2.2.2   Parallele Koordinaten   22

          1.2.2.3   Kiviatgraph   26

          1.2.2.4   Polardiagramm   26

    1.2.3   Flächenbasierte Diagramme   26

          1.2.3.1   Säulen- und Balkendiagramme (Bar Charts)   26

          1.2.3.2   Histogramme   29

          1.2.3.3   Kreis- und Ringdiagramme   29

          1.2.3.4   Flächenbasierte Kiviatgraphen   30

    1.2.4   Ikonenbasierte Techniken   30

          1.2.4.1   Chernoff-Gesichter (Chernoff Faces)   31

          1.2.4.2   Strichmännchen (Stick Figures)   33

          1.2.4.3   Glyphen   34

          1.2.4.4   Data Jack   37

          1.2.4.5   Farb-Ikonen   38

    1.2.5   Pixelbasierte Techniken   39

    1.2.6   3D-Techniken   39

          1.2.6.1   Volumen- und Flächendarstellung   39

          1.2.6.2   2D-Techniken im 3D-Raum   42

          1.2.6.3   Einsatz von Farben bei der Visualisierung   42

          1.2.6.4   Helligkeit   44

          1.2.6.5   Linien- und Flächenattribute   44

          1.2.6.6   Größe und Gestalt   45

          1.2.6.7   Transparenz   45

          1.2.6.8   Schattierung von Flächen- und Volumenelementen . .   47

		1.2.6.9	Perspektive und Projektion im Raum	49
		1.2.6.10	Künstlicher Nebel	50
	1.2.7	Animationen		51
		1.2.7.1	Grundlagen	51
		1.2.7.2	Animationen zur Visualisierung wissenschaftlicher Daten	52
		1.2.7.3	Animationstechniken	53
	1.2.8	Fazit		54
1.3	Ziele und Aufgaben der Arbeit			54

2 Neues Konzept zur 2D- und 3D-Visualisierung multidimensionaler Daten   59

2.1	Beschreibung des Konzeptes			59
2.2	Datensätze			61
2.3	Hilfsmittel für die 2D- und 3D-Visualisierung			64
	2.3.1	Hilfsmittel für die 3D-Visualisierung		64
		2.3.1.1	Farben, Farbhelligkeit und Linienstärke	64
		2.3.1.2	Weltkarte, Globus, Koordinatensystem und Surrogate	64
		2.3.1.3	Räumliches Gitter	67
		2.3.1.4	Positions- und Distanzanpassung	69
		2.3.1.5	Selektion und detaillierte Datenanzeige	70
		2.3.1.6	3D-Basis-Viewer	70
	2.3.2	Hilfsmittel für die 2D-Visualisierung		71
2.4	Scatterplot			72
2.5	Neues Konzept für den Einsatz von Stick Figures im 3D-Raum			77
	2.5.1	Neue Stick-Figure-Varianten		78
	2.5.2	Visuelle Interpretation der abgebildeten Parameter		81
	2.5.3	Optimierung der Interpretation und Identifikation von Profilverläufen		83
		2.5.3.1	Absolutsetzen der Extremitätendrehwinkel relativ zum Basiskörper	84
		2.5.3.2	Ausblenden des Basiskörpers und der Extremitäten	86
		2.5.3.3	Veränderung des Längenverhältnisses zwischen Extremitäten und Basiskörper	88
		2.5.3.4	Überlagerung mit farbkodierten Spurengasprofilen	88
		2.5.3.5	Wertabhängige Farb- bzw. Element-Helligkeit	90
		2.5.3.6	Verwendung von Transparenz	91
	2.5.4	Visualisierung der unterschiedlichen Stick-Figure-Varianten		92
		2.5.4.1	Varianten mit festen Extremitäten- und Basiskörperwinkeln	92
		2.5.4.2	Varianten mit parameterabhängiger Basiskörperdrehung und festen Extremitätenwinkeln	95
		2.5.4.3	Varianten mit parameterabhängigen Basiskörper- und Extremitätenwinkeln	96

2.5.4.4 Varianten mit parameterabhängigen Extremitätenwinkeln und festem Basiskörperwinkel 100

2.5.5 Fazit 100

2.6 Glyphen 102

2.7 Data Jacks im 3D-Raum 107

2.8 Balkendiagramme (Bar Charts) 110

2.9 Profilgruppen 111

3 Neue Methode zur Darstellung von Profilverläufen: Parallele Profile 117

3.1 Grundlagen 117

3.2 Parallele Profile im zweidimensionalen Raum 119

3.3 Parallele Profile im dreidimensionalen Raum 120

3.4 Fazit 126

4 Erweiterung von Visualisierungen durch Bewegungsanimationen 129

4.1 Animationsarten 129

4.1.1 Bewegungen im Raum 130

4.1.2 Darstellung von zeitlichen Änderungen 131

4.1.3 Kombinationen 132

4.2 Animationen im 2D-Raum 132

4.2.1 Scatterplot 133

4.2.2 Stick Figures 135

4.2.3 Kiviatgraph 140

4.3 Animationen im 3D-Raum 145

4.3.1 Räumliche Animation 145

4.3.2 Zeitliche Animation 146

4.3.3 Fazit 148

5 Bewertung der unterschiedlichen Visualisierungselemente 151

5.1 Erkennbarkeit von Profilen und Korrelationen 152

5.2 Speicherplatzbedarf der 3D-Visualisierungelemente 155

5.3 Leistungsfähigkeit und Interaktionsgeschwindigkeit des Visualisierungssystems für unterschiedliche Visualisierungselemente 157

5.4 Komfortabilität der Visualisierungselemente 158

5.5 Fazit 159

6 Realisierung und Integration der Visualisierungstechniken 161

6.1 Struktur der Datensätze 162

6.2 Systemarchitektur 163

6.2.1 Struktur der Visualisierungselemente 167

6.2.2 Einbindung der Visualisierungselemente in ein Gitter 167

6.2.3 Struktur des Basis-Visualisierers 168

      6.2.4   Datenhaltung bei parallelem Betrieb 169
      6.2.5   Kommunikation zwischen Visualisierer und Elementen 170
      6.2.6   Integration der Animationskomponente 171
  6.3   Aufbau des Java3D-Szenegraphen des Basis-Visualisierers 172
  6.4   Benutzungsoberflächen 175
  6.5   Optimierungsbetrachtungen 176

7   Zusammenfassung und Ausblick   181

Anhang   187

A   Datenaufbereitung für form- und farbändernde, zeitliche Animation   189

B   Java2D und Java3D - strukturelle Unterschiede   193
  B.1   Java2D und die Java Foundation Classes 193
  B.2   Java3D 194
      B.2.1   3D-Szenegraph 194
      B.2.2   Szenegraph und seine wesentlichen Komponenten 196

C   Transformation der Geolokationen auf die Globus-Oberfläche   203

D   Benutzungsoberflächen   207
  D.1   Basis-Applikationen 207
  D.2   Basis-Visualisierer 210

Literaturverzeichnis   215

Abbildungsverzeichnis   225

Tabellenverzeichnis   229

Glossar   231

1 Einleitung

Die Nutzung der von Satelliten gewonnenen Daten ist aus der heutigen Zeit nicht mehr wegzudenken. Seit die ersten zivilen Satelliten Ende der 60er und 70er Jahre des letzten Jahrhunderts sensationelle Aufnahmen und Bilder lieferten, war ihr Siegeszug nicht mehr aufzuhalten. Neben Erdbeobachtungssatelliten wurden im zivilen Bereich vor allem Nachrichten- und Fernsehsatelliten und - in neuerer Zeit - Navigationssatelliten entwickelt und in Erdumlaufbahnen gebracht.

Erdbeobachtungssatelliten sind Satelliten, die speziell zur Erdbeobachtung aus dem Orbit entworfen wurden. Haupteinsatzgebiete sind die Meteorologie mit Wettersatelliten, die Umweltbeobachtung mit Umweltsatelliten sowie die Geologie, Geographie und Geodäsie.

Für das Gebiet der Erderkundung gibt es neben geostationären Satelliten, die in ca. 36000 km Höhe an einem festen Punkt relativ zur Erde positioniert werden, die so genannten Low-Earth-Orbit-Satelliten, welche die Erde auf einer polaren, sonnensynchronen Bahn in einer Höhe von 200 - 2000 km umkreisen. Ein Low-Earth-Orbit-Satellit benötigt für einen Orbit ca. 100 Minuten und wiederholt seine Bahn nach 35 Tagen. Viele der Erdbeobachtungssatelliten sind mit Instrumenten ausgestattet, die auf Radar- oder Lidartechnik basieren oder die Spektrometer verwenden.

Zur Gruppe der Low-Earth-Orbit-Satelliten kann der Umweltsatellit ENVISAT gezählt werden, dessen Instrument MIPAS die Daten liefert, welche im Rahmen der vorliegenden Arbeit visualisiert werden [ESA09]. Der Einsatz von Low-Earth-Orbit-Satelliten zur Erderkundung hat den immensen Vorteil, dass nicht nur einzelne begrenzte geografische Gebiete vermessen werden können, sondern dass meist die gesamte Erdoberfläche über einen längeren Zeitraum erfasst werden kann. Je nach Satellit und Messinstrument ist es auch möglich, unabhängig von der Tageszeit exakte Messungen durchzuführen.

Da Low-Earth-Orbit-Satelliten und deren Instrumente ihre Messungen entlang einer Umlaufbahn durchführen, entstehen Datensätze, welche kontinuierlich anfallen und jeweils bestimmten geografischen Positionen zugeordnet sind. Aufgrund der Tatsache, dass der Satellit erst nach genau 35 Tagen die selbe Position wieder überfliegt, ist eine relativ kurzfristige, zeitliche Änderung einzelner Messgrößen an genau den Orten des erneuten Überflugs nur bedingt ermittelbar, vor allem, weil sich einzelne Messgrößen teilweise relativ schnell ändern können.

Satellitengestützte Messdaten werden im Allgemeinen sofort mit bunten Landkarten und Bildern in Zusammenhang gebracht, welche sich bereits optisch eindeutig bestimmten geografischen Gebieten zuordnen lassen. Bekannt sind hierbei vor allem Satellitenbilder, die für Wettervorhersagen verwendet werden und hoch aufgelöste Fotos, die von meist militärischen Satelliten gemacht wurden. Dabei handelt es sich häufig um Bilddaten, welche durch Aufnahmen direkt entstanden sind und bei denen durch komplexe Überarbeitung und Analyse einzelne Sachverhalte zusätzlich – beispielsweise mit Falschfarbendarstellung – abgebildet werden können [SGG96].

2

1. Einleitung

Daneben gibt es auch Karten und Bilder von Verteilungen einzelner Messgrößen wie beispielsweise die Darstellung des so genannten Ozonlochs[1] über der (Ant-)Arktis. Weiter
sind Abbildungen von Größen und Orientierungen bestimmter Messgrößen bekannt wie
die Darstellung von Windrichtung und –stärke über einem geografischen Gebiet. Alle
Karten und Bilder wurden auf der Basis von Satellitendaten generiert, welche von unterschiedlichen Satelliteninstrumenten stammen.

Eine Hauptklasse erdbeobachtender Satelliteninstrumente wird optische Instrumente genannt, da sie ihre Daten durch Aufnahme der von der Erde reflektierten Sonnenener-
gie über verschiedene Wellenlängen beziehen, die sowohl das sichtbare Licht als auch
unsichtbare Infrarotbänder beinhalten [ESA09]. Die Ergebnisse der Messungen werden
meist in Form von Verteilungskarten dargestellt.

Weitere Instrumente – bekannt unter der Bezeichnung Radarinstrumente – senden Mi-
krowellenimpulse zur Erde und messen, wie die Impulse zum Satelliteninstrument re-
flektiert werden. Die Radarinstrumente messen Erdoberflächenrauhigkeiten anstatt Licht-
oder Wärmeenergie und haben den Vorteil, dass sie auch bei Dunkelheit und Nebel genaue
Daten liefern. Als Ergebnisse liegen auch hier vor allem topografische Landkarten vor.

Eine andere Gruppe von Satelliteninstrumenten hat die Beobachtung des Atmosphären-
aufbaus zur Aufgabe. Sie arbeiten durch Detektion von Licht, Wärme oder Strahlungs-
energie, welche von der Atmosphäre absorbiert oder emittiert werden, woraus das Vorhandensein von chemischen Stoffen und Gasen abgeleitet wird. Auch hier werden entweder Verteilungskarten oder einzelne Höhenprofilkurven zur Darstellung der Ergebnisse
verwendet.

Eine spezielle Gruppe von Satelliteninstrumenten beobachtet und misst den Atmosphä-
renaufbau hinsichtlich des Vorhandenseins von Spurengasen und der Wechselwirkung
zwischen einzelnen Spurengasen durch die Analyse spektroskopischer Daten. Luftmole-
küle absorbieren die Strahlung des Sonnenlichts bei dessen Vordringen in die Atmosphäre
bei molekülspezifischen Wellenlängen des Spektralbereichs. Die Absorptionsstärke ist bedingt durch die molekularen Eigenschaften und die Häufigkeit der Moleküle. Daher ist es
möglich, die Konzentrationen mehrerer atmosphärischer Spurengase durch die Untersuchung der Absorptionslinien der Sonnenspektren zu bestimmen [GC94]. Zur Darstellung
der Mess- und Berechnungsergebnisse liegen meist entweder Verteilungskarten oder einzelne Höhenprofilkurven vor.

Für das zur letztgenannten Gruppe gehörende MIPAS-Instrument, welches in Abschnitt
1.1.1 näher beschrieben wird, liegen die vorausgewerteten Messdaten in Form von Infrarotspektren vor. Die weitere Auswertung der Messdaten liefert Spurengaskonzentrationen
als Höhenprofile. Da pro Spektrum und Messintervall mehrere Spurengase abgeleitet werden können, handelt es sich um multidimensionale Datensätze.

---

[1](Ant-)arktischer Bereich in der oberen Stratosphäre (ca. 25-50km) in dem eine zu geringe Konzentration von Ozon vorliegt. Die Ozon-Konzentration schwankt jahreszeitlich abhängig von
der Menge der solaren UV-Strahlung

In der vorliegenden Arbeit werden neue Konzepte und Methoden zur Visualisierung kontinuierlicher, multidimensionaler, satellitenbasierter Daten vorgestellt und auf ihre Eignung hinsichtlich der Darstellung und Handhabbarkeit unterschiedlich großer Datenmengen untersucht.

1.1 Bedeutung einer intelligenten Datenauswertung und Visualisierung kontinuierlicher, multidimensionaler, meteorologischer Satellitendaten

Ein wesentliches Ziel des Einsatzes von Satelliten zur Erdbeobachtung ist, dass sie nach erfolgreichem Start und erfolgreicher Inbetriebnahme über einen längeren Zeitraum – meist mehrere Jahre – kontinuierlich Messdaten liefern. Ist der Satellit nicht lediglich geostationär positioniert, sondern besitzt zusätzlich noch eine eigene Flugbahn, so ist er in der Lage, große Gebiete der Erdoberfläche messtechnisch zu erfassen.

Dabei fallen kontinuierlich sehr große Mengen an Rohdaten an, welche nach der Übermittlung zu festen Bodenstationen vorausgewertet und entsprechend in ihrem Umfang reduziert werden. Beim MIPAS-Instrument des Umweltsatelliten ENVISAT liegen nach der Vorauswertung für eine genau festgelegte geografische Position Infrarotspektren in fünf unterschiedlichen Kanälen vor. Die komplexe Berechnung von Spurengaskonzentrationen aus den Infrarotspektren liefern für jede der geografischen Positionen mehrere[2] Spurengas-Höhenprofile.

Dabei sind Antworten auf folgende Fragen von Interesse:

1. In welchen Höhen treten besonders hohe oder niedrige Konzentrationen eines Spurengases auf?

2. Wie verhält sich die Konzentration eines Gases gegenüber der Konzentration eines anderen oder auch mehreren anderen Gasen mit zunehmender Höhe an einem definierten geografischen Ort?

3. Welche zeitlich bedingten Änderungen erfahren Spurengaskonzentrationen innerhalb eines vordefinierten geografischen Gebietes in einer vorgegebenen Höhe?

4. Wie ändern sich die Konzentrationen eines oder mehrerer Gase entlang eines Orbits oder innerhalb eines vorgegebenen Zeitintervalls an einem vorgegebenen Ort in unterschiedlichen Höhen?

Als Antworten auf die gestellten Fragen bieten sich unterschiedliche Visualisierungen an. Dabei existieren neben einfachen X-Y-Diagrammen eine nicht geringe Anzahl weiterer

---

[2]An den meisten Positionen, für die Berechnungen durchgeführt wurden, liegen zur Zeit (2010) ungefähr 10 Spurengase vor, teilweise werden für ausgesuchte geografische Positionen auch mehrere Dutzend Spurengase berechnet.

zweidimensionaler Diagrammarten, welche die einzelnen Sachverhalte mehr oder weniger befriedigend darstellen können. Eine kurze Übersicht über die gängigen Diagrammarten und eine Einschätzung hinsichtlich ihrer Einsatzmöglichkeiten für die oben genannten Fragestellungen wird in der vorliegenden Arbeit gegeben.

Weit interessanter als die Darstellung von Daten in der Ebene sind hierbei räumlich orientierte Darstellungsarten. Viele der für den zweidimensionalen Bereich vorhandenen Diagrammarten lassen sich ebenso im dreidimensionalen Raum realisieren. Dabei treten häufig besonders auffällige Effekte auf, die das Erkennen von Profilverläufen deutlich verbessern können.

Ein weiterer Meilenstein ist die Darstellung von sich zeitlich oder räumlich ändernden Werten. So können die einzelnen Diagrammarten – im zwei- und dreidimensionalen Raum – durch Einsatz von Animationen zusätzliche Aussagen über das Verhalten von Daten liefern. In der vorliegenden Arbeit werden die gängigen Animationsarten vorgestellt. Anhand prototypischer Realisierungen werden deren Einsatzbereiche, aber auch deren Grenzen aufgezeigt.

Die Bedeutung einer intelligenten Datenauswertung und Visualisierung kontinuierlicher, multidimensionaler, meteorologischer Satellitendaten zeigt sich darin, dass die großen Datenmengen, welche von Satelliteninstrumenten geliefert werden, ohne visuelle Unterstützung nur sehr aufwändig interpretiert werden können. Das menschliche Auge erkennt Zusammenhänge weit schneller und einfacher, als es mathematische Methoden vermögen, deren Entwicklung wiederum auf menschlichen Beobachtungen beruhen. Zur optimalen Identifikation müssen die Daten geeignet für einen Betrachter dargestellt werden, welcher aufgrund seiner Individualität unterschiedliche Vorgehensweisen, Ansichten, Darstellungsarten und Farben bevorzugt.

Ein Ziel der vorliegenden Arbeit ist es, Meteorologen und Umweltwissenschaftlern durch schnelle und komfortable Visualisierungen weitere Hilfestellungen anbieten zu können, um meteorologische und atmosphärenchemische Zusammenhänge besser und in manchen Bereichen möglicherweise erstmalig erforschen zu können. Hierzu werden für den zwei- und dreidimensionalen Raum Werkzeuge und neue Methoden zur Verfügung gestellt, um chemische, physikalische und meteorologische Zusammenhänge zwischen einzelnen Spurengasen besser und schneller als bisher darstellen zu können.

1.1.1   Umweltsatellit ENVISAT und Instrument MIPAS

Die Europäische Raumfahrtagentur (ESA) hat im Jahre 2001 mit ENVISAT den weltweit bisher größten Umweltsatelliten erfolgreich in eine Erdumlaufbahn gebracht. ENVISAT ist mit zehn unterschiedlichen Instrumenten zur Umweltbeobachtung aus dem Weltraum ausgestattet [ESA09].

Eines der Messinstrumente ist das Michelson Interferometer für passive atmosphärische Sondierung (MIPAS). Es handelt sich um ein hochauflösendes Fourier-Transformations-

Spektrometer, das im mittleren Infrarotbereich die atmosphärischen Emissionen des Erdhorizonts misst, aus denen die Konzentrationsverteilungen von atmosphärischen Spurengasen berechnet werden.

Die Auswertestrategien und -algorithmen, die im Hinblick auf besondere meteorologische Fragestellungen verwendet werden, erfordern die vollständige Behandlung von Non-LTE-Effekten (Local Thermodynamic Equilibrium) einschließlich der simultanen Ableitung von Spurengas-Profilen und Non-LTE-Parametern, die Behandlung von horizontal nicht homogenen Bedingungen, Wolken, Streuung, starken vertikalen Gradienten im Bereich der Tropo- und Hygropause, die Berücksichtigung von breitbandig absorbierenden Spurenstoffen (Gase und Aerosole) und vieles mehr.

ENVISAT ist für eine geplante Einsatzdauer von vier bis fünf Jahren ausgelegt. Die vom MIPAS-Instrument gelieferten Rohdaten werden in den Bodenstationen aufbereitet und vorausgewertet. Danach werden daraus in eigens dafür eingerichteten Expert Support Laboratories (ESL) Spurengase für eine Vielzahl atmosphärischer Spurengase berechnet.

Neben den ENVISAT-Satellitendaten stehen noch weitere MIPAS-Daten zur Validierung zur Verfügung, da das Messsystem auf unterschiedlichen Plattformen (Ballon, Flugzeug, und bodengebunden) eingesetzt werden kann.

1.1.2 Kontinuierliche, mehrdimensionale, meteorologische Satellitendaten

Im Gegensatz zu flächenorientierten Messdaten wie Fotos oder generierten Landkarten werden in der vorliegenden Arbeit Messdaten betrachtet, welche punktuell kontinuierlich aufgenommen werden. Die dem Messinstrument MIPAS zu Grunde liegende Vorgehensweise sieht z.b. ein vertikales „Scannen" des Horizonts bei gleichzeitiger konstanter Fortbewegung des Satelliten vor. Hieraus ergeben sich in bestimmten Zeitabständen Messungen, welche nach der Auswertung durch das Institut für Meteorologie und Klimaforschung (IMK) des Karlsruher Instituts für Technologie (KIT) als Expert Support Laboratory(ESL) der ESA als mehrdimensionale Datensätze vorliegen [LL97, LGB+03, Bec02, Bec03, SCF+02, Sti00].

Abbildung 1.1 zeigt zwei direkt nacheinander gemessene Orbits des Satelliten ENVISAT aus unterschiedlichen Perspektiven. Die Linien stellen jeweils einen Scan-Bereich des MIPAS-Instruments dar, der wiederum einer exakten geografischen Position zugewiesen ist. In den beiden oberen Bildern ist der durch die Erdrotation verursachte Versatz der Umlaufbahn deutlich zu erkennen. Der Startpunkt des ersten (blau eingefärbten) Orbits liegt im Süden Afrikas, dessen Endpunkt ca. 2000 km westlich davon. Daran schließt sich direkt der zweite (rote) Orbit an, dessen Endpunkt wiederum 2000 km westlich des Startpunkts liegt. In der Nähe der beiden Pole kreuzen sich deren Bahnen, verursacht durch die Erdrotation und die Flugbahn des Satelliten.

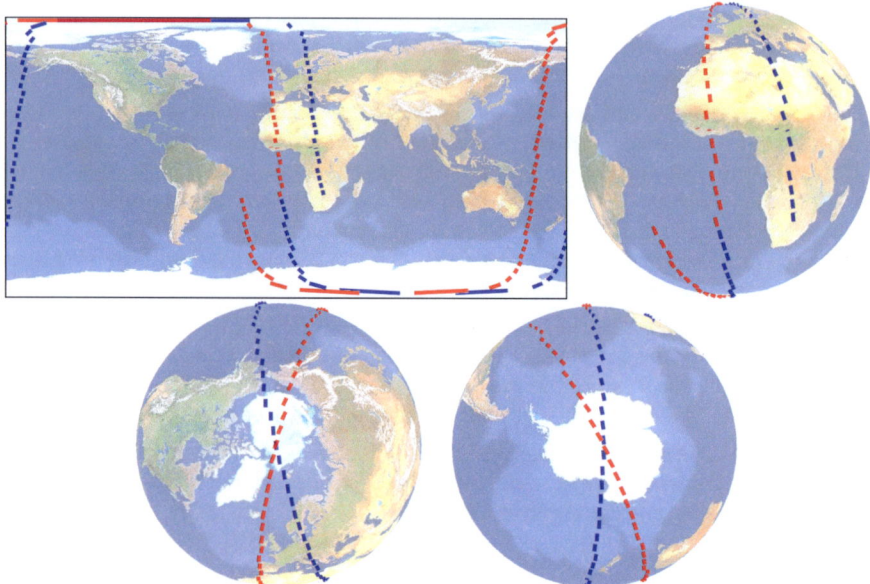

Abbildung 1.1: Zwei Orbits (rot und blau gefärbt) des Umweltsatelliten ENVISAT aus
          unterschiedlichen Perspektiven

Die Mehrdimensionalität der Datensätze ergibt sich dabei nicht nur aus dem räumlichen
und zeitlichen Kontext, sondern in jedem Messpunkt (Scan) können theoretisch beliebig
viele berechenbare Messgrößen vorliegen.

Ein wesentliches Ziel einer Visualisierung ist nun, das Verhalten einzelner Messgrößen im
zeitlichen, räumlichen und meteorologischen Kontext mit anderen Messgrößen und deren
Verhalten vergleichen und einschätzen zu können. Die Ergebnisse können somit direkt in
die Entwicklung entsprechender Algorithmen für die Berechnung der betrachteten sowie
weiterer Messgrößen einfließen.

Eine besondere Herausforderung bei der Visualisierung punktuell aufgenommener Satellitendaten stellt die Erzeugung von zwei- und dreidimensionalen Bildern und Animationen
dar, wenn die physikalischen und meteorologischen Daten sich ebenfalls kontinuierlich,
d.h. örtlich und zeitlich abhängig ändern können. Hier muss insbesondere darauf geachtet
werden, dass die Daten für ein gegebenes Zeitintervall ausreichend konstant sind, um eine
realistische Abbildung der Messgrößen zu gewährleisten.

1.1.3 Aufbau und Struktur der meteorologischen MIPAS/ENVISAT-Satellitendaten

Die MIPAS-Daten werden bei gleichzeitiger Fortbewegung des Satelliten ENVISAT auf-genommen. Das Instrument misst entgegen der Flugbahn im mittleren Infrarotbereich die atmosphärischen Emissionen des Erdhorizonts (Abbildung 1.2).

Aufgrund der Weiterbewegung des Satelliten werden die Messwerte nicht zu einem be-stimmten Zeitpunkt an einem bestimmten Ort ermittelt, sondern über einen bestimmten geometrischen Bereich innerhalb eines bestimmten Zeitraums.

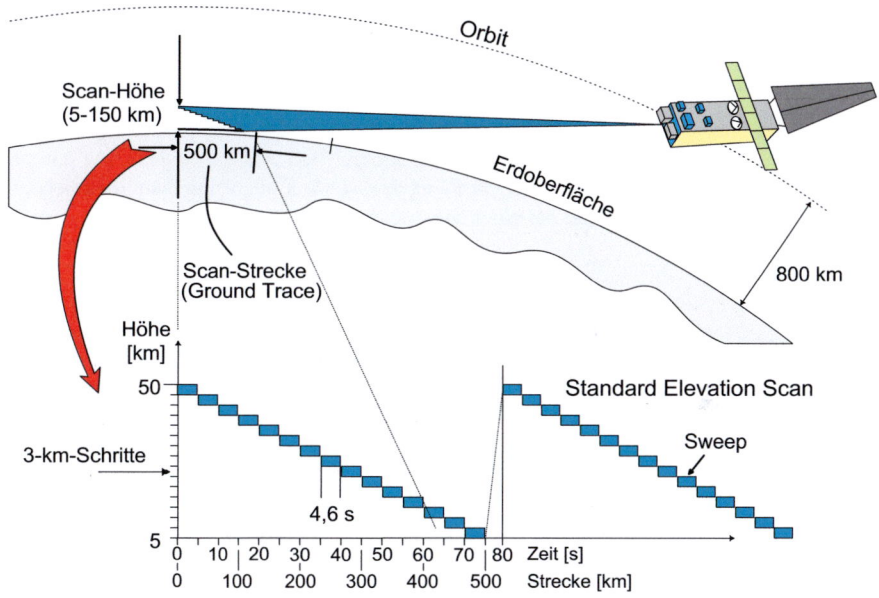

Abbildung 1.2: Struktur der MIPAS/ENVISAT-Messdaten

Die Messung erfolgt innerhalb eines so genannten Elevation Scans, einer in bis zu 75 Schritten ausgeführten, abwärtsgerichteten Vertikalbewegung der Messsonde. Das dabei erfasste Messfenster beschreibt ein Rechteck mit den ungefähren Längen von 3km (verti-kal) und 30 km (horizontal). Da der Satellit sich während der Messung stetig fortbewegt, ergibt sich näherungsweise ein Quader, dem eine Messung zugeordnet werden kann.

Die als Ergebnis gewonnenen Zeitpunkte und Orte ergeben sich aus der wissenschaftli-chen Auswertung der Rohdaten zu Infrarotspektren durch die ESA. Dabei wird ein Elevation Scan einer so genannten Geolokation[3] zugeordnet, welche neben einer geografischen Positionsangabe, der zugehörigen Messzeit sowie weiteren beschreibenden Daten für jeden vertikalen Messschritt (*Sweep*) bis zu fünf Spektren unterschiedlicher Bandbreite beinhaltet.

Die durch den Satelliten gelieferten Messwerte werden entlang der Erdumlaufbahn erfasst. Eine Bahnwiederholung erfolgt nach 35 Tagen (Zyklus). Das bedeutet, dass der Satellit erst nach diesem Zeitraum exakt denselben Ort auf der Erde erneut überfliegt.

Aufgrund der Flugbahn sowie der Erdrotation beträgt der Abstand der Position eines Messpunkts eines Orbits zum nächstgelegenen Messpunkt desselben Breitengrads nahe des Äquators ca. 2800 km, im nördlichen Mitteleuropa (55°) ca. 1600 km. So wird beispielsweise über Moskau gemessen und nach einem Orbit (100 Min.) ist der Satellit über Kopenhagen. In der Zwischenzeit kann sich die Konzentration eines oder mehrerer Spurengase bereits stark geändert haben bzw. am neuen Ort liegen andere Spurengaskonzentrationen vor (siehe hierzu auch Abbildung 1.1).

Abbildung 1.3 zeigt Messdaten für den Monat April 2003. Gut zu erkennen ist, dass die Messdaten stets in ungefähr gleichen Breitengradbereichen erfasst werden. Das hat zur Folge, dass lokale Werte für einzelne Spurengaskonzentrationen nur dann ausreichend korrekt sind, wenn sie sehr nahe bei einer Messposition liegen.

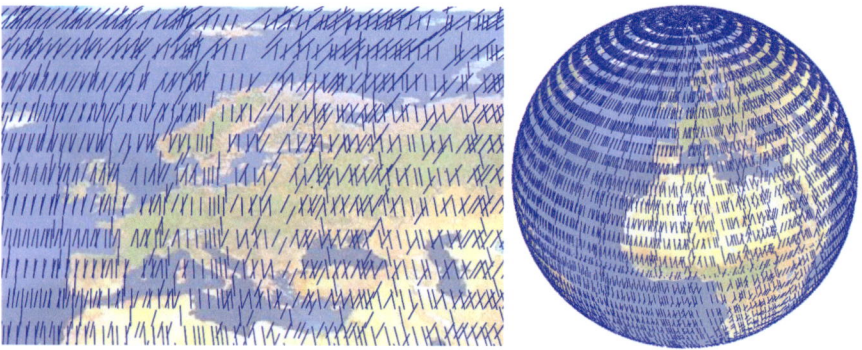

Abbildung 1.3: Verteilung von MIPAS/ENVISAT-Messdaten (Spektren)

In Abbildung 1.3 repräsentieren die nach links geneigten Linien Geolokationen, welche beim Flug von Süd nach Nord (Anfang des Orbits) gemessen wurden, die nach rechts geneigten Linien repräsentieren die Geolokationen des Orbits mit Messrichtung von Nord nach Süd.

---

[3]Geografischer Ort, an dem die Spektren gemessen wurden. Eine Geolokation fasst sämtliche für den Messort vorhandenen Spektren sowie die daraus berechneten Spurengasprofile als eine eigene Entität zusammen.

Die aus solchen Spektren abgeleiteten Profildatensätze für den Monat September 2002 über einem Teil von Europa sind In Abbildung 1.4 dargestellt. Dabei sind die einzelnen Datensätze als Punkte mit einem Transparenzwert repräsentiert, d.h. bei mehreren an einer Stelle vorhandenen Ergebnisprofilen werden die Punkte durch Überlagerung dunkler bzw. mit einer höheren Farbsättigung versehen. Hier ist der relativ große Abstand der einzelnen Messpositionen in Nord-Süd-Richtung deutlicher als bei den Spektren zu erkennen.

Abbildung 1.4: Aus MIPAS/ENVISAT-Messdaten abgeleitete Profildatensätze (Existenz und Ort) über Europa

Sowohl in regelmäßigen Abständen als auch bei Bedarf können aufgrund von Kalibrierungen der Systeme und des Satelliten (Lage, Orientierung, Neigung, Position usw.) keine Messungen durchgeführt werden, was zu Lücken im Datenbestand führt.

Die den MIPAS/ENVISAT-Messdaten zugrunde liegende Datenstruktur verdeutlicht Abbildung 1.5 in semigrafischer Form. Die hierarchische Unterteilung erfolgt entsprechend der Messdatenaufnahme in Zyklen (*Cycles*), Orbits und Geolokationen, denen wiederum mehrere *Sweeps* zugeordnet sind, welche die Infrarotspektren für jeweils fünf Kanäle beinhalten. Angegeben werden ebenso die Standardwerte für Geolokationen und Sweeps, wie sie im MIPAS-Instrument voreingestellt sind. Diese Werte können während der Mission von der Bodenstation der ESA geändert werden.

Abbildung 1.6 stellt die Struktur der Mess- und Ergebnisdaten von MIPAS/ENVISAT als vereinfachtes UML-Klassenmodell dar [OMG09, Bur97, Oes01]. Einer Geolokation

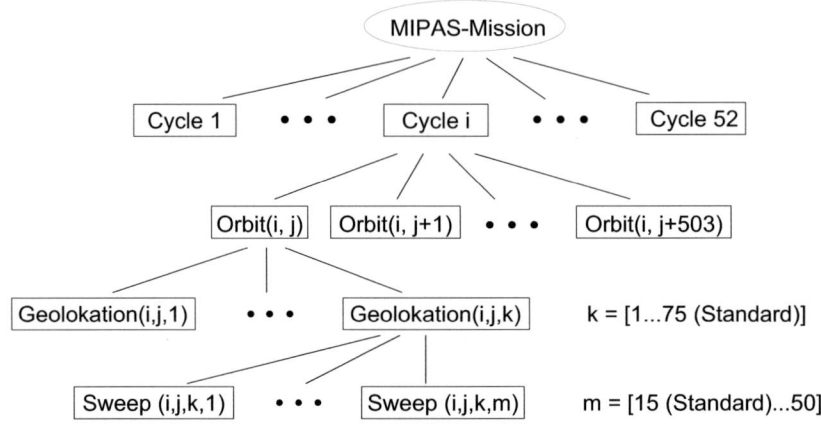

Abbildung 1.5: Struktur der MIPAS/ENVISAT-Messdaten

sind hier beliebig viele Ergebnisprofile (Spurengasprofile) zugeordnet, welche wiederum eine eindeutige Referenz auf ihre Basisgeolokation besitzen. Die Ergebnisprofile sind auf effiziente Weise in der WISA-Datenbank[4] abgelegt.

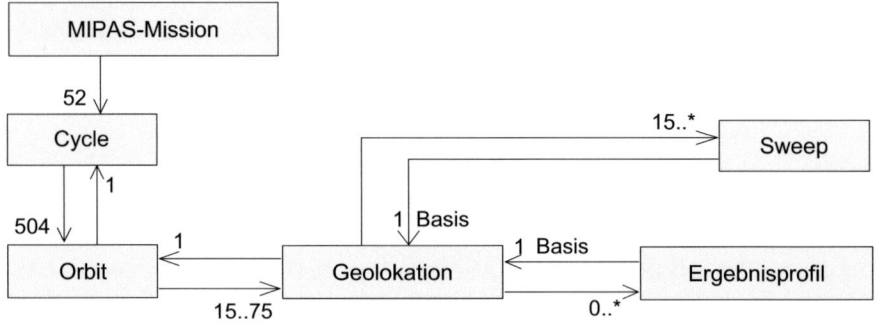

Abbildung 1.6: Datenmodell der Mess- und Ergebnisdaten von MIPAS/ENVISAT

---

[4]Datenbanksystem für die Verwaltung von MIPAS/ENVISAT-Daten (Spektren und Ergebnisprofile), welches im Projekt WISA (Wissenschaftliches Informations-System für die Atmospärenforschung) im Institut für Angewandte Informatik (IAI) des Karlsruher Instituts für Technologie (KIT) entwickelt wurde.

Für die restlichen Kardinalitäten[5] in Abbildung 1.6 wurde die angestrebte Missionszeit des Satelliten von fünf Jahren zugrunde gelegt. Das Klassenmodell dient als Basis für die Verwaltung und Visualisierung von aus MIPAS/ENVISAT-Messdaten abgeleiteten Spurengasprofilen und fand direkten Eingang in die Modellierung der zu Grunde liegenden Software (siehe Kapitel 6).

Tabelle 1.1 veranschaulicht die von MIPAS/ENVISAT zu erwartende Datenmenge für die geplante Mission von fünf Jahren. Den Werten liegen Standardfälle zu Grunde (75 Geolokationen pro Orbit und 15 Sweeps pro Geolokation). Pro Tag werden Messdaten für einen Teilzyklus, d.h. für 14.4 Orbits aufgenommen. So werden täglich 1080 Geolokationen und insgesamt 16200 Sweeps erzeugt.

Daten pro Zeitraum	pro Tag	pro Monat	pro Jahr	ges. Mission (5 J.)
Cycles	0,028	0,87	10,4	52,14
Orbits	14,4	432	5256	26.280
Geolokationen	1.080	32.400	394.200	1.971.000
Sweeps	16.200	486.000	567.000	29.565.000

Tabelle 1.1: Messdatenaufkommen von MIPAS/ENVISAT für die geplante Missionszeit von fünf Jahren

Ungefähr zehn Prozent der erzeugten Daten sollen im Institut für Meteorologie und Klimaforschung (IMK) zur detaillierten Auswertung von mehreren Dutzend Spurengasen weiterverarbeitet werden. Dabei liegen die vorausgewerteten Daten aufgrund von Neuberechnungen mit weiterentwickelten Prozessierungswerkzeugen häufig in mehreren Versionen vor, was die zu verwaltende Datenmenge zusätzlich erweitert.

Allein aus Tabelle 1.1 wird ersichtlich, dass die großen Datenmengen leistungsfähige Werkzeuge und Methoden zur Visualisierung erforderlich machen, welche auf einfache und vor allem schnelle Weise den Wissenschaftlern Aufschlüsse über die gewonnenen Daten und berechneten Ergebnisse zur Verfügung stellen können.

---

[5]Die Kardinalität (auch Komplexitätsgrad genannt) gibt bei Entity-Relationship-Diagrammen an, mit wie vielen anderen Entitäten eine Entität einer Entitätsmenge in einer konkreten Beziehung stehen muss bzw. stehen kann [Bal96]. Die Angabe der Kardinalität erfolgt bei UML [OMG09] durch eine Zahl bzw. einer Zahl und einem Sternchen („beliebig viele") am jeweiligen Ende einer Relation (Verbindungslinie). In Abbildung 1.6 kann die Relation zwischen *Cycle* und *Orbit* folgendermaßen gelesen werden: „Einem *Cycle* sind 504 *Orbits* zugeordnet, ein *Orbit* verweist auf einen *Cycle*" .

1.1.4 Anforderungen an die Visualisierung kontinuierlicher, multidimensionaler Satellitendaten

Zahlreiche und langjährige praktische Erfahrungen und Evaluationen in den Bereichen der Visualisierung und der Entwicklung von grafischen Bedienoberflächen flossen in die Erstellung der Anforderungsliste direkt ein. Neben bekannten allgemeinen Anforderungen für die Gestaltung von Bedienoberflächen für Softwaresysteme ([EOO94], [Bal96] u.a.) fanden auch spezifische Anforderungen der Benutzer Eingang in die Liste.

Folgende allgemeinen Anforderungen an die Visualisierungen müssen erfüllt sein:

- Jeder beliebige Datensatz, welcher dem vorgegebenen Datenformat entspricht, muss visualisiert werden können. Es muss beispielsweise gewährleistet sein, dass das Softwareprodukt beliebige Profile der MIPAS/ENVISAT-Datenbank finden, auslesen und visualisieren kann.

- Sämtliche Daten müssen visuell unterscheidbar sein. Hierzu können unterschiedliche Hilfswerkzeuge zur Unterstützung eingesetzt werden.

- Die Visualisierungen müssen je nach Verfahren die Möglichkeit bieten, Visualisierungsattribute wie Farben, Liniendicken, etc. interaktiv setzen zu können.

- Den einzelnen Visualisierungselementen müssen beliebige vorhandene Parameter zugeordnet werden können. Für die MIPAS/ENVISAT-Daten bedeutet das, dass die Spurengase nicht einzelnen Unterelementen fest zugeordnet werden, sondern dass die Zuordnungen beliebig getauscht werden können.

- Die Darstellungen müssen vergrößert und verschoben werden können sowie im 3D-Bereich rotierbar sein, was unabdingbar für eine komfortable Visualisierung ist, da besonders interessierende Bereiche in den Mittelpunkt gerückt werden müssen, um entweder aussagefähige Grafiken erstellen oder um Details bei der Visualisierung herausstellen zu können. Zusätzlich sollten das Verschieben, Rotieren und Vergrößern in Echtzeit erfolgen.

- Die einzelnen Visualisierungselemente selbst müssen vergrößert werden können sowie im 3D-Bereich rotierbar sein. Zur Optimierung der Visualisierung muss es möglich sein, verdeckte oder sehr kleine Visualisierungselemente erkennen zu können.

- Die Visualisierungselemente müssen zueinander proportional verschiebbar und je nach Verfahren skalierbar sein, was ebenfalls der Optimierung dient, da es je nach Datensatz sehr große oder sehr kleine Abstände zwischen den einzelnen Elementen geben kann. Bei zu großen Abständen kann nur ein Ausschnitt der Daten auf dem Bildschirm dargestellt werden, bei zu kleinen Abständen kommt es unweigerlich zu unerwünschten Überlappungen.

- Es muss eine Zuordnung der Daten zum geografischen Entstehungsort möglich sein. Das kann im einfachsten Fall durch Angabe der Positionen erfolgen, was allerdings für eine anschauliche Visualisierung bei weitem nicht ausreichend ist, vor allem, wenn es sich um große Datenmengen handelt. Hier bietet es sich an, die Verwendung einer Weltkarte, eines Kartenausschnitts oder einer zum Datensatz zugehörigen Grafik in der Visualisierung zu integrieren, damit jederzeit eine visuelle Zuordnung und somit eine erleichterte Orientierung des Benutzers bei räumlichen Verschiebungen und vor allem bei Rotationen möglich ist.

- Der Benutzer muss für denselben Datensatz unterschiedliche Visualisierungsarten parallel verwenden können. Da die Suche nach geeigneten Datensätzen mitunter recht aufwändig ist, muss gesichert sein, dass für das Suchergebnis nicht lediglich ein einziges Visualisierungswerkzeug verwendet werden kann, sondern dass die gefundenen Daten für mehrere Visualisierungsarten gleichzeitig dargestellt werden können. Eine parallele Visualisierung dient vor allem dazu, einzelne Verfahren für denselben Datensatz zu Vergleichszwecken benutzen zu können.

- Für den Benutzer soll durch eine intuitiv bedienbare grafische Bedienoberfläche der Aufwand zur Erstellung von Visualisierungen minimiert werden. Hierunter fällt auch die Anforderung an möglichst einheitliche Bedienoberflächen für unterschiedliche Visualisierungswerkzeuge.

- Je nach Verfahren sollen unterschiedliche Darstellungsformen (zB. Geometrietyp, unterschiedliche Ansätze) interaktiv eingestellt werden können.

- Einzelne Datensätze bzw. Profile sollen ausblendbar sein. Die meisten Datensätze der MIPAS/ENVISAT-Datenbank besitzen mehrere Parameter. Da einige Verfahren die vorhandenen Parameter gleichzeitig darstellen können, müssen zur Filterung und entsprechend zur Detaillierung und Verbesserung der Visualisierung einzelne Parameter ausblendbar sein.

- Die darzustellende Datenmenge soll auf interessierende Bereiche reduzierbar sein. Sehr viele Profile wurden für Höhenbereiche von 3km bis 120km und mehr gemessen. Dabei liegt bei den meisten Profilen der interessierende Höhenbereich zwischen 3km und 70km. Außerhalb davon besitzen die Parameterwerte meist sehr kleine, kaum darstellbare Werte. Die Darstellung sämtlicher Höhen führt dann zu Geschwindigkeitseinbußen bei der Visualisierung, obwohl die unter Umständen nicht interessierenden Daten nichts oder nur sehr wenig zur Aussagekraft für die Visualisierung beitragen und ebenso durch den Benutzer weggelassen werden können.

- Für jede erzeugte Szene der Visualisierung muss die Speicherung in einem gängigen Grafikformat wie JPEG (Joint Photographic Experts Group, [JPE92, Mia99]), PNG (Portable Network Graphics, [Mia99]) oder GIF (Graphics Interchange Format, [GIF89, Mia99]) in Form von so genannten Schnappschüssen möglich sein.

Weiterhin werden vom Benutzer, dem Meteorologen, spezifische Anforderungen gestellt:

- Alle dargestellten Spurengasprofile müssen identifizierbar und rückverfolgbar sein, d.h. zu jedem Profil muss – interaktiv nach Selektion – dessen Datenquelle ermittelbar sein.

- Profilverläufe müssen leicht erkennbar sein.

- Korrelationen zwischen einzelnen Spurengasen sollen sichtbar gemacht werden können, was je nach Verfahren unterschiedlich erfolgen kann.

- Jeder geladene Parameter (Spurengas) muss zur Visualisierung angeboten werden.

- Für jede vorhandene Messhöhe sollen die dort gemessenen Daten separat dargestellt werden können.

Schließlich ergeben sich noch technische Anforderungen an die Softwareentwicklung:

- Das Softwaresystem muss robust und stabil laufen sowie schnell auf Benutzerinteraktionen reagieren.

- Das Softwaresystem muss für weitere Visualisierungselemente leicht erweiterbar sein.

- Zur Laufzeit müssen dem Benutzer Meldungen mitgeteilt werden, dessen Wichtigkeit vom Benutzer selbst eingestellt werden kann.

- Das Softwaresystem soll auf mehreren Plattformen (Betriebssystemen) lauffähig sein.

- Der Speicherplatzbedarf muss trotz neuester Hardware möglichst klein gehalten werden, da auch sehr große Datenmengen visualisiert werden müssen.

1.2 Darstellung des Entwicklungsstandes

Das Gebiet der Visualisierung von kontinuierlichen, mehrdimensionalen Messdaten beschränkt sich in der Literatur im Wesentlichen entweder auf die Darstellung kontinuierlicher oder auf die Darstellung mehrdimensionaler Daten. In den meisten Fällen werden Bilddaten als Auswertungsergebnisse mehrdimensionaler oder kontinuierlicher Daten behandelt wie beispielsweise bei [SGG96] oder der Schwerpunkt der Visualisierung liegt auf anderen Gebieten wie z.b. Referenzierungen zwischen unterschiedlichen Ansichten derselben Daten [CMSC96, BF92, HGP99, MS91, BWK00].

Daneben schreiben mehrere Autoren über grundlegende Ansätze wie Referenzmodelle [BG89, HB91], Klassifizierung [Dhi02, Nag06, TSWS03], spezielle Werkzeuge und Techniken [DP97, Ker90, KH81, NSBF03, BP01, Pan01, PWL96, TSWS03, Yan05] oder eher allgemeine Übersichten [Sch97, DHK91, Fel95, Kei02, KK95, MCB00, MS04, PWL97, SCG96]. Weiterhin werden andere Gebiete der Visualisierung multidimensionaler Daten bearbeitet wie z.B. die Darstellung von Molekülen [Oll02, NSBF03] oder Blut- und Nervengefäßen [OBBP05].

Da es sich bei der Visualisierung von kontinuierlichen, mehrdimensionalen Datensätzen fast immer um die Darstellung von großen Datenmengen handelt, muss eine Einschätzung der unterschiedlichen Darstellungsarten deren Eignung hierfür berücksichtigen.

In den achtziger und neunziger Jahren des letzten Jahrhunderts wurden zahlreiche Ansätze zur Darstellung mehrdimensionaler Daten gemacht. Durch die rasante Entwicklung der Computertechnologie wurde es den Wissenschaftlern ermöglicht, immer größere Datensätze zu verarbeiten und auszuwerten. Die stetig steigende Leistungsfähigkeit der Computersysteme – vor allem die Kombination aus Grafik- und Rechnerleistung – erlaubte nicht nur die Erhöhung der Anzahl von Untersuchungsbeispielen, sondern auch die Erhöhung der Anzahl unterschiedlicher Parameter, die für jeden Ort berechnet werden konnten.

Multiparameter-Datensätze hoher Dimensionen wurden zunehmend üblich in vielen wissenschaftlichen Gebieten wie der angewandten Mathematik, der Informatik, dem Finanzwesen, in der Betriebswirtschaft, der Medizin und vielen mehr. Die Notwendigkeit, solche Datenstrukturen grafisch darzustellen, führte zur Entwicklung spezieller Visualisierungsmethoden und -techniken.

Neben punkt-, linien- und flächenbasierten Darstellungen fanden ikonenbasierte Visualisierungsmethoden einen breiten Einsatzbereich. Sie werden in den folgenden Abschnitten näher betrachtet und auf ihre Einsatzmöglichkeit für meteorologische kontinuierliche Daten untersucht.

Eine sehr ausführliche lexikalische Beschreibung aller gängigen Diagrammarten und -techniken findet sich bei [Har96].

Da für die Visualisierung wissenschaftlicher Daten eine Vielzahl verschiedener Techniken und Methoden existieren, liegt es nahe, die geeigneten Methoden bzw. Techniken für gegebene Datensätze automatisch ermitteln zu lassen. Einen mathematisch-theoretischen

Ansatz für eine automatische Auswahl geeigneter Techniken in Abhängigkeit vom gegebenen Datensatz findet sich bei [The95], die Arbeit beschränkt sich allerdings auf drei
relativ einfache, zweidimensionale Visalisierungstechniken (*Parallele Koordinaten*, die
ikonenbasierte *shape-coding-Technik* sowie das tabellenorientierte *dimensional stacking*
[Bed90]) für zwei konkrete Datensätze.

1.2.1   Punktbasierte Diagramme

Punktbasierte Diagramme stellen einen direkten Versuch dar, die sehr guten Fähigkeiten
des Menschen, relative Positionen einschätzen und vergleichen zu können, zur Visualisierung zu nutzen [SM00]. Bei punktbasierten Diagrammen werden meist zwei bis drei
orthogonale Skalen in der Ebene bzw. im Raum festgelegt, die im Allgemeinen ein recht-
winkliges Koordinatensystem beschreiben. Hierfür gibt es eine ganze Reihe von Darstellungsformen, die nachfolgend beschrieben werden.

1.2.1.1   Scatterplot (Streudiagramm, Punktdiagramm)

Der relativ einfache und allseits bekannte Scatterplot stellt eine der ältesten Darstellungsarten für mehrere Variablen dar. Zuerst als zweidimensionales Punktdiagramm auf zwei
Variablen (x- und y-Koordinate) beschränkt, können durch die Größe des Punktes (sog.
Bubble-Diagramm [Ber83]) sowie der Farbe bzw. Farbintensität weitere zwei Variablen
abgebildet werden (Abb. 1.7). Dasselbe gilt für den dreidimensionalen Bereich, erweitert
um die Z-Koordinate, wobei dort zur besseren Darstellung mehrerer Variablen meist Volumenelemente zum Einsatz kommen, welche durch Verwendung von Lichtquellen und
entsprechenden Rendering-Methoden den visuellen Effekt verstärken [CM84, SM00].

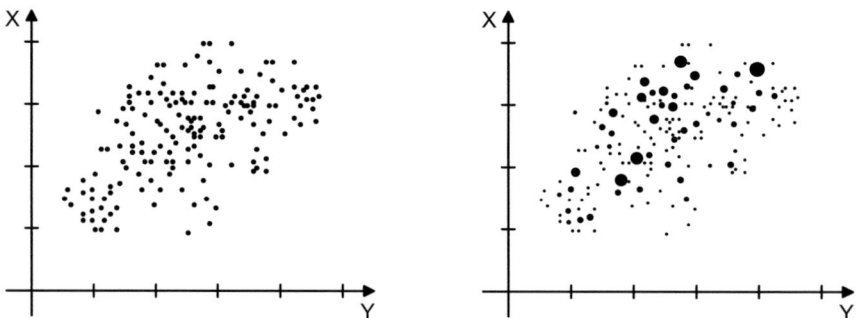

Abbildung 1.7: Einfache 2D-Scatterplots zur Darstellung von zwei (links) und drei Variablen (rechts)

Scatterplots sind nicht eindeutig, weil mehrere Datensätze auf denselben Punkt abgebildet werden können. Hier kann die Anzahl der Datensätze pro Punkt in der Größe und/oder Form des dargestellten Punktes kodiert werden. Eine andere Möglichkeit besteht darin, die Punkte transparent darzustellen. So können zumindest die Anzahl übereinanderliegender Punkte durch unterschiedliche Helligkeit der Abbildung, verursacht durch die Überlagerung der transparenten Punkte, an der entsprechenden Position erkannt werden.

Eine Stärke der Scatterplots ist die einfache Erkennbarkeit von Korrelationen zwischen den einzelnen Variablen. Bilden sich bei den Daten monoton fallende oder steigende Linien heraus, so liegt ein Zeichen für eine lineare Korrelation zwischen den beiden Größen vor, während andere Kurven auf komplexere Zusammenhänge hinweisen können[6].

Die Steigung der Linien bzw. Kurven ist ein weiteres Kriterium zur Charakterisierung der Korrelation. Ansteigende Linien oder Kurven zeigen eine direkte (positive) Korrelation der beiden Variablen, fallende Linien oder Kurven eine indirekte (negative) Korrelation. Liegen die Daten als Punktwolken mit großer Streuung vor oder besitzt die Linie oder Kurve keine Steigung, so existiert in der Regel keine Korrelation zwischen den Variablen. Je näher die Punkte an der Linie bzw. Kurve liegen, desto größer ist die Stärke einer Korrelation [Har96, SM00].

In der Meteorologie finden Scatterplots häufig Verwendung, sie werden zur Darstellung aller relevanten Größen und zur Veranschaulichung von Korrelationen eingesetzt. Abbildung 1.8 zeigt die Korrelation der Spurengase Ozon und CFC-11 ([Fis05]).

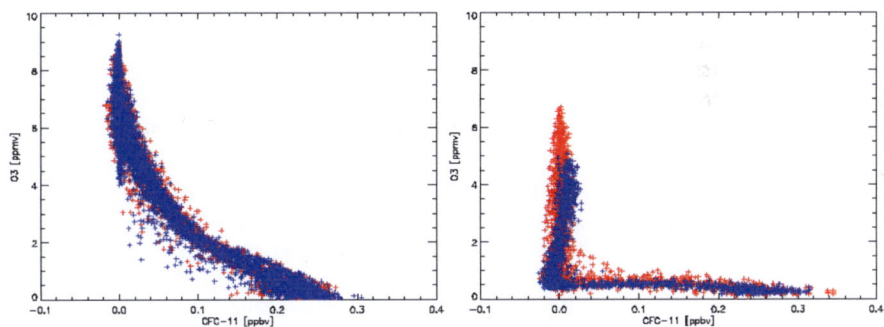

Abbildung 1.8: Scatterplot zur Darstellung von Spurengas-Korrelationen [Fis05]

Die Anzahl der darstellbaren Variablen ist bei Scatterplots sehr begrenzt. Der Scatterplot bildet jedoch die Basis für viele andere Verfahren, mit denen mehrere Variablen gleich-

---

[6]Je nach Art der Kurven und Linien können die Verläufe durch entsprechende Funktionen angenähert werden. So kann eine lineare Korrelation durch eine einfache Geradengleichung, die exponentielle Korrelation durch eine Exponentialfunktion und eine komplexe Korrelation durch entsprechend komplexe Funktionen beschrieben werden.

zeitig räumlich dargestellt werden sollen, indem der Scatterplot mit z.B. ikonenbasierten Visualisierungstechniken kombiniert werden kann. Dabei werden die Ikonen anstelle der Punkte dargestellt.

Eine dynamische Repräsentation von Scatterplots stellt die so genannte *Grand Tour* dar [Asi85, AB85, BCS96]. Hierbei werden viele Scatterplots zeitlich nacheinander abgebildet, wodurch bei einer Änderung einzelner Parameterwerte eine virtuelle Bewegung des Diagramminhalts entsteht.

1.2.1.2 Scatterplot-Matrix (Streudiagramm-Matrix)

Zur Veranschaulichung von Zusammenhängen bzw. Korrelationen zwischen einzelnen und mehreren Variablen werden pro Variablenkombination ein Scatterplot in einer Matrix zusammengefasst. Sie sind damit so gruppiert, dass eine Gesamtansicht auf die Daten möglich ist [CWR06, Bar05].

Eine Scatterplotmatrix ist die Erweiterung des Scatterplots für $m > 2$ Variablen. Durch sie werden paarweise *m(m-1)* bivariate Zusammenhänge dargestellt [HS07, SM00, Krö00b], d.h. jede Zeile enthält die Wertekombination einer Variablen mit allen anderen Variablen. Die Hauptdiagonale enthält jeweils die Variablennamen und die Kombination der entsprechenden Variable mit sich selbst oder eine Skalierung. Abbildung 1.9 und 1.10 zeigen eine Scatterplotmatrix für sieben Variablen. In jeder Zeile werden auf den Ordinaten der in der Zeile angegebene Parameter aufgetragen, während die Abszissen die vertikal benannten Parameter abbilden. Gut zu erkennen ist die Auftragung über der Höhe Z.

Dem Benutzer[7] soll die Identifikation von Zusammenhängen zwischen den Variablen oder Variablengruppen ermöglicht werden. Dabei ist die Betrachtung der Diagramme unter- oder oberhalb der Diagonalen ausreichend, da die gegenüberliegende Seite lediglich gespiegelt ist.

Scatterplotmatrizen können in der Meteorologie vor allem für die Gegenüberstellung unterschiedlicher Spurengase eingesetzt werden. Abbildung 1.9 zeigt eine Scatterplotmatrix für von ENVISAT/MIPAS gelieferte Orbits (Nr. 2911 bis 2917 sowie 2920). Ausgewählt wurden die Spurengase HNO_4 (gelb), HNO_3 (magenta), O_3 (schwarz) und $ClONO_2$ (grau) sowie deren Positionen X (rot), Y (grün) und Z (blau). Hier können sämtliche Zusammenhänge aller beteiligten Spurengase und deren Abhängigkeit vom geografischen Ort in einer ausgewählten Höhe (16 km) gleichzeitig in einem einzigen Diagramm aufgezeigt werden. Sämtliche Werte wurden aufgrund der teilweise sehr großen Wertebereichsunterschiede der Spurengaskonzentrationen mit den jeweiligen Maximalwerten des gesamten Datensatzes normiert.

---

[7]Benutzer: Bediener eines Visualisierungssystems, der mit Hilfe des Computers und seinen Eingabe- und Ausgabegeräten versucht, mit allen verfügbaren Visualisierungswerkzeugen und Effekten eine optimale Abbildung eines Sachverhalts zu erreichen. Er unterscheidet sich vom Betrachter dadurch, dass er aktiv an der Erzeugung der Visualisierung beteiligt ist.

In den Abbildungen 1.9 und 1.10 sind bei den diagonal angeordneten Scatterplots die Spurengaswerte sowohl auf der X- als auch auf der Y-Achse aufgetragen. Bei der Gegenüberstellung der Längen- und Breitengradwerte (X und Y) ist der Verlauf der einzelnen Orbits gut zu erkennen. Die Orbits überdecken nahezu die gesamte Erdoberfläche (vgl. auch Abbildung 1.1).

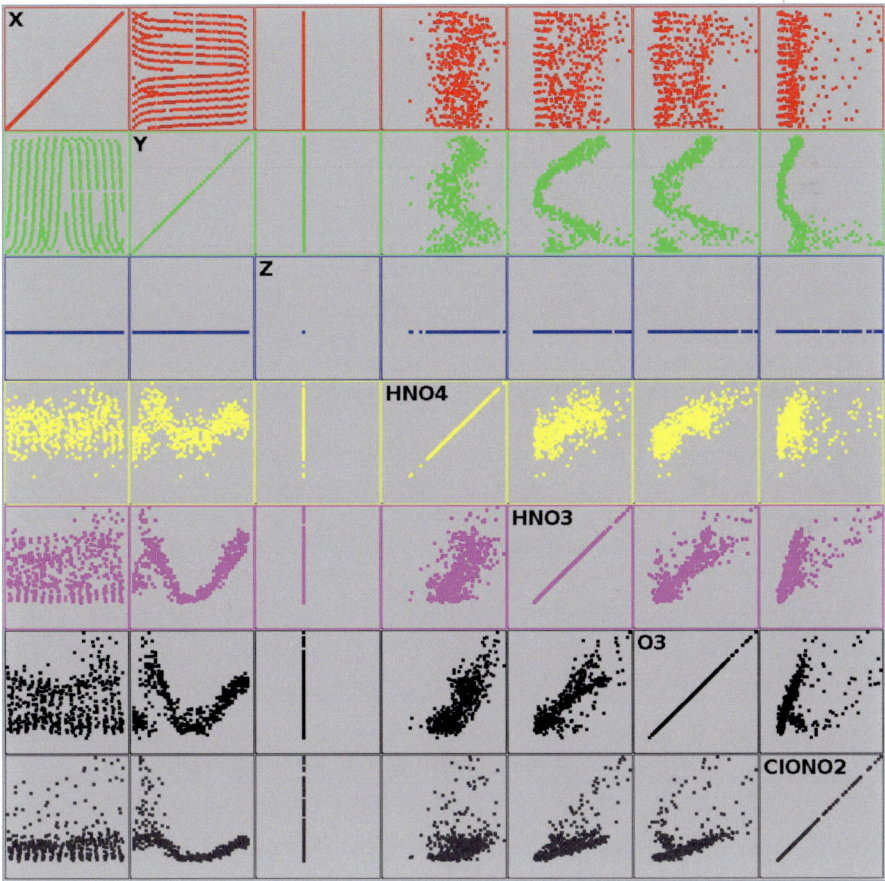

Abbildung 1.9: Scatterplot-Matrix zur Darstellung der Korrelationen mehrerer Variablen für einen ENVISAT/MIPAS-Datensatz in 16 km Höhe

Die Auftragung der Spurengaswerte über den Längengraden (X) zeigt, dass sich die Spurengaskonzentrationen über die Breitengrade nicht gravierend ändern. Lediglich die Wer-

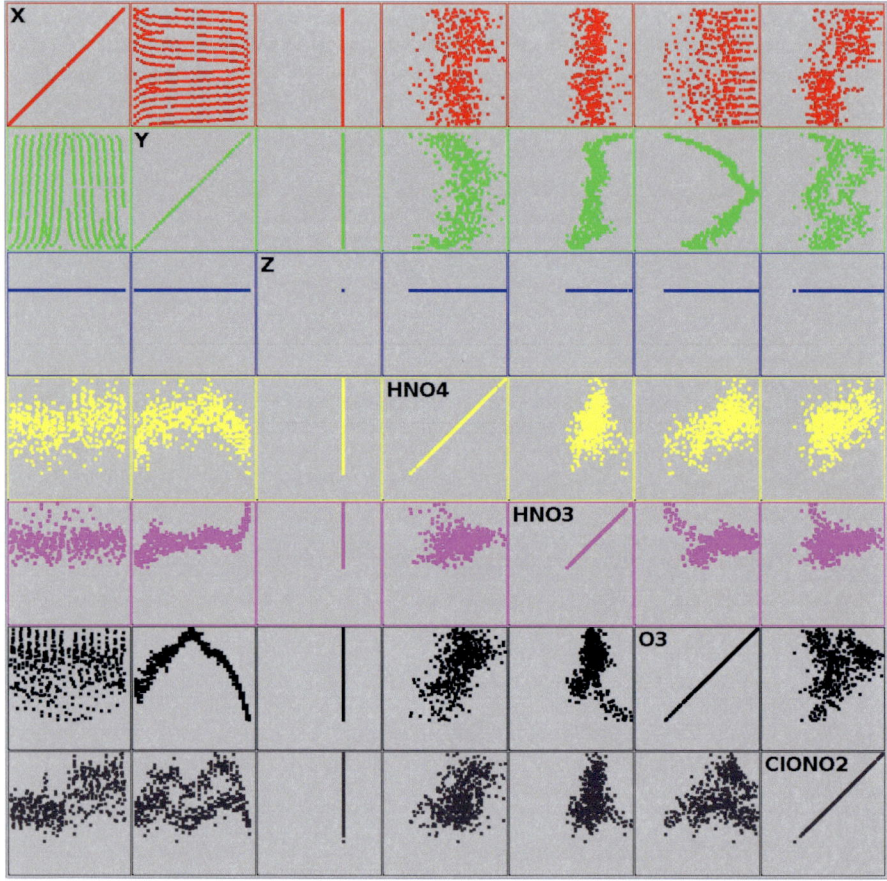

Abbildung 1.10: Scatterplot-Matrix zur Darstellung der Korrelationen mehrerer Variablen
für den selben Datensatz wie bei Abb. 1.9 in 32 km Höhe

tebereiche der Messergebnisse ändern sich. Deutliche Unterschiede der Konzentrationswerte sind erwartungsgemäß entlang der Längengrade vorhanden. Hier hat die Erdkrüm-
mung bzw. der Auftreffwinkel der Sonnenstrahlen auf die Erde (UV-Strahlungsintensität)
einen direkten Einfluss auf die Spurengaskonzentrationen.

Gut zu erkennen ist der Zusammenhang bei allen in den Abbildungen 1.9 und 1.10 ausgewählten Spurengasen in der zweiten Spalte, in der die Spurengaskonzentrationen über
den Breitengraden (-90°bis +90°) abgebildet sind. In 16 km Höhe liegen die Maxima

der Spurengaskonzentrationen für den gewählten Datensatz an den Polkappen, die Minima befinden sich in Äquatornähe sowie teilweise über dem Südpolargebiet (linke Seite der Scatterplots). Demgegenüber ändert sich der Verlauf der Maxima kontinuierlich mit zunehmender Höhe teilweise deutlich. Abbildung 1.10 zeigt die Konzentrationswerte in einer Höhe von 32 km. Hier liegen die Maxima von Ozon und HNO_4 in Äquatornähe, während die Minima nun deutlich in Richtung der Polkappen verschoben sind.

Eine Korrelation der Konzentrationsverläufe von Chlornitrat ($ClON_2$) und Salpetersäure (HNO_3) ist für die gewählten Orbits gut zu erkennen. Bei beiden Gasen liegen die Extremwerte in beiden Höhen über den jeweils gleichen Breitengradbereichen. Näheren Aufschluss gibt das Durchlaufen der einzelnen Höhen, wobei sich Änderungen in den Korrelationen ergeben können, die dann bei genügend schnellem Durchlaufen der Höhen sehr gut erkennbar als Bewegungen wahrgenommen werden. Das Durchlaufen der Höhen entspricht der *Grand Tour*, die von [Asi85] für einzelne Scatterplots vorgestellt wurde.

Neben der einfachen Darstellung gibt es noch mehrere Variationen der Scatterplotmatrix [FGW02]. Genannt sei die Nutzung von so genannten *Hyper Slices*, also Schnittebenen, basierend auf dem Konzept, dass eine mehrdimensionale skalare Funktion als eine Matrix von orthogonalen Schnitten im Raum dargestellt werden kann [WL93]. Dabei werden zunächst jeweils zwei Variablen wie bei den einfachen Scatterplotmatrizen in einem Scatterplot abgebildet. In Kombination mit modernen Interaktionstechniken lassen sich damit Zusammenhänge ermitteln.

Bei [WL93] wird die Scatterplotmatrix um die Möglichkeit erweitert, einzelne Variablen durch das Verschieben des zugehörigen Scatterplots besonders hervorzuheben, indem dadurch alle korrelierenden Variablen (bzw. deren Scatterplots) nach einem vorgegebenen Schema ebenfalls verschoben werden. Allerdings ist die Methode im Wesentlichen auf die Darstellung von skalaren Funktionen an einem einzelnen Punkt (Position) beschränkt.

1.2.2   Linienbasierte Diagramme

1.2.2.1   Liniendiagramm

Liniendiagramme (engl.: line plots) stellen die Entwicklung einer Reihe von Werten in Form eines Linienzuges dar. Sie eignen sich besonders zur Darstellung einer großen Anzahl von Datenpunkten als Zeitreihe.

Mit Liniendiagrammen kann allgemein der Verlauf einer Variable in Bezug auf eine oder zwei andere Variablen (Ordinaten- und Abszissenwert) sehr einfach und klar dargestellt werden. In Liniendiagramme können leicht mehrere Profile mit demselben Bezug zu den Koordinatenachsen eingezeichnet werden. Dabei werden zur besseren Unterscheidung der einzelnen Variablenverläufe unterschiedliche Farben oder Stricharten und/oder Strichstärken verwendet. Abbildung 1.11 zeigt als Beispiel eines Liniendiagramms die Durchschnittstemperaturen ausgewählter europäischer Metropolen.

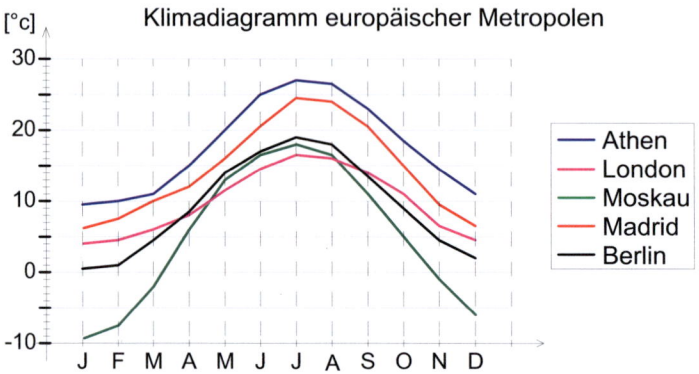

Abbildung 1.11: Liniendiagramm zur Darstellung des Verlaufs mehrerer Variablen

Häufig werden Liniendiagramme zur besseren Erkennbarkeit von Werten und Verläufen zusätzlich mit Hintergrundgitter, Hilfslinien oder Raster erstellt. Weiterhin kann der Bereich zwischen Abszisse und den Linienzügen farbig ausgefüllt werden.

Zusätzliche Informationen wie z.B. Fehlertoleranzen können leicht in Form von Toleranzbalken an den Linien eingezeichnet werden. Zur besseren visuellen Unterscheidung der Linien im Diagramm und vor allem bei deren Schwarz-weiß-Kopien dienen unterschiedliche Stricharten und -Stärken sowie Ikonen (Dreiecke, Quadrate, etc.) an den gegebenen Messpunkten oder an interpolierten bzw. approximierten Zwischenpunkten.

Liniendiagramme werden in der Meteorologie – neben der Verlaufsdarstellung von physikalisch-meteorologisch relevanten Größen – vor allem für die Darstellung von Höhenprofilen und von Mess- und Berechnungswertgradienten sowie zur Darstellung von Spektren verwendet. Abbildung 1.12 zeigt die Schätz- und Berechnungsfehler für einzelne Spurengase einer ausgewählten Geolokation in unterschiedlichen Höhen (Fehlerhöhenprofil). Die Schätz- und Berechnungsfehler für jedes Spurengas sowie Absolut-, System- und zufällige Fehler werden einzeln vertikal aufgetragen, wobei zur Unterscheidung der einzelnen Verläufe unterschiedliche Symbole und Stricharten verwendet werden.

1.2.2.2   Parallele Koordinaten

Bei Parallelen Koordinaten als Visualisierungstechnik werden einzelne Koordinatenachsen mit äquidistantem Abstand parallel nebeneinander horizontal angeordnet und entsprechend der Wertebereiche der Attribute skaliert. Jeder Wert eines Attributes des darzustellenden n-dimensionalen Datensatzes wird nun auf den jeweiligen Achsen aufgetragen. Die aufgetragenen Punkte werden durch einen Linienzug miteinander verbunden. Damit

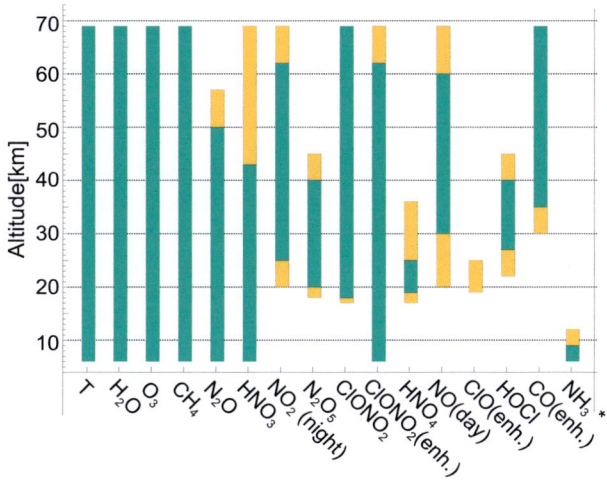

Abbildung 1.12: Relative Fehler bei der Berechnung von Spurengasen als Liniendiagramm [Fis05]

erfolgt eine Projektion multidimensionaler Informationsobjekte auf eine zweidimensionale Darstellungsfläche. Grundsätzlich ist die Technik zur Veranschaulichung vieler Eigenschaften einer Informationsmenge geeignet. So werden Korrelationen zwischen Attributen benachbarter Achsen, Werteverteilungen oder Ausreißer recht schnell deutlich
[Kre04, Ins90].

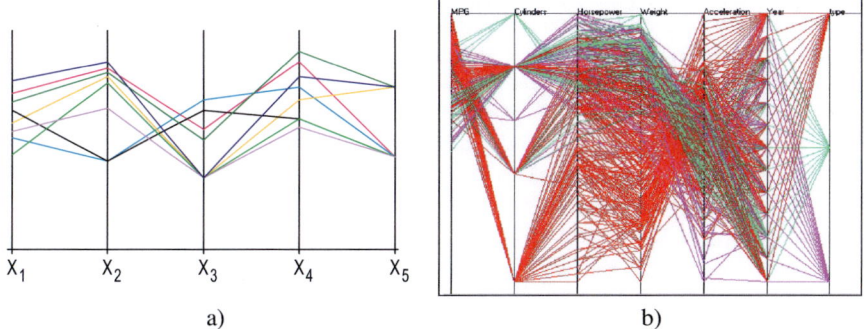

Abbildung 1.13: Parallele Koordinaten: a) grundsätzliches Prinzip und b) mit Fahrzeugdatensatz [GHLP02].

Durch die Form der Linienzüge bzw. durch das Entstehen von Kreuzungspunkten können Rückschlüsse auf die Ausgangsdaten gezogen werden. Abbildung 1.13 zeigt das Prinzip der Parallelen Koordinaten für fünf Variablen $X_1, X_2, ..., X_5$ mehrerer Datensätze sowie ein Beispiel für einen Fahrzeugdatensatz [GHLP02]. Hierbei sind als Koordinatenachsen – von links nach rechts – der Verbrauch, die Anzahl der Zylinder, die Leistung, das Gewicht, die Beschleunigung, das Baujahr sowie die Typnummer angegeben. Sehr gut ist am Verlauf der Linien zu erkennen, dass Fahrzeuge mit wenigen Zylindern in der Regel einen geringeren Verbrauch (*miles per gallon*, linke Koordinatenachse) haben, obwohl sie in ihrer Leistung den Fahrzeugen mit größerer Zylinderanzahl ebenbürtig sind. Weiterhin ist gut zu erkennen, dass das Gewicht (vierte Koordinatenachse) umgekehrt proportional zur Beschleunigung der Fahrzeuge ist. Insgesamt gibt es drei Fahrzeugtypen (rechte Koordinatenachse), die über fast den gesamten betrachteten Zeitraum (sechste Koordinatenachse) produziert wurden.

Das Problem der Identifizierbarkeit von Werteverläufen und zusammengehörigen Polygonelementen ergibt sich schnell, wenn wie in Abbildung 1.13 a) an der mittleren Ordinatenachse für die Variable x_3 der selbe Wert für unterschiedliche Polygonzüge vorliegt. Hier ist nicht mehr zu unterscheiden, welcher Polygonzug, von der links danebenliegenden Ordinate kommend, auf welchem Weg zur rechts daneben liegenden Ordinate weitergeführt wird.

Hierfür kann zunächst der Einsatz von unterschiedlichen Farben Klärung bringen, wobei jedem Datensatz, d.h. jedem Polygonzug, eine eigene Farbe zugewiesen wird. Für eine überschaubare Zahl von Datensätzen kann die Farbgebung vollauf ausreichend zur eindeutigen Identifikation der Datensätze sein. Für größere Datensätze genügt eine reine Farbgebung allein nicht, wie Abbildung 1.13 b) veranschaulicht, in der unterschiedliche Attribute wie Zylinderanzahl, Leistung, Gewicht, Beschleunigung usw. für eine Fahrzeugkolonne aufgetragen sind.

Dem Problem der Identifizierbarkeit von Werteverläufen haben sich u.a. Graham und Kennedy [GK03] gewidmet, die zuerst ein „Auseinanderziehen" (Spreading) der übereinanderliegenden Linien an den Ordinatenachsen untersuchten. Die vorgeschlagene Technik ist sicherlich mit Werkzeugunterstützung sinnvoll, indem durch gezielte Interaktion des Benutzers die Kurven trotz möglicherweise identischen Variablenwerten, d.h. identischen Positionen auf der Ordinatenachse, die Linien mit einem kleinen Zwischenraum dargestellt werden. Als fertiges Diagramm besteht dann jedoch das Problem, dass die Daten nun nicht mehr originär, sondern modifiziert wurden.

Ein weiterer Ansatz von Graham und Kennedy [GK03] ist, die Polygonzüge durch Splinekurven zu ersetzen, wodurch aufgrund der identischen Steigungen für die Teilkurven auf einer Ordinatenachse deren Verlauf sehr leicht und fast immer eindeutig identifiziert werden kann.

Der Spline zwischen zwei Ordinatenachsen suggeriert allerdings einen realistischen Verlauf der Kurven, der so nicht existieren muss. Er hängt ausschließlich von der Reihenfolge der einzelne Variablen repräsentierenden Ordinatenachsen ab. Jedoch geht es auch bei der Spline-Technik im Wesentlichen um eine leichte und eindeutige Erkennbarkeit von Korrelationen. Abbildung 1.14 a) zeigt das Parallele-Koordinaten-Diagramm von Abbildung 1.13 a) unter Verwendung von Splines.

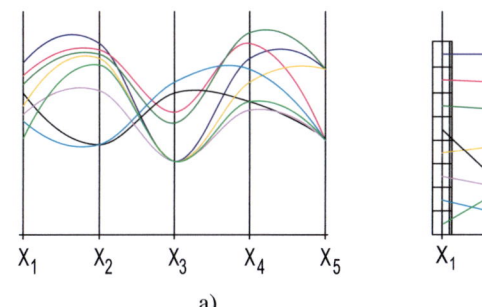 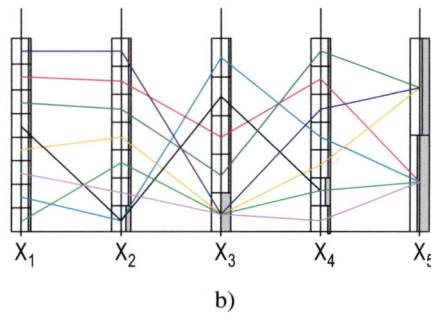

a)   b)

Abbildung 1.14: Parallele Koordinaten: mit Splines (a) und mit Histogrammen (b)

Wie bei allen anderen Techniken auch ergibt sich ein weiteres Problem der Identifizierbarkeit, wenn Datensätze mit identischen Variablenwerten aufgetragen werden. Hierbei überlagern sich die entsprechenden Polygonzüge vollständig. Um diesen Nachteil zu vermeiden, schlagen Ong und Lee [OL96] vor, zusätzlich Histogramme in die Parallele-Koordinaten-Diagramme zu integrieren (so genannte Parahistogramme). Abbildung 1.14 b) zeigt denselben Datensatz wie das linke Diagramm in Abbildung 1.13 a) mit Histogrammbalken.

Die Histogrammbalken geben die relative Häufigkeit einzelner Werte auf der entsprechenden Ordinatenachse an. Anstatt einer Ordinatenachse werden nun so viele Rechteckflächen gezeichnet, wie unterschiedliche Ordinatenwerte gemessen wurden. Das Verfahren ist allerdings nur für Datensätze überlegen, bei denen häufig dieselben Werte derselben Variablen auftreten. Weiterhin ist die Darstellung großer Datenmengen aufgrund der dann abnehmenden Übersichtlichkeit auf tendenzielle Aussagen bezüglich Werteverlauf einzelner Variablen beschränkt.

Weitere interessante Betrachtungen über Parallele Koordinaten sowie mathematische Verfahren zur Extraktion von graphischen Informationen finden sich bei Inselberg [Ins06].

1.2.2.3   Kiviatgraph

Beim Kiviatgraphen (auch Radar-, Spider- oder Star Graph [Ber83]) handelt es sich im Prinzip um ein Parallele-Koordinaten-Diagramm, bei dem die Achsen radial äquiangular um den Ursprung angeordnet werden. Abbildung 1.15 a) zeigt einen Kiviatgraphen mit den selben Werten wie im Diagramm in Abbildung 1.13 a).

Der einzige prinzipielle Unterschied zur Darstellung mit Parallelen Koordinaten sind die Verbindungslinien zwischen der letzten und der ersten Koordinatenachse, um den Polygonzug für einen Datensatz zu schließen.

Eine große Anzahl von Datensätzen lässt den Kiviatgraphen allerdings recht schnell unübersichtlich werden. Dann können nur noch Tendenzen bzw. Verteilungen und Häufigkeiten sicher erkannt werden.

Ein weiterer Nachteil bei der Verwendung von Kiviatgraphen ist, dass bei Erweiterung des Datensatzes um eine oder mehrere Variablen entsprechend weitere Achsen eingezeichnet werden müssen, wobei dann die bereits vorhandenen Achsen ihre Position ändern, um weiterhin äquiangular dargestellt werden zu können, was dazu führt, dass der Betrachter[8] das Diagramm nun anders wahrnimmt und sich somit zumindest neu in die Graphik „hineindenken" muss.

1.2.2.4   Polardiagramm

Ein Polardiagramm ist ein radial angeordnetes Messdiagramm. Es wird meist zur Darstellung der Richtcharakteristik eingesetzt, z. B. dem Rundstrahlverhalten eines Lautsprechers unter verschiedenen horizontalen Winkeln, einer Antenne oder eines anderen Strahlers.

Das Beispiel eines Polardiagramms in Abbildung 1.15 b) zeigt die Richtcharakteristik eines professionellen Mikrofons [RA06]. Dabei sind einzelne Linien für unterschiedliche Frequenzen eingetragen.

1.2.3   Flächenbasierte Diagramme

1.2.3.1   Säulen- und Balkendiagramme (Bar Charts)

Säulen- und Balkendiagramme stellen auf der horizontalen Achse einzelne Variablen dar, deren Wert in vertikaler Richtung angegeben wird. So lassen sich auf einfache Weise mehrere Variablen in einem Diagramm darstellen. Das Ziel ist, die einzelnen Größen qualitativ und quantitativ miteinander vergleichen zu können (Abbildung 1.16 a).

---

[8]Betrachter eines (Zwischen-)Ergebnisses einer Visualisierung. Er muss im Gegensatz zum Benutzer nicht am Entstehungsprozess beteiligt sein.

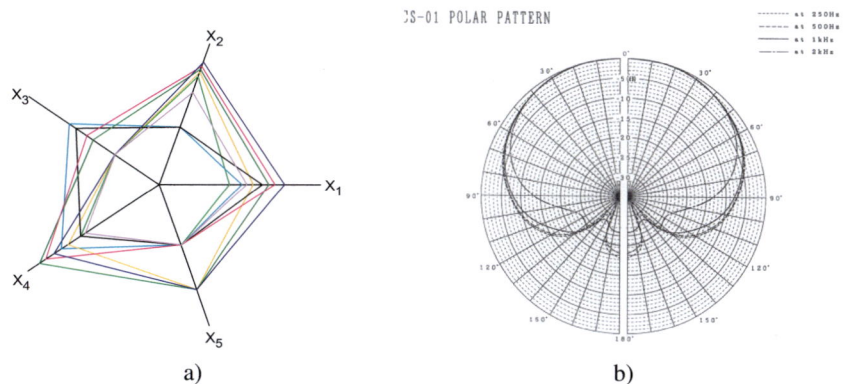

Abbildung 1.15: Kiviatgraph (a) und Polardiagramm (b) [RA06].

Zusätzlich können gleichartige Datentypen addiert, d.h. gemeinsam übereinander (Abbildung 1.16 b) oder Vergleichswerte desselben Datentyps zum besseren Vergleich nebeneinander dargestellt werden (Abbildung 1.16 c).

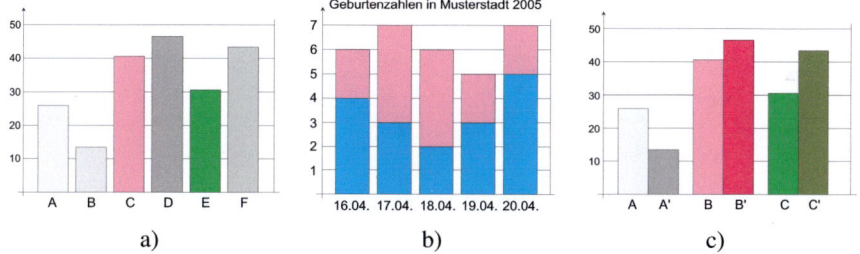

Abbildung 1.16: Säulendiagramme für mehrere Variablen: a) gleiche oder unterschiedliche Datentypen, b) und c) gleicher Datentyp

Balkendiagramme sind Säulendiagramme, bei denen die Achsen getauscht und somit die Variablen horizontal aufgetragen werden. Im dreidimensionalen Raum werden Säulen- und Balkendiagramm bisher nur dahingehend eingesetzt, dass die Säulen bzw. Balken eine räumliche Wirkung hinterlassen sollen oder durch Hintereinandersetzen einzelner Diagramme eine weitere Dimension abgebildet werden kann (Abbildung 1.17). Werden nicht weitere Werte durch die dritte Dimension abgebildet, so findet kein Informationsgewinn gegenüber einfachen zweidimensionalen Säulen- oder Balkendiagrammen statt.

Auch ist der Einsatz einer zusätzlichen ISO-Fläche möglich, die beispielsweise Mittelwerte oder Vergleichsmessungen charakterisiert. Die ISO-Fläche kann unter Zuhilfenah-

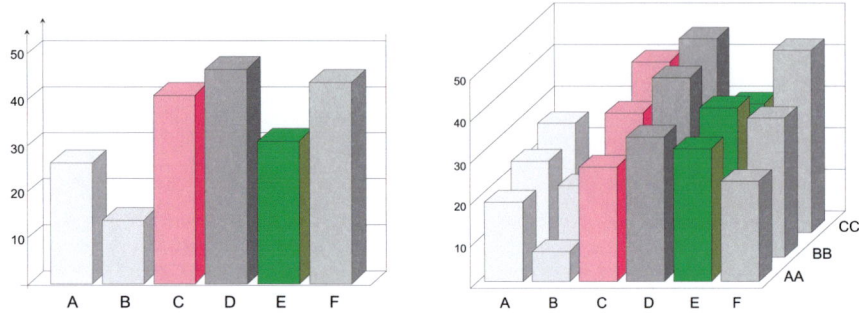

Abbildung 1.17: Dreidimensionale Säulendiagramme

me von Transparenzeigenschaften bei der Geometrieerzeugung in ein Säulendiagramm integriert werden. Die Transparenzeigenschaften müssen dabei entweder auf die Säulen (Quader) oder auf die Fläche angewandt werden, da sich die Geometrieelemente überdecken und somit keine klare Unterscheidung der darzustellenden Variablen möglich ist.

Als Beispiel des Einsatzes eines Säulendiagramms in der Meteorologie dient die Abbildung einzelner Spurengasvorkommen über der Höhe (Abbildung 1.18) [Fis05].

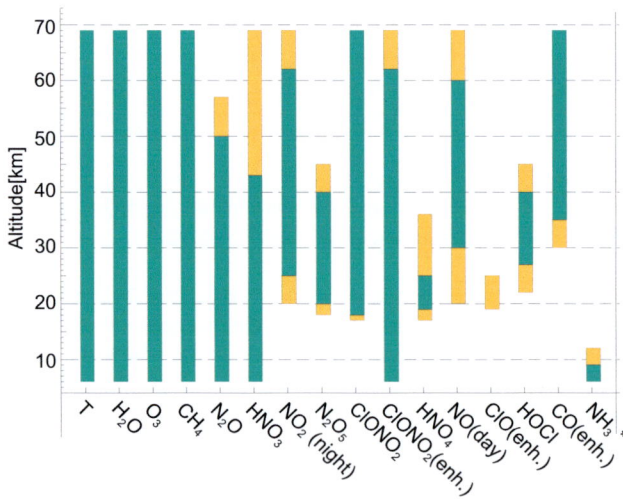

Abbildung 1.18: Säulendiagramm: Spurengase in der Atmosphäre [Fis05]

Die grünblauen Säulenteile beschreiben den Höhenbereich verlässlich gemessener bzw. berechneter Spurengaskonzentrationen, die orangegelben Säulenteile beschreiben die Höhenbereiche, bei denen nur mit Einschränkungen Werte gemessen werden (z.b. bei schlechter Qualität der Messwerte oder bei Messungen unter besonderen Bedingungen).

1.2.3.2   Histogramme

Histogramme stellen eine besondere Art von Säulendiagrammen dar. Sie sind identisch aufgebaut und werden zur Darstellung von Häufigkeitsverteilungen verwendet. Abbildung 1.19 zeigt ein einfaches Histogramm für die Häufigkeitsverteilung der von Studenten erreichten Punktzahl bei einer durchgeführten Klausur

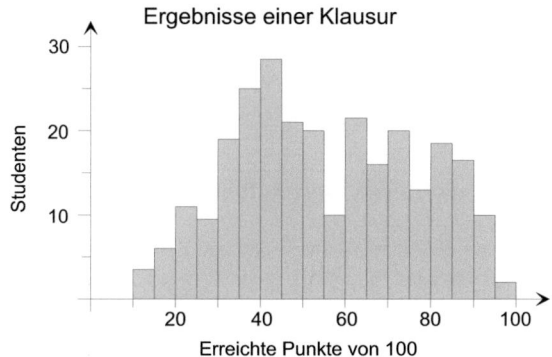

Abbildung 1.19: Histogramm: Häufigkeitsverteilung der von Studenten erreichten Punktzahl bei einer durchgeführten Klausur

1.2.3.3   Kreis- und Ringdiagramme

Ein Kreisdiagramm (auch Kuchen- bzw. Tortendiagramm) ist eine Darstellungsform für Teilwerte eines Ganzen als Teile eines Kreises. Es ist in mehrere Kreissektoren eingeteilt, wobei jeder Sektor einen Teilwert und der Kreis somit die Summe der Teilwerte darstellt. Die Kreissektoren werden jeweils durch Radiuslinien definiert. Der Winkel zwischen zwei benachbarten Radiuslinien bestimmt die Größe des Kreissektors und repräsentiert den Wert der zugrunde liegenden Variablen. Zur besseren Unterscheidung der jeweiligen Sektoren werden verschiedene Farben, Muster und Schattierungen verwendet.

Kreisdiagramme eignen sich besonders für die Darstellung von Verteilungen und Anteilen. Zur Wahrung der Übersichtlichkeit ist die Anzahl der Sektoren begrenzt. Bei mehr als zehn Sektoren wird das Diagramm schnell unübersichtlich. Abbildung 1.20 a) zeigt das Prinzip eines Kreisdiagramms. Sollen mehrere Datenreihen dargestellt werden, so kann das Kreisdiagramm zu einem Ringdiagramm erweitert werden (Abbildung 1.20 b).

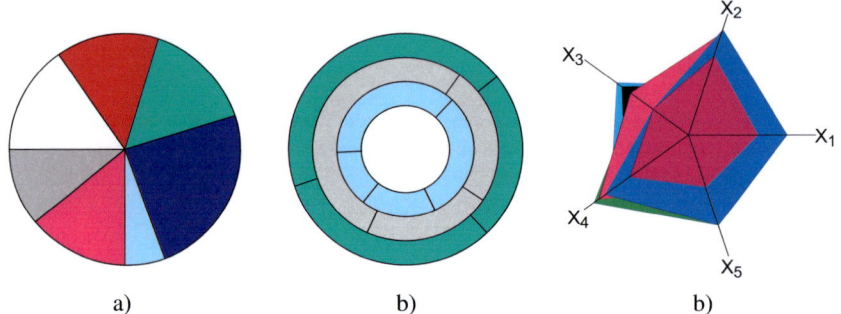

a)   b)   b)

Abbildung 1.20: a) Kreis- und b) Ringdiagramm sowie (c) flächenbasierter Kiviatgraph

1.2.3.4   Flächenbasierte Kiviatgraphen

Kiviatgraphen können auf einfache Weise flächenbasiert sein, wenn die eingezeichneten Linien einzelne Flächen umspannen. Dabei entsteht das Problem, dass sich überlappende Flächen zur besseren Erkennbarkeit transparent gezeichnet werden müssen.

Abbildung 1.20 c) zeigt den Kiviatgraphen aus Abbildung 1.15 a) als flächenbasierte Darstellung. Da größere Parameterwerte die jeweils kleineren Werte überdecken, muss beim flächenbasierten Kiviatgraphen für eine gute Identifizierbarkeit der Daten auf die bestmögliche Darstellungsreihenfolge der einzelnen Flächen geachtet werden.

1.2.4   Ikonenbasierte Techniken

Ein weiterer Bereich der Visualisierungstechnik beschäftigt sich mit Ikonen (Bildsymbolen), welche sich durch mehrere Variablengrößen in ihrer Form und Größe unterscheiden können. Dabei handelt es sich um grafische Primitive, bei denen Merkmale in verschiedenen Attributen wie Farbe, Winkel, Textur, usw. verschlüsselt werden.

In den meisten Fällen werden Ikonen dann verwendet, wenn ein räumlicher Bezug zu den Datensätzen besteht. Dabei werden die Ikonen an der entsprechenden Position platziert und abhängig von den vorhandenen Variablenwerten gezeichnet [SM00]. In der Regel werden Scatterplots als Basis verwendet und die Ikonen an den entsprechenden Positionen platziert.

Ikonen sind nach Schumann und Müller [SM00] geometrische Objekte, die

1. exakt positioniert werden können,

2. Datenwerte verschlüsseln können in ihren geometrischen Charakteristika (Größe, Orientierung, Form etc.),

3. Datenwerte verschlüsseln können in ihren graphischen Charakteristika (Farbe, Helligkeit, Transparenz, etc.)

Die Werte eines Datensatzes werden üblicherweise in einer Ikone zusammengefasst. Ein nicht triviales Problem ist das Auffinden effektiver geometrischer Codes zur Konstruktion der Ikonen. In [SM00] sind dazu folgende Regeln zu finden:

1. Die einzelnen Merkmale sollen in einer Ikone gut kombinierbar und unterscheidbar sein,

2. Ikonen sollen separat erkennbar sein,

3. Ikonen sollen sich erkennbar unterscheiden, wenn die zugehörigen Merkmalsausprägungen differieren.

Bei allen Diagrammen, welche Ikonendarstellungen verwenden, stellt sich das Problem, dass es bei zu großen Datenmengen sehr leicht zu Überlappungen einzelner Ikonen kommt, wodurch die Aussagekraft des Diagramms deutlich reduziert wird. Oft ist es erforderlich, zur besseren Darstellung die einzelnen Datensätze einem räumlichen Gitter zuzuordnen, dessen Gitterabstände größer oder gleich den Durchmessern der Ikonen sind. Eine Ausnahme bildet hierbei die Strichmännchen-Methode, bei der eine Verdichtung oder auch Überlappung sogar gewünscht sein kann, um eine Struktur deutlicher darzustellen.

Im folgenden sind die gängigsten Techniken aufgeführt, die sich für die Darstellung mehrerer Variablen eignen. Eine ausführliche Beschreibung und Erweiterungen mit Metaphern findet sich bei [Fie05].

1.2.4.1   Chernoff-Gesichter (Chernoff Faces)

Zahlreiche Pioniere der graphischen Datenvisualisierung beschäftigten und beschäftigen sich auch heute noch mit der Thematik der Ikonenbasierten Diagramme. Bereits 1973 stellte Herman Chernoff die später nach ihm benannten Chernoff-Gesichter vor [Che73]. Dabei werden mehrdimensionale Daten in Gesichtsform dargestellt, wobei jeder Variablenwert bezüglich Orientierung, Größe und Farbe einem bestimmten Gesichtsteil zugeordnet wird.

Die in Gesichtform dargestellten mehrdimensionalen Daten können, z. B. im Gegensatz zu Zahlentabellen, wesentlich schneller von Menschen erfasst und verarbeitet werden. Die Ursache liegt in der im Laufe der Evolution entwickelten Fähigkeit, winzige Details, Unterschiede und Veränderungen in den Gesichtszügen (Mimik) von Gesichtern zu erkennen. Abbildung 1.21 a) zeigt drei unterschiedliche Ausprägungen eines Chernoff-Gesichts. Hier wird deutlich, dass der Gesichtsausdruck durch Länge, Breite, Orientierung und Krümmung der einzelnen Gesichtsmerkmale verändert wird.

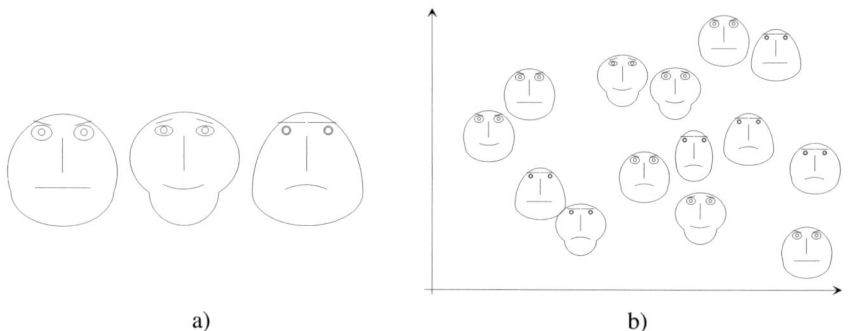

a)   b)

Abbildung 1.21: Chernoff-Gesichter: Grundprinzip in drei verschieden Ausprägungen (a)
                und als Diagramm (b)

Es lassen sich insgesamt 18 Merkmale auf Form und Größe von Kopf, Nase, Mund, Augen und Brauen abbilden; zwei weitere Merkmale werden auf die Achsen des Koordinatensystems abgebildet (Abbildung 1.21 a) [Che73]. Eine Schwierigkeit bei Chernoff-Gesichtern ist allerdings die Interpretation der einzelnen Gesichter in einem Diagramm, da ein intuitives eindeutiges Erkennen der Attributwerte bei einer so großen Menge von Attributen auf ein Gesicht praktisch nicht möglich ist.

Jedoch können relativ leicht diejenigen Werte erkannt werden, die stark vom Mittelwert abweichen. Ein großes Problem stellt die Überlagerung von Gesichtern bei größeren Datenmengen dar, da die einzelnen Gesichter nicht beliebig verkleinert werden können, ohne dass der Betrachter die Möglichkeit der Identifikation der Mimik dabei einbüßt.

Morris, Ebert und Rheingans untersuchten die Effektivität von Chernoff-Gesichtern in der Realität. Sie bestätigen die Problematik der Subjektivität des Betrachters beim Erkennen der einzelnen Gesichtszüge sowie die Aussage, dass die Informationsvisualisierung mit Chernoff-Gesichtern nicht den Vorteil des menschlichen, präattentiven Visualisierungsprozesses nutzt [MER00].

Die überwiegende Anzahl der in der Literatur zu findenden Diagramme, welche Chernoff-Gesichter einsetzen, werden vor allem für geographische oder soziologische Untersuchungen verwendet.

1.2.4.2   Strichmännchen (Stick Figures)

1988 stellten Picket und Grinstein [PG88] eine weitere ikonenbasierte Darstellung für mehrdimensionale Datensätze vor. Dabei handelt es sich um eine Strichmännchendarstellung bei welcher die Länge und Winkel des Körpers, der Arme und Beine die einzelnen Werte repräsentieren. Zwar werden die Ausdrücke *Strichmännchen* sowie *Arme* und *Beine* verwendet, jedoch hat das von [PG88] eingeführte Konstrukt nur eine entfernte Ähnlichkeit mit einem Strichmännchen, da dessen Arme und Beine beliebig angeordnet werden können und keine klare Unterscheidung zwischen Körper, Armen und Beinen stattfindet.

Im Folgenden wird überwiegend der englische Begriff *Stick Figure* verwendet, da in der Literatur fast ausschließlich die englische Namensgebung zu finden ist.

Mit Stick Figures nach [PG88] können bei einer Schwarzweiß-Darstellung fünf unterschiedliche Variablen abgebildet werden. Die Stick-Figure-Darstellung wurde zur Untersuchung großer mehrdimensionaler Datenmengen verwendet, deren Struktur bzw. Entstehungsbasis nicht immer bekannt war (klassisches Data Mining). Abbildung 1.22 zeigt grundsätzliche Darstellungen eines Stick Figures mit Angabe der veränderbaren Winkel.

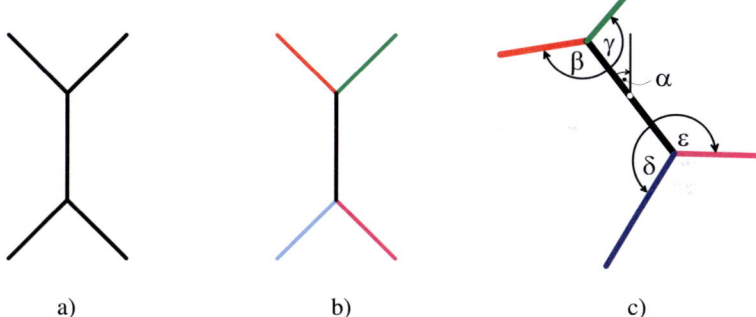

a)   b)   c)

Abbildung 1.22: Grundformen eines Stick Figure: a) nach [PG88], b) mit Farbe, c) mit veränderbaren Längen und Winkeln

Das Ziel der Visualisierung von Attributen mittels Stick Figures ist die Erzeugung von texturartigen Mustern innerhalb eines Diagramms zur Identifikation von Korrelationen. Liegen die Datensätze bezüglich der beiden Darstellungsdimensionen dicht zusammen, so entstehen in der resultierenden Visualisierung charakteristische Textur-Muster. Vor allem hohe Gradienten in der Verteilung der einzelnen Variablenwerte können so deutliche Muster erzeugen. Zur Erzeugung eines klar erkennbaren Musters ist allerdings eine sehr homogene große Datenmenge erforderlich.

In [PG88] identifizieren die Autoren eine Familie von zwölf unterschiedlichen Zusammensetzungen der Körperteile eines Stick Figures, welche individuell zur Untersuchung unterschiedlichster Datensätze eingesetzt werden (s. Abbildung 1.23). Dabei werden nacheinander sämtliche Stick-Figure-Zusammensetzungen für die Darstellung eines Datensatzes ausprobiert, wobei ein Benutzer visuell erkennen muss, welche Form des Stick-Figure-Elements den Datensatz am besten repräsentiert.

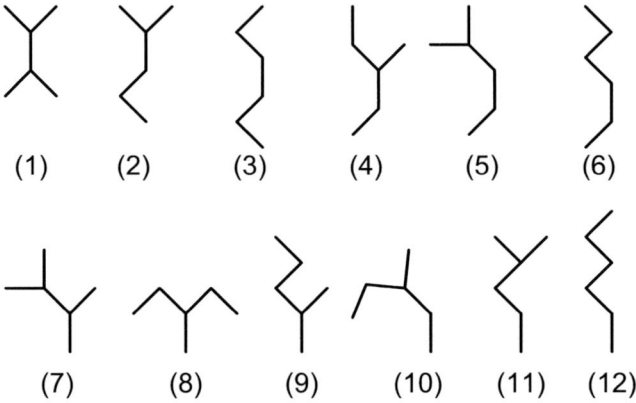

Abbildung 1.23: Familie von Stick-Figure-Ikonen [PG88]

Mit Hilfe der Stick-Figure-Methodik wurde eine sehr anschauliche Darstellung multi-spektraler Daten des Wettersatelliten NOAA-7 mit fünf Variablen zusätzlich zur Position erzeugt (Abbildung 1.24). Die Variablen bilden fünf Messkanäle des Satelliten ab. Das geographische Gebiet der Messung erstreckt sich über das westliche Ende des Ontario-Sees und einen kleinen östlichen Teil des Erie-Sees in Nordamerika. Abbildung 1.24 b) zeigt einen Kartenausschnitt des Ontario-Sees [OSM10][9].

Das leicht gedrehte Rechteck entspricht dem geografischen Bereich, welcher durch das Stick-Figure-Diagramm in 1.24 a) abgedeckt wird. Unter Verwendung des Stick-Figure-Typs 12 (s. Abbildung 1.23) sind die Umrisse des westlichen Endes des Ontario-Sees aufgrund der Drehung und Umordnung der Stick Figures sehr gut erkennbar [PG88]. Ebenso können der nördlichste Teil des Erie-Sees sowie der Niagara-Fluss identifiziert werden (s. Pfeil in Abbildung 1.24 b), der beide Seen miteinander verbindet .

1.2.4.3 Glyphen

In der Typographie ist eine Glyphe die grafische Darstellung eines Schriftzeichens, zum Beispiel eines Buchstabens oder eines Silbenzeichens. In der Informationsvisualisierung sind Glyphen Elemente zur grafischen Kodierung numerischer Informationen.

---

[9]http://www.openstreetmap.org/?lat=42.81&lon=-79.34&zoom=8&layers=M

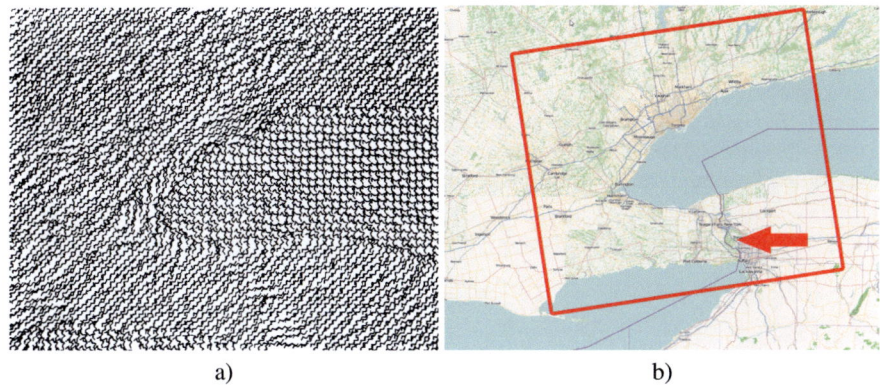

a)   b)

Abbildung 1.24: Stick-Figure-Diagramm: a) Darstellung von 5 Variablen und der Position [PG88] und b) ein korrespondierender Kartenausschnitt [OSM10]

Signaturen oder Glyphen bezeichnen Symbole, die Eigenschaften von Objekten an Positionen des Raumes durch die Variation graphischer Eigenschaften repräsentieren [SM00].

Glyphen werden hauptsächlich in den zwei folgenden Bereichen angewandt:

1. Zur Abbildung von geografischen Bereichen, welche zusätzliche Informationen bereitstellen sollen. Beispiele sind GIS-Systeme[10], bei denen umweltrelevante oder städtebauliche Daten an einem bestimmten Ort veranschaulicht werden sollen sowie Landkarten, bei denen neben dem Kartenwerk weitere interessierende Informationen angeboten werden (z.B. *Google Maps, http://maps.google.de*).

2. Wenn die Informationsfülle nicht mehr über einen einfachen Scatterplot abgebildet werden kann, da mehr als zwei Parameter abzubilden sind oder wenn die Datenmenge so groß ist, dass aufgrund von Überlagerungen die einzelnen Werte nicht mehr unterschieden werden können [DP03, DP04].

Die einfachste Glyphenform ist eine Kreissignatur, welche Quantitäten durch unterschiedliche Kreisgrößen und -farben darstellt.

Eine weitere einfache Glyphenart stellt die so genannten Sunflower-Glyphe dar [CM84, DP03, DP04], bei der die Variablen (maximal 6-8) durch Farben sowie die Anzahl der um einen Punkt herum angeordneten Blätter (Linien) abgebildet werden.

Das Diagramm in Abbildung 1.25 zeigt das Ergebnis einer medizinischen Studie zur Bestimmung der Abhängigkeit des diastolischen Blutdrucks vom Body Mass Index (BMI) der Probanden ([DP03, DP04]). Die Datenpunkte werden auf drei unterschiedliche Arten

---

[10]GIS - Geografisches Informationssystem

repräsentiert: als kleine Kreise für individuelle Datenpunkte sowie durch helle und dunkle Sunflower-Elemente.

Die hellen Sunflower-Elemente repräsentieren die Blätter jeweils eine so genannte Beobachtung. Bei einem dunklen Sunflower-Element werden durch die Blätter je k Beobachtungen abgebildet. Die Variable k wird vom Benutzer der Software zur Erzeugung des Diagramms bestimmt. In Abbildung 1.25 ist $k = 20$.

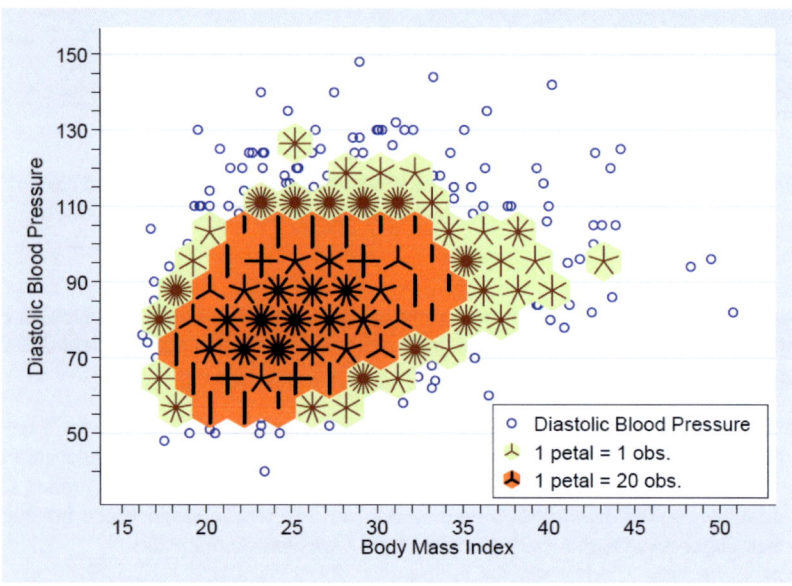

Abbildung 1.25: Diagramm mit Sunflower-Glyphen [DP03]

Vereinfachte Kiviatgraphen bzw. einfache Polardiagramme können ebenfalls als Glyphen zur Darstellung multidimensionaler Daten verwendet werden. Abbildung 1.26 a) zeigt einen Glyphen in Primitivdarstellung, wie er in der Literatur verwendet wird. Dabei werden die Werte *0.1*, *0.25*, *0.5*, *0.75* und *1.0* einzig über der Länge der Linien abgebildet, welche äquiangular konzentrisch angeordnet sind.

Die Enden der Linien werden dann meist miteinander verbunden, wodurch je nach Anzahl und Größe benachbarter Wertepaare ein sternförmiges Gebilde entstehen kann. Sie werden deshalb auch *Star Glyph* genannt. Nachteil der Star-Glyphen ist, dass die Flächen, welche durch die Verbindung der Linienenden entstehen, einen falschen Eindruck von den wahren Werten vermitteln. In Abbildung 1.26 b) wird ein Datensatz durch mehrere solcher Star-Glyph-Elemente repräsentiert [SM00].

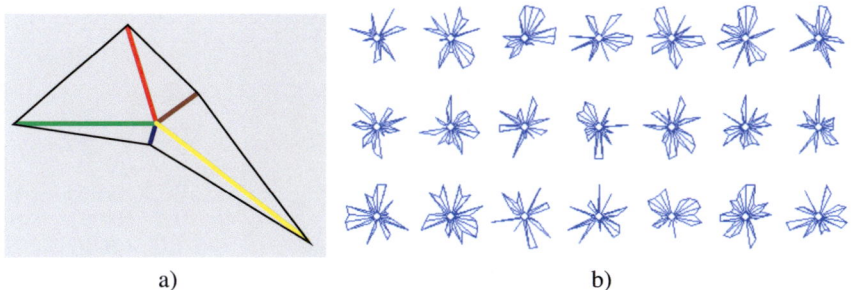

a)   b)

Abbildung 1.26: a) Vereinfachter Kiviatgraph als Glyphe, b) Star Glyphen

Neben den linienbasierten Glyphen gibt es flächenbasierte Glyphen, welche auf zwei verschiedene Arten dargestellt werden [Ber83]:

1. **flächenproportional**: Die Flächen der einzelnen Kreissegmente sind proportional zur Größe der Merkmalswerte, welche sie repräsentieren.

2. **radienproportional**: Die Radien der einzelnen Kreissegmente sind proportional zur Größe der Merkmalswerte.

Abbildung 1.27 verdeutlicht den Unterschied zwischen den beiden Darstellungsarten. Dieselben Werte werden mit deutlich veränderter Segementgröße abgebildet. Dem Betrachter erscheint die flächenproportionale Darstellung realistischer, da der visuelle Unterschied der einzelnen Werte zueinander nicht so gravierend ist.

Hier wird deutlich, dass das menschliche Auge zur Wahrnehmung von Flächen und deren Proportionen programmiert ist, da der Betrachter wohl nicht sofort erkennen wird, dass in Abbildung 1.27 b) der Wert des blauen Segments nur um den Faktor 10 kleiner ist als der Wert des gelben Segments.

1.2.4.4 Data Jack

Eine weitere Ikone stellt der so genannte Data Jack dar [Cox90]. Hier werden um ein Quadrat sternförmig vier Dreiecke aufgespannt, deren Höhe sich aus den Werten der Attribute ergibt. Im dreidimensionalen Raum kann der Data-Jack durch einen Würfel gebildet werden, an dessen Seiten pyramidenartige Körper positioniert werden.

Als dreidimensionale Körper kommen beispielsweise Pyramiden mit quadratischen Grundflächen, Koni oder - wie in Abbildung 1.28 – durch Parallelverschiebung einer Dreiecksfläche erzeugte Volumina in Betracht. Die Länge der Körper wird durch die Attributwerte bestimmt.

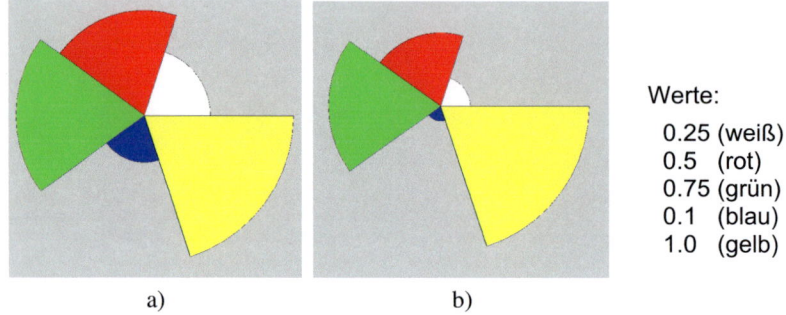

Werte:

0.25 (weiß)
0.5   (rot)
0.75 (grün)
0.1   (blau)
1.0   (gelb)

a)   b)

Abbildung 1.27: a) Flächen- und b) Radienproportionale Glyphen

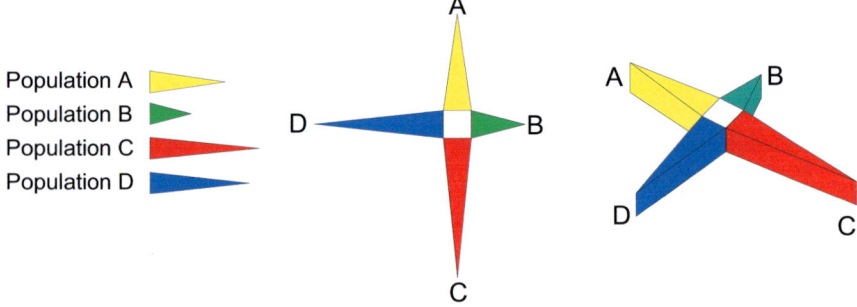

Abbildung 1.28: Beispiel eines Data Jacks nach [Moo02]

1.2.4.5   Farb-Ikonen

Farb-Ikonen sind Rechtecke, die durch diagonale und seitenhalbierende Unterteilung in acht Dreiecke aufgeteilt werden. Dabei bekommt jedes Dreieck einen dem Parameterwert entsprechenden Farbwert zugeordnet. Liegen weniger als acht Werte vor, so kann das Rechteck weniger oft unterteilt werden oder ein Dreieck muss bei einer ungeraden Parameteranzahl mit einem bereits abgebildeten Parameterwert belegt werden. Die dadurch entstandene doppelte Verwendung eines Parameters kann zu Irritationen beim Betrachter führen. Abbildung 1.29 zeigt zwei Farb-Ikonen für acht Parameterwerte.

Ein Nachteil der Farb-Ikonen ist, dass die Erkennung von Wertunterschieden rein auf Farbwerten basiert und die Form der Ikonen dabei stets gleich bleibt. Das führt dazu, dass Menschen mit Farbfehlsichtigkeit große Probleme haben, einzelne Werte unterscheiden zu können. Zusätzlich leidet die Unterscheidbarkeit um so mehr, desto geringer die

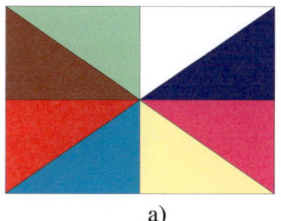   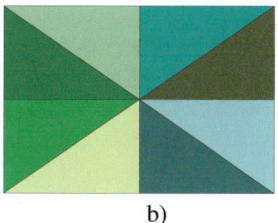

a)   b)

Abbildung 1.29: a) Farb-Ikone zur Darstellung von acht Werten, b) Farb-Ikone mit ähnlichen Werten

Wertunterschiede sind, da sich die Farben hierbei lediglich um Nuancen unterscheiden können (Abbildung 1.29 b).

1.2.5 Pixelbasierte Techniken

Pixelbasierte Visualisierungstechniken bieten sich an, wenn sehr große Datenmengen visualisiert werden müssen, die keine oder nur sehr wenige „Leerstellen" aufweisen. Dabei wird ein Datenwert einer Datenmenge auf genau ein Pixel der Darstellungsfläche abgebildet. Einfache Techniken ordnen die Datenwerte zeilen- oder spaltenweise an, raumfüllende Kurventechniken ordnen die Datenwerte z.B. entlang einer komplexen Raumkurve an [Krö00b].

Eine weitere komplexe, hierarchische Technik ist die *Rekursive Pattern Technik*. Positiv bei der Verwendung von pixelbasierten Techniken ist der minimale Platzbedarf pro Datenwert. Die entstehenden Bilder vermitteln intuitiv einen Überblick über Häufigkeiten und Verteilungen. Negativ ist die schwierige Identifikation bzw. der Vergleich von einzelnen Werten, da ein Pixel sehr klein ist. Hinzu kommt, dass auch hier wie bei den Farb-Ikonen ausschließlich die Farbe zur Abbildung von Werten verwendet wird und nicht zusätzlich die Form, was die Unterscheidung ähnlicher Werte zusätzlich erschwert.

1.2.6 3D-Techniken

1.2.6.1 Volumen- und Flächendarstellung

Aufgrund der Leistungsfähigkeit, die Software- und Hardwaresysteme seit den 90er Jahren bieten, konnte sich die Visualisierung im dreidimensionalen Raum stark entwickeln. So entstanden mehrere Visualisierungswerkzeuge, die vor allem Flächen- und Volumenmodelle zur Darstellung verwenden. Waren es am Anfang noch einfache Primitivelemente, mit denen Daten visualisiert werden konnten, so sind heute komplexere und leistungsfähigere Flächenarten bei einer beeindruckenden Graphikleistung der Rechner üblich.

Die Grundlage für die Entwicklung von 3D-Visualisierungswerkzeugen bildeten die NURBS[11]-basierten 3D-CAD-Systeme, die sowohl (Freiform-)Flächen als auch Volumenprimitive – in den meisten Fällen ebenfalls durch Flächen repräsentiert – zur Darstellung verwendeten. Die 3D-CAD-Systeme wurden zur Konstruktion komplexer Teile im Maschinenbau bereits Ende der 80er Jahre entwickelt und schon damals vor allem in der Automobilindustrie sehr erfolgreich eingesetzt.

In den meisten Fällen werden die darzustellenden Flächen und flächenbasierten Volumenelemente in Form von zusammenhängenden Dreiecksflächen realisiert. Der Grund liegt darin, dass die Graphikprozessoren der Computersysteme auf die Verarbeitung riesiger, jedoch einfacher Datenmengen optimiert sind. Entsprechend werden Volumenelemente bei den meisten Graphikschnittstellen (OpenGL, ActiveX, etc.) durch solche Dreiecksflächenverbünde zusammengestellt.

Volumen- oder Flächenelemente, welche aus komplexeren Teilflächen bestehen, werden bei der Prozessierung vom Graphiksystem in Dreiecksflächen umgewandelt. Vorteil hierbei ist ein schneller Bildaufbau beim Drehen und Zoomen der Elemente auf dem Bildschirm. Nachteilig – und damit in vielen Fällen diametral entgegenwirkend – ist der damit verbundene große Speicherplatzbedarf bei einer großen Anzahl von Elementen. Das kann dazu führen, dass die Bildverarbeitungsgeschwindigkeit bei Benutzerinteraktionen dramatisch reduziert wird oder gar bis zum Stillstand kommt, da der Graphikprozessor die anfallenden Daten nicht mehr schnell genug verarbeiten kann.

Die Verwendung von reinen Volumenelementen hat den Vorteil, dass hierbei nicht nur die Oberfläche, sondern auch das „Element-Innere" für Berechnungen zur Verfügung steht. Das kann genutzt werden, um durch Boole'sche Operationen einzelne Volumenprimitive zu kombinieren. Hierbei entstehen zusammengesetzte Elemente, die entweder eine erweiterte äußere Gestalt besitzen (Addition) oder Aussparungen in Form von Vertiefungen oder Kanälen aufweisen (Subtraktion).

Eine mögliche Repräsentation reiner Volumenelemente kann durch so genannte Voxel erfolgen. Voxel sind kleinste Quader, welche entsprechend der Form des Volumenelements zusammengesetzt werden. Die Voxelrepräsentation eignet sich besonders gut zur Berechnung von Belastungen (Biegung, Torsion, Temperatur, etc.), welche auf das modellierte Konstrukt wirken. Die Berechnungen werden meist mit Hilfe der Finite-Elemente- oder Finite-Differenzen-Methode durchgeführt.

Einfache Volumenelemente werden bereits seit einiger Zeit für die Darstellung multivariater Daten verwendet. [SHB+99] modifiziert die Gestalt von Quadern, Zylindern und Kugeln in Abhängigkeit der betrachteten Parameterwerte. Bei [KE01] werden die einzelnen Elemente Glyphen genannt, wobei dort ein Glyph auf andere Weise definiert wird als in Abschnitt 1.2.4.3. Ein Glyph ist bei [KE01] ein beliebiges grafisches Objekt, welches aus einem oder mehreren Teilen besteht, deren Attribute wie Größe, Form oder Farbe die einzelnen Datenwerte abbilden.

---

[11]NURBS: Non-Uniform Rational B-Splines

Flächendarstellungen werden immer dann eingesetzt, wenn durch die Verwendung einfacher Flächenarten grafische Leistungs- bzw. Laufzeitvorteile zu erreichen sind oder wenn es sich um komplexe Geometrien handelt.

Sollen bei einer Visualisierung einzelner Parameter Flächendarstellungen zum Einsatz kommen, so werden in den meisten Fällen die Parameterwerte in Z-Richtung aufgetragen, wodurch ein gebirgiges Flächenelement entsteht. Die Verteilungen von zwei Parametern wird meist durch Überlagerung der in Z-Richtung aufgetragenen Werte des ersten Parameters mit den über eine Farbtabelle abgebildeten Werten des zweiten Parameters realisiert (sog. Farb-Höhen-Ansatz).

Abbildung 1.30 zeigt eine solche Darstellung. Durch die Überlagerung von Farbe und Höhen können für zwei unterschiedliche Parameterverteilungen eventuell vorhandene Korrelationen gut erkannt werden. In Abbildung 1.30 wurde ein Demonstrationsdatensatz sowohl durch die Höhe als auch durch die Farbe abgebildet, wodurch es zu einer deutlichen Ausprägung der Minima und Maxima kommt.

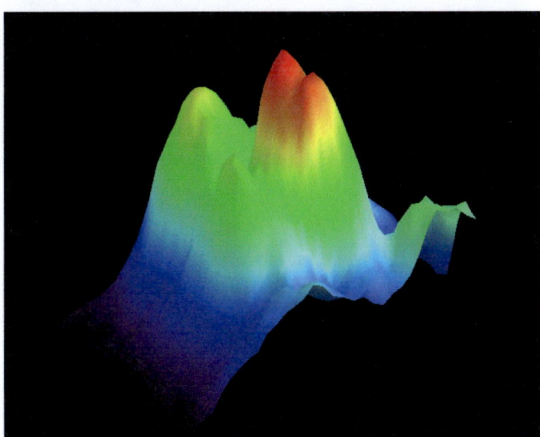

Abbildung 1.30: Darstellung zweier Parameter mit Fläche und Farbe [IDL00]

Zu beachten ist bei der Flächendarstellung, dass in den meisten Fällen Interpolationen oder Approximationen der Werte vorgenommen werden, entweder explizit durch entsprechende Algorithmen oder implizit durch die Generierung der Fläche, welche unter Umständen mit einer relativ geringen Wertemenge gebildet werden kann.

Allerdings können mit der Flächendarstellung nicht beliebig viele unterschiedliche Parameter eines Datensatzes gleichzeitig dargestellt werden, da sich die Flächenelemente überdecken, die zur besseren Erkennbarkeit schattiert werden. Zwar besteht die Möglichkeit, die Flächen transparent darzustellen, jedoch ist das Verfahren aus Gründen der Eindeutigkeit auf wenige Parameter begrenzt.

1.2.6.2   2D-Techniken im 3D-Raum

Zur gleichzeitigen Visualisierung mehrerer Parameter basieren einzelne vorhandene 3D-Techniken auf der Erweiterung vorhandener 2D-Techniken im 3D-Raum. So gibt es Parallele Koordinaten ebenso als 3D-Erweiterung [WLG97] wie einfache Streu- oder Liniendiagramme, welche fallspezifisch auf geeignete Weise (z.B. radial oder parallel) im Raum angeordnet sind. Abbildung 1.31 zeigt die Parallele-Koordinaten-Technik aus Abschnitt 1.2.2.2 im Raum [Krö00b].

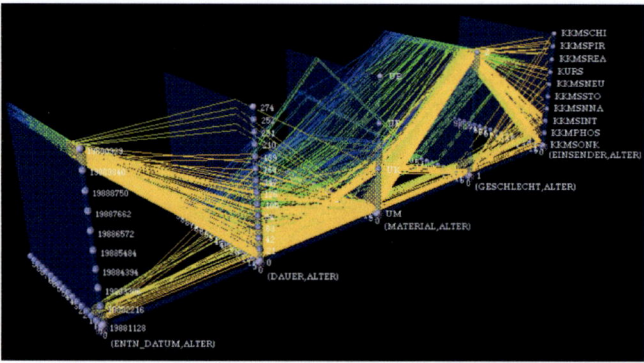

Abbildung 1.31: 3D-Techniken: Parallele Koordinaten im Raum [WLG97]

Neuere 3D-Techniken beschäftigen sich hauptsächlich mit der Darstellung von Zeitreihen im Raum [TAS03, TAS04, TAS05, Hol05]. Die Zeitreihen werden radial um eine zentrale Zeitachse angeordnet. Abbildung 1.32 a) zeigt eine solche Darstellung mit Linien und 1.32 b) mit Flächen, welche durch die Verbindung der Maximalwerte eines Linienplots wie in Abbildung 1.32 a) gebildet werden. Das Ergebnis entspricht einer zeitlichen Aneinanderreihung einfacher flächenorientierter 2D- oder 3D-Kiviatgraphen.

1.2.6.3   Einsatz von Farben bei der Visualisierung

Eine grundsätzliche Eigenschaft aller Objekte, um für einen Betrachter erkennbar, unterscheidbar und identifizierbar zu sein, ist deren Farbe. Zwar können aussagekräftige Visualisierungen auch mit reinen Grautönen realisiert werden, jedoch sind Attribut- und Wertunterschiede in aller Regel schwerer zu erkennen. Das gilt vor allem bei geringem Kontrast, was bei großen Datenmengen zwangsläufig der Fall sein kann.

Einen sehr großen Einfluss besitzt die Wahl von Farben und Farbtabellen bei sämtlichen Visualisierungstechniken, welche die Daten bzw. Attribute auf einzelne Pixel anwenden. Dabei können sich je nach Datensatz deutliche Farbwertunterschiede ausbilden, es können allerdings auch eine beträchtliche Anzahl von Daten in der Grafik für den Betrachter

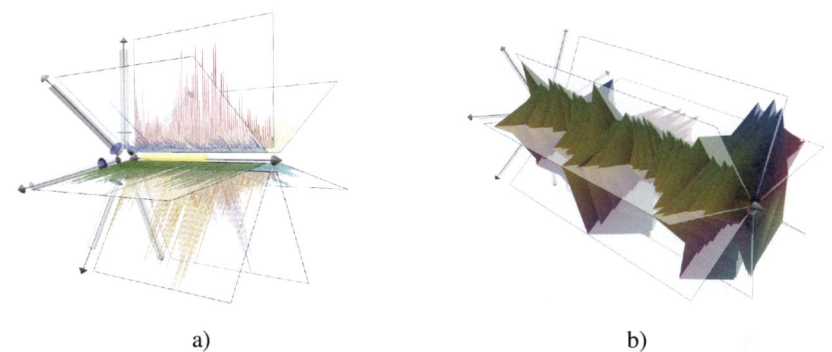

a)   b)

Abbildung 1.32: 3D-Techniken a) Zeitreihendarstellung mit Linien und b) mit Flächen
(als 3D Kiviatgraph) [TAS03, TAS04, TAS05]

unsichtbar bleiben, da sie von benachbarten Daten farblich überlagert oder optisch sub-
summiert werden.

In der Literatur gibt es viele Abhandlungen über den Einsatz von Farbtabellen für jegliche Art von Visualisierungen. Levkowitz beschäftigte sich mit Farbrepräsentationen und
-modellen allgemein [LH93] und mit der Kodierung von Farbwerten zur Visualisierung
auf Pixelebene in Form von so genannten *Color-Icons* [Lev91].

Weitere Literaturreferenzen beschäftigen sich eingehend mit der Abbildung auf Farbe unter Berücksichtigung unterschiedlicher Farbtabellen. Schumann und Müller [SM00] wid-
men sich dem Thema ebenso detailliert wie Müller [Mü00], Krömker [Krö00a], Boles
[Bol09] und Schulze-Wollgast, Tominski und Schumann [SWTS05]. Oeltze, Bendicks,
Behrens und Preim [OBBP05] beschreiben den Einfluss von Farben auf möglichst realistische Bilder für die Medizin.

Die Verwendung von Farben und Farbtönen ist jedoch hochgradig abhängig von der Fähigkeit des Betrachters, die Farben und Farbtöne überhaupt sehen bzw. erkennen zu können. Farbfehlsichtige Menschen können unter Umständen auch mit der besten Farbtabelle
keine Farbunterschiede erkennen.

Damit der Benutzer eines Visualisierungswerkzeuges für ein optimales Resultat stets die
für ihn optimalen Farbtabellen und Farbwerte verwenden kann, muss bei der Entwicklung der Werkzeuge besonders auf eine Adaptionsmöglichkeit geachtet werden. Bei der
Entwicklung der Software, welche der vorliegenden Arbeit zu Grunde liegt, wurde darauf
besonderen Wert gelegt.

1.2.6.4   Helligkeit

Eine weitere interessante Möglichkeit der Darstellung unterschiedlicher Parameterwerte
ist deren Zuordnung zur Helligkeit der gewählten Farbe. Für normierte Daten im Werte-
bereich $w = 0\ldots1$, $w \in \mathbb{R}$ oder zwischen $w = 0\ldots255$, $w \in \mathbb{N}$ (wenn die Werte direkt in
einzelne Bits umgerechnet werden) kann in dem dann zu verwendenden HSB-Farbraum[12]
der entsprechende Wert direkt zugeordnet werden.

Die Verwendung von Helligkeitswerten findet bereits bei Ikonenbasierten Techniken ihre
Anwendung (s. Abschnitt 1.2.4) und kann relativ einfach auch für 3D-Elemente verwendet
werden. Werden Farbverläufe für einzelne Geometrieelemente wie Zylinder oder Kugeln
erzeugt, so müssen die Geometrieelemente durch hinreichend kleine Teilflächen (z.B. Dreiecksflächen) approximiert und die entsprechenden Farbwerte den Teilflächen zugeordnet
werden. Bei einer für die Visualisierung ausreichenden Menge an Einzelelementen entfällt
der Approximations- und Zuordnungsaufwand, da dann die Parameter- bzw. Farbwerte jeweils einem ganzen Geometrieelement zugeordnet werden können.

1.2.6.5   Linien- und Flächenattribute

Eine gängige Methode, zwei Parameter auf einem einfachen Geometrieelement abzubilden, ist die Verwendung von Linienstärke und Linienfarbe. Hierbei wird die Linienstärke
proportional zum Parameterwert gesetzt. Zu beachten ist, dass vom jeweiligen Grafiksystem eine maximale Linienstärke - z.B. 10 Pixel bei Java2D - vorgegeben sein kann. Das
bedeutet, dass die Parameterwerte normiert sein müssen, um eindeutig abgebildet werden
zu können.

Die Zuordnung eines Parameterwerts zu einer Farbe aus einer Farbtabelle ist eine weitere
oft angewandte Methode. Hier gelten die Bedingungen, die in Abschnitt 1.2.6.3 beschrieben wurden, dass die Wahl der Farbe einen großen Einfluss auf die Identifizierbarkeit der
Parameterwerte hat. Bei Linien kommt der Umstand hinzu, dass sie meist nur wenige Pixel stark sind und deshalb die Unterscheidung von angrenzenden Pixeln der Umgebung
schwerer fällt.

Als weitere Möglichkeit kann ebenso die Linienart durch entsprechende Parameterwerte angepasst werden. Hier könnten gestrichelte und strichpunktierte Linien zum Einsatz
kommen. Das Verfahren ist allerdings mit Grafiksystemen nur sehr eingeschränkt realisierbar, da die Darstellung einer gestrichelten Linie auf Pixelebene ausschließlich für statische Abbildungen möglich ist. Bei dynamischen Darstellungen (Drehen oder Zoomen)
„bewegen" sich die Teilstriche abhängig von der Betrachterposition abbildungsbedingt
mit. Durch diesen Grafikeffekt ist eine eindeutige Identifizierbarkeit des zugehörigen Pa-
rameterwertes für den Betrachter nicht oder nur sehr schwer möglich.

---

[12]HSB: *Hue* (Farbton), *Saturation* (Sättigung) und *Brightness* (Helligkeit), [WIK09] u.a.

1.2.6.6   Größe und Gestalt

Die Variation der Größe und der Gestalt in Abhängigkeit von Parameterwerten bietet sich vor allem bei Flächen- und Volumenelementen an. Die naheliegendste Abbildung der Werte ist die Abbildung auf die Größe, d.h. der geometrischen Maße der Elemente. Während bei Flächen die Variation der Dicke meist auf die Änderung der Linienstärke begrenzt bleibt, können primitive Volumenelemente in ihrer Dicke leicht variiert werden.

Bei Flächen ist eine Dickenänderung über die maximale Linienstärke hinaus nur dann möglich, wenn eine zweite parallele Fläche im Abstand der gewünschten Dicke zusätzlich generiert wird. Für eine realistische, d.h. volumenorientierte Darstellung, muss weiterhin eine umhüllende Berandungsfläche erzeugt werden, welche beide Flächen miteinander verbindet. Abbildung 1.33 verdeutlicht den Zusammenhang. Die auf der linken Seite dargestellte blaue Grundfläche und die für die Flächendicke erforderliche „Kopie" der Grundfläche (rot) können mit der umhüllenden Kurve zusammengeführt werden.

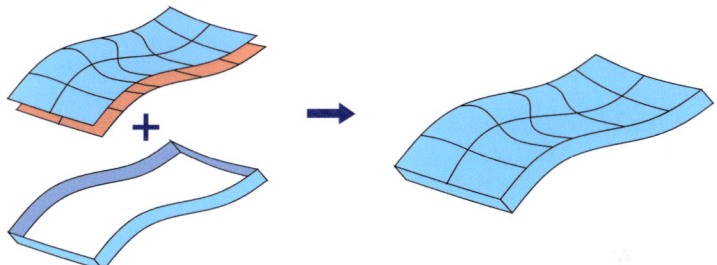

Abbildung 1.33: Flächendarstellung mit Dicke. Grundflächen (links) und zusammengesetzte Fläche

Komplexe Volumenelemente bzw. Elementkombinationen können im Gegensatz zu Flächen leicht mit anderen Radien (Zylinder, Kegel, Kugel, ...) oder Längen (Quader, Pyramide, etc.) neu erzeugt werden.

1.2.6.7   Transparenz

Zur besseren Darstellung von sich überlappenden Elementen kann je nach Grafiksystem für die repräsentierenden Elementoberflächen ein Transparenzfaktor angegeben werden, der die Flächen durchsichtig erscheinen lässt.

Interessant ist die Verwendung der Transparenz bei vielen sich überlappenden Datensätzen oder bei übereinander liegenden Flächen, wobei jede Fläche die Verteilung einer oder mehrerer Parameter repräsentiert. Der Transparenzfaktor liegt dann zwischen 0.0 (keine Transparenz) bis 1.0 (vollständige Transparenz), was durch Abbildung 1.34 verdeutlicht

wird. Hier wird ein einfacher Verbund ebener Flächen mit unterschiedlichen Transparenz-
faktoren belegt. Der Faktor steigt von links nach recht von 0.0 über 0.3 bis 0.7. Das rechte
Bild stellt den Faktor 0.7 ohne Begrenzungslinien dar.

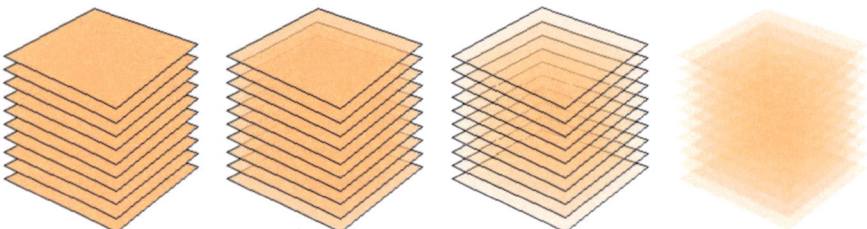

Abbildung 1.34: Auswirkung von Transparenz auf die Darstellung von einfachen ebenen
                Flächen mit Begrenzungslinien (Transparenzfaktoren, von links nach
                rechts: 0.0, 0.3 und 0.7) und Flächen ohne Begrenzungslinien mit Trans-
                parenzfaktor 0.7 (rechts)

Die Grenzen der Methodik werden dann erreicht, wenn zu viele übereinander liegende
Elemente dargestellt werden sollen. Abbildung 1.34 zeigt das auf einfache Weise. Durch
die Überlagerung ist selbst bei einem Transparenzfaktor von 0.7 in der Mitte ab der fünften Ebene eine Unterscheidung der Flächen kaum mehr möglich. Nur die Randbereiche
der abgebildeten Flächen - die ja Parameterwerte repräsentieren sollen - sind klar identifizierbar. Dabei nimmt der mehrfach überlagerte Bereich die Grundfarbe der Fläche ohne
Transparenz an. Die Anzahl der voneinander noch unterscheidbaren Flächen hängt direkt
vom gewählten Transparenzfaktor und von der Helligkeit der gewählten Farbe ab.

Bei einem zu geringen Faktor wird allerdings die Unterscheidbarkeit der Elemente durch
mangelnden Kontrast in Bezug auf den Hintergrund erschwert. Bei höherer Transparenz
ist ohne Begrenzungslinien eine klare Unterscheidung der Flächen nicht mehr möglich
(Abbildung 1.34 rechts). Eine Betrachtung der Transparenz bei der Komposition von Visualisierungen findet sich bei [Jun98] und [WLG97]. Die Verwendung von transparenten
Elementen für die Visualisierung von Molekülen beschreibt [Oel03].

Eine weitere Einsatzmöglichkeit von transparenzbehafteten Elementen nutzt die Eigenschaft der Farbsättigung bei Elementüberlagerungen. Abbildung 1.35 zeigt einen Kartenausschnitt über Europa mit der Darstellung von Ergebnisprofilen. Der Kartenausschnitt
wurde mit einem in der vorliegenden Arbeit entwickelten Softwarewerkzeug erstellt (siehe Abschnitt D.1).

Abgebildet sind alle Ergebnisprofile (Spurengasprofile), welche durch eine räumlich und
zeitlich begrenzte Suche in der Datenbank gefunden wurden. Dabei ist die Anzahl der
vorhandenen Ergebnisprofile proportional zur Farbsättigung. Dunkle, d.h. durchsichtige

Abbildung 1.35: Transparenz zur Identifikation von Datenmengen

Punkte weisen auf wenige Datensätze am interessierenden Ort hin, die durch Überlagerung hell erscheinenden Punkte auf viele Datensätze. So kann der Betrachter leicht erkennen, an welchen geografischen Orten viele Ergebnisprofile vorliegen und an welchen Orten nur wenige vorhanden sind.

Sehr häufig wird die Transparenz auch für Elemente angewandt, die lediglich als Hilfsmittel für die eigentliche Visualisierung eingestuft werden. So können Koordinatensysteme, Raster bzw. Gitter und Skalen etc. aus dem Aufmerksamkeitsbereich des Betrachters genommen werden, wenn sie lediglich zur Orientierung dienen.

1.2.6.8 Schattierung von Flächen- und Volumenelementen

Im einfachsten Fall werden Grafikelemente nur durch Form und Farbe abgebildet. Das führt dazu, dass oftmals der dreidimensionale Eindruck nicht direkt erkennbar ist, da die (Teil-)Flächen, welche die Form der Elemente definiert, als parallel zur Bildschirmoberfläche liegende Flächen dargestellt werden. Erst durch Drehung der Elemente wird ein räumlicher Eindruck vermittelt, was durch Schattieren der Elemente (*3D-Shading*) wesentlich erleichtert wird.

Flächen und Volumenelemente bzw. Volumenprimitive können in den meisten Grafiksystemen so abgebildet werden, dass ihre Oberfläche zur gegebenen Farbe oder Textur zusätzlich mit einem von einer künstlichen Lichtquelle stammenden Glanz überlagert wird. Dadurch entsteht für den Betrachter ein sehr realitätsnahes Bild. Während Volumenprimitive meist immer direkt mit einer Schattierung der Oberfläche abgebildet werden, muss bei Flächen in vielen Fällen bei deren Erzeugung festgelegt werden, ob und wie sie schattiert werden sollen. Die größte Wirkung wird bei der Schattierung von gekrümmten Flächen erreicht, jedoch können auch ebene (Teil-)Flächen schattiert werden. Der Schattierungseffekt ist dann vor allem bei der Rotation des Elements im Raum deutlich erkennbar.

Die bekanntesten drei Schattierungsalgorithmen sind das *Flat-Shading*, das *Gouraud Shading* sowie das *Phong-Shading* [Gou71, Gou98, Pho75, Nec02, WIK09, BW86]. Alle drei Algorithmen basieren auf der Aufteilung der Fläche in kleine Dreicksflächen und unterscheiden sich darin, wie genau die Farbverläufe innerhalb der Dreiecke dargestellt werden.

Abbildung 1.36 zeigt die drei Schattierungsverfahren im direkten Vergleich anhand einer Kugel mit viereckigen Teilflächen [Nec02]:

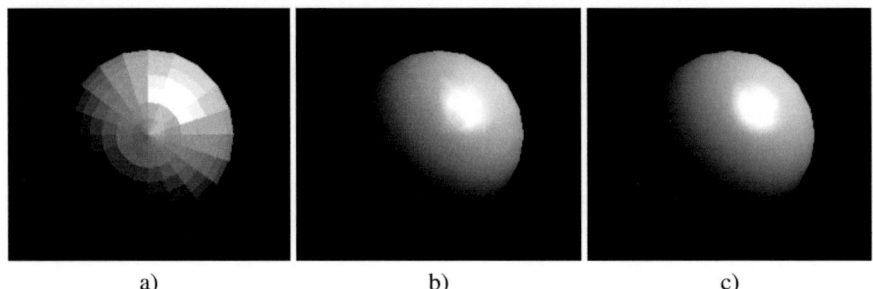

a)   b)   c)

Abbildung 1.36: Schattierungsverfahren: a) Flat-, b) Gouraud- und c) Phong Shading

Flat-Shading: Die Bezeichnung Flat- oder Quick-Shading kommt aus dem Englischen und ist die einfachste Form des Shadings. Die einzelnen Facetten der gekrümmten Flächen werden in einem je nach Lichteinfall durchschnittlich ermittelten Farbton dargestellt (kein kontinuierlicher Farbverlauf). Die einzelnen Oberflächen erscheinen deshalb flach und matt, da Lichtreflexe, Schatten, Transparenz usw. unberücksichtigt bleiben.

Gouraud-Shading: Das Gouraud-Shading, ein 1971 von Henri Gouraud vorgestelltes Verfahren, interpoliert die Scheitelfarben [Gou71]. Damit werden zwischen den Polygonflächen weiche Farbverläufe, d. h. eine gleichmäßige Schattierung erzeugt. Das Gouraud-Shading vermag lediglich matte Objektoberflächen darzustellen, die das Licht gleichmäßig und ungeordnet in alle Richtungen streuen. Folglich erhalten die Objekte ein plastikähnliches Aussehen (Transparenz, Schatten, Spiegelungen, Materialeigenschaften wie Texturen usw. werden nicht berücksichtigt).

Phong-Shading: Die Farbschattierung eines Dreiecks wird durch Interpolation der Scheitelfarben berechnet, wobei zusätzlich der Normalenvektor des Dreiecks in jedem Dreieck berücksichtigt wird. Dadurch sind neben weichen Farbverläufen auch Glanzeffekte möglich, was wesentlich realistischer wirkt. Das Verfahren wurde von Bui Tuong Phong im Jahre 1975 entwickelt [Pho75].

Abbildung 1.37 zeigt eine Gruppe von 3D-Glyphen mit und ohne Flächenschattierung. Besonders bei großen Datenmengen zeigt die Schattierung ihre Vorteile, da einzelne Elemente leichter voneinander zu unterscheiden sind.

a)   b)

Abbildung 1.37: 3D-Glyphen ohne (a) und mit Schattierung (b)

1.2.6.9   Perspektive und Projektion im Raum

In den meisten Grafiksystemen wird dem Betrachter standardmäßig eine perspektivische Darstellung des Raumes und der darin befindlichen Elemente geboten. Die perspektivische Darstellung unterstützt in großem Maße die Orientierung im Raum bei Translations-, Rotations- und Zoombewegungen, da die Elemente einerseits bei zunehmender Entfernung kleiner dargestellt werden und andererseits sich die Perspektive so ändert bzw. anpasst, wie es dem gewohnten Sehen des Betrachters nahe kommt.

Allerdings ist eine räumliche Perspektive nicht immer gewünscht, vor allem wenn konkrete Vergleiche von Abständen, Formen und Größen durchgeführt werden müssen. Hier ist eine perspektivische Darstellung sogar meist sehr hinderlich. Dasselbe gilt für Darstellungen, bei denen die Parallelität von Elementen zueinander im Vordergrund stehen.

Abbildung 1.38 a) zeigt räumlich angeordneten Würfel mit perspektivischer Projektion, 1.38 b) zeigt die parallele Projektion der Szene[13].

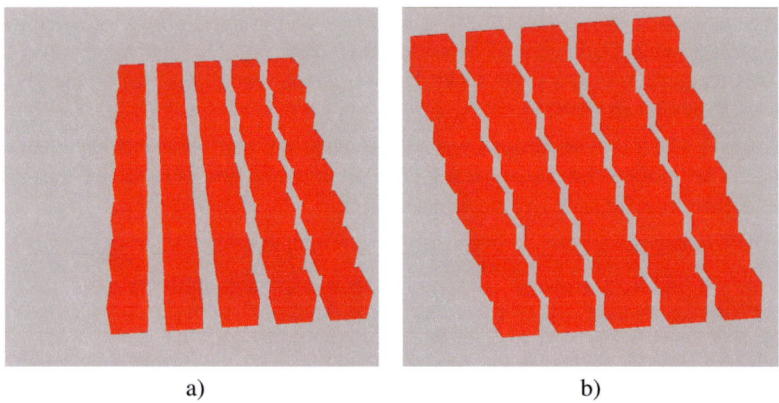

a)   b)

Abbildung 1.38: a) Perspektivische und b) Parallele Darstellung von 3D-Elementen

Bei beiden Abbildungen ist die vordere Würfelreihe nahezu an derselben Position. Da jedoch bereits von der Bildschirmoberfläche zu den vordersten Würfeln im virtuellen Raum eine entsprechende Projektion stattfindet, sind in Abb. 1.38 a) alle anderen im Hintergrund liegenden Würfel schon ab der zweiten Reihe anders angeordnet als in Abb. 1.38 b). Dort ist bereits an der Darstellung der Würfel, die hier messbar identische Maße aufweisen, die senkrecht zur Bildschirmoberfläche orientierte, parallele Projektion zu erkennen.

1.2.6.10   Künstlicher Nebel

Einige Grafiksysteme bieten die Möglichkeit an, künstlichen Nebel als Spezialeffekt zur Verstärkung des bildhaften Eindrucks zu verwenden. Der Nebel besteht dann aus virtuellen kleinen Tröpfchen, die das Licht streuen. Dadurch erhält der Nebel seine helle Farbe. Der Effekt besteht darin, dass weiter entfernt positionierte Elemente mit einem künstlichen Nebelschleier umgeben sind, wodurch sie weniger klar erkennbar werden.

Dadurch entsteht ein zusätzlicher räumlicher Eindruck. Die Dichte und die Entfernung des Nebels kann durch Sichtbarkeitfaktoren gesteuert werden. Abbildung 1.39 zeigt eine Anordnung einfacher Würfel im Raum aus Abbildung 1.38 mit und ohne Nebel [Nus06]. Im

---

[13]Szene: Zusammenfassung aller an einer Visualisierung beteiligten Elemente, die für einen Benutzer sichtbar sein können und manipulierbar sind. Beispielsweise kann eine Szene aus einem Koordinatensystem und mehreren Elementen bestehen. Der Begriff „Szene" wird vor allem für die Visualisierung von 3D-Elementen benutzt.

rechten Bild ist die zusätzliche räumliche Wirkung durch den Einsatz des Nebeleffektes gut zu erkennen.

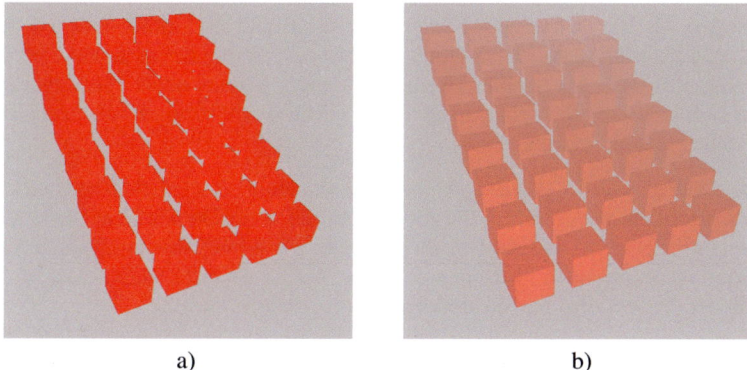

a)   b)

Abbildung 1.39: Darstellung des Nebel-Effektes. a) Elemente ohne und b) mit Nebel

1.2.7 Animationen

1.2.7.1 Grundlagen

Der Begriff Animation stammt ursprünglich vom lateinischen Begriff *animare* ab und wird sinngemäß mit „beleben, zum Leben erwecken" übersetzt. Die *Encyclopaedia Britannica* definiert den Begriff als „the art of making inanimate objects appear to move" [BRI09]. Walt Disney versteht unter dem Begriff folgendes: „Animation can explain whatever the mind of man can conceive."

In nahezu allen lexikalischen Werken wird der Begriff Animation vorwiegend in Zusammenhang mit der Filmtechnik gebracht und als eine Abfolge bewegter Bilder verstanden. Die Einzelbilder können gezeichnet sein, im Computer berechnet, oder sie können fotografische Aufnahmen sein [WIK09]. Bei der Wiedergabe von 24-25 Bildern pro Sekunde entsteht beim Betrachter die Illusion der Bewegung.

Animation beschränkt sich jedoch nicht nur auf die Erzeugung von Bewegungen. Deshalb lässt sich Animation verallgemeinert definieren durch eine gezielte zeitkontinuierliche Änderung eines oder mehrerer Attribute eines Objekts.

Dazu gehören beispielsweise Attribute wie Form, Farbe, Orientierung oder auch Oberflächenstruktur. Generell können alle Attribute animiert werden [Bol09]. Animationen beziehen sich nicht nur auf graphische Objekte. Zum Beispiel lassen sich auch Audioobjekte in Lautstärke, Frequenz und Klang animieren. Ebenfalls animierbar sind Veränderungen in der Beleuchtung und die Bewegung einer Kamera im Raum.

Mit Hilfe von Animationen lassen sich dem Betrachter innerhalb kurzer Zeit viele Informationen präsentieren. Die Informationsaufnahme ist im günstigsten Fall höher als beim Lesen eines Textes oder beim Betrachten einer Graphik. Animationen wecken allgemein das Interesse des Betrachters und führen nicht so schnell zu Ermüdungserscheinungen wie textuelle Darstellungen. Durch Bewegungen wird der dreidimensionale Eindruck erhöht, den ein Mensch trotz seines zweidimensionalen Sehens erhält. Weiterhin können damit auf einfache Weise räumliche und/oder zeitliche Änderungen von Attributen oftmals leichter sichtbar gemacht werden.

Besonders hilfreich hierbei ist, dass Animationen beliebig oft wiederholt werden können, da die Fähigkeit des menschlichen Auges begrenzt ist, wenn Details einer Szene nur kurz zu sehen sind. Zwar werden die Details als solche oft schnell erkannt, jedoch ist deren Identifizierbarkeit für einen Betrachter stark von der Länge ihrer Sichtbarkeit sowie von der Wahl der verwendeten Farben abhängig (siehe Abschnitt 1.2.6.3).

1.2.7.2 Einsatz von Animationen zur Visualisierung wissenschaftlicher Daten

Animation durch Wert- und Formänderung

Die Animation wissenschaftlicher Daten dient vor allem zur anschaulichen Darstellung der Veränderungen von Datenwerten.

Ein großes Einsatzgebiet ist die Animation innerhalb von Simulationen, bei der Auswirkungen für den Benutzer sichtbar gemacht werden. Dabei werden die Begriffe Animation und Simulation oft nicht sauber voneinander getrennt. Eine Simulation ist allgemein eine Nachbildung von Objektverhalten unter bestimmten physikalischen Gesetzen. Dagegen zeigt die Animation die wahrnehmbaren Veränderungen der Objekte innerhalb einer bestimmten Zeitspanne. Simulationen können auch völlig ohne Visualisierung stattfinden, indem sie lediglich ein Endergebnis bieten.

Die bekanntesten Einsatzgebiete sind die Bereiche Strömungsmechanik (Um- und Durchströmung mit unterschiedlichen Fluiden), Elektrotechnik (Schaltungs- und Regelungstechnik), Mechanik (dynamische Wirkzusammenhänge, z.B. Kurbelwellen-, Pleuel- und Kolbenbewegungen eines Kolbenmotors), Biologie (Zellbewegungen und -teilungen) sowie Chemie (Molekül- und Reaktionsdarstellungen).

Prinzipiell können Animationen auf zwei unterschiedlichen Wegen erzeut werden: entweder werden Bildsequenzen generiert, welche nacheinander dargestellt werden oder es werden die Attribute von graphischen Elementen direkt im Darstellungsraum (*View*) des Computersystems geändert und in Echtzeit direkt auf den Bildschirm abgebildet. Je nach Volumen der Daten und Leistungsfähigkeit des Computers muss entschieden werden, welche Methode für die aussagekräftigere Animation geeignet ist.

Für eine flüssige Darstellung ist die Generierung von Bildern die sichere Lösung, da die Bilder für die Animation nicht in Echtzeit erzeugt, sondern lediglich in das Visualisierungssystem geladen werden müssen.

Animation durch Bewegung der Elemente

Eine weit verbreitete und einfache Animationstechnik ist die automatisierte Drehung und Verschiebung der zu visualisierenden Elemente. Sie findet ihren Einsatz vor allem im 3D-Bereich, wenn es erforderlich ist, die Elemente aus unterschiedlichen Richtungen zu betrachten oder wenn einzelne Elemente von anderen überdeckt und somit nicht ausreichend beurteilbar sind. Dabei können sowohl die Elemente selbst oder die gesamte Szene gedreht bzw. verschoben werden. Ebenso ist das automatisierte Aus- und Einblenden einzelner Elemente und Elementgruppen im Bereich der einfachen Animationen anzusiedeln.

1.2.7.3   Animationstechniken

Die einzelnen Animationstechniken unterscheiden sich in erster Line durch das Attribut, mit dem animiert wird. Die meisten Techniken beschreiben eine Bewegung, also eine Veränderung der Position eines Objekts mit der Zeit. Dazu zählen das Keyframing, das Animieren mit Gleichungen, der Bewegungspfad und die hierarchische Animation. Beim so genannten Morphing ändert sich dagegen die Gestalt eines Objekts. Weitere Möglichkeiten sind die Animation seiner Farbe und Größe [Mas05, Wör06].

Eine Unterteilung nach den jeweiligen zugrunde liegenden Koordinatensystemen ist nicht ohne weiteres möglich, da die typischen Animationstechniken wie das Keyframing sowohl im 3D-Bereich auch im 2D-Bereich realisierbar sind. Auch das Prinzip des Morphings lässt sich im dreidimensionalen Bereich realisieren.

Für die Animation im dreidimensionalen Raum müssen generell die Bereiche der Beleuchtung, Kamera und der Objekte beachtet werden. Jeder Bereich kann in Zustand und Position geändert werden. Sonnenauf- und -untergänge sind Beispiele für die Animation der Intensität und Farbe einer Lichtquelle. Bei der Kamera gehören Schwenks und Fahrten durch die Szene zu den Bewegungsanimationen.

Gespeichert werden können Animationen in Form von Filmen bzw. Filmsequenzen. Eine andere Möglichkeit ist, die Bildfolge als Referenzen auf die Einzelbilder in eine Datei zu schreiben. Eine wesentlich elegantere Möglichkeit der Speicherung von Animationen und Bildern bietet [Pri03] an: Durch die objektrelationale Speicherung der Bilder und Bildfolgen in einer Datenbank wird erreicht, dass durch Angabe eines geografischen Bereichs alle ihm zugeordneten Elemente effizient gesucht und geladen werden können.

1.2.8   Fazit

Mit den vorgestellten Visualisierungs- und Diagrammtechniken lassen sich zweifelsohne viele Fragestellungen bearbeiten, zu deren Lösung eine grafische Darstellung beitragen kann oder erforderlich ist. Allerdings sind alle vorgestellten Diagrammarten – obwohl sie häufig und erfolgreich in unterschiedlichsten Gebieten eingesetzt werden – stark limitert, wenn räumlich-zeitliche, multidimensionale Datensätze visualisiert werden sollen. Besonders für die ENVISAT/MIPAS-Datensätze werden die Grenzen bei sämtlichen Verfahren schnell erreicht, wenn sie in der allgemein bekannten Form eingesetzt werden.

Nur durch gezielte Erweiterungen der Verfahren lassen sich mehrere Parameter der Ergebnisdaten in der selben Abbildung darstellen, wenn gleichzeitig ein räumlicher sowie zeitlicher Aspekt berücksichtigt werden muss.

Eine vielversprechende Erweiterung bietet sich durch den Übergang von 2D-Diagrammen in den dreidimensionalen Raum an mit datenorientierter Anordnung der Diagramme sowie durch den Einsatz von Animationen, um den zeitlichen und räumlichen Aspekt gleichzeitig zu berücksichtigen.

In den folgenden Kapiteln wird ein neues Konzept für die Erweiterung einzelner bereits bekannter Diagrammarten vorgestellt. Das Konzept wird hinsichtlich dessen Eignung zur Darstellung der kontinuierlich anfallenenden meteorologischen ENVISAT/MIPAS-Satellitendaten untersucht und für die einzelnen Ausprägungen bewertet. Das neue Konzept wurde mit Hilfe eines im Rahmen der vorliegenden Arbeit neu entwickelten Visualisierungssystems realisiert und evaluiert.

1.3   Ziele und Aufgaben der Arbeit

Das Ziel der Arbeit besteht darin, neue Methoden und ein neues Konzept für die Visualisierung kontinuierlicher, multidimensionaler, meteorologischer Satellitendaten zu entwickeln und sie anhand von realen Datensätzen aus dem ENVISAT/MIPAS-Experiment zu erproben sowie Aussagen zur Leistungsfähigkeit des Konzepts und der neuen Methoden abzuleiten. Damit sollen den Meteorologen Hilfsmittel in die Hand gegeben werden, um datengestützte Aussagen über einzelne Spurengasprofile und Spurengaskonzentrationsverläufe sowie über Korrelationen zwischen einzelnen Spurengasverläufen liefern zu können. Als Teilziele sind dabei zu nennen:

- Meteorologen und Umweltwissenschaftler sollen durch schnelle und komfortable Visualisierungen weitere Hilfestellungen angeboten bekommen, um meteorologische und atmosphärenchemische Zusammenhänge besser – und in einzelnen Bereichen mit neuartigen Methoden – erforschen zu können.

- Werkzeuge und neue Methoden sollen zur Verfügung gestellt werden, um chemische, physikalische und meteorologische Zusammenhänge zwischen einzelnen Spurengasen besser darstellen zu können.

- Durch den Übergang in den 3D-Raum der Visualisierung und durch Verwendung von Animationen sollen den Wissenschaftlern gerade im vorliegenden Bereich neue Möglichkeiten der Erkennung von Spurengasverteilungen und -korrelationen eröffnet werden.

- Das Verhalten einzelner Messgrößen (Spurengase) im zeitlichen, räumlichen und meteoroloischen Kontext soll mit anderen Messgrößen und deren Verhalten verglichen und eingeschätzt werden können, um die daraus gewonnenen Ergebnisse direkt in die Entwicklung entsprechender Berechnungsalgorithmen einfließen zu lassen.

- Schnelle Visualisierungstechniken sollen entwickelt werden, um die bisher sehr zeitaufwändige Generierung von Spurengasverläufen zu vermeiden. Dies ist vor allem zur Erkennung von Verlaufstendenzen oder Ergebnisübersichten und -einschätzungen für ausgewählte Orbits sehr hilfreich.

- Eine einfache Erzeugung von Spurengasprofilen im zweidimensionalen Raum muss neben der 3D-Darstellung möglich sein, um – vor allem im Anfangsstadium des Umstellens auf 3D-Visualisierungen – auf gewohnte Weise die Profile betrachten und Rückschlüsse ziehen zu können.

- Durch dreidimensionale Visualisierung soll die gleichzeitige Visualisierung und Identifikation mehrerer Spurengasprofile des ENVISAT/MIPAS-Experiments ermöglicht werden. Durch die Darstellung im dreidimensionalen Raum können mehrere Höhenprofile gleichzeitig abgebildet und identifiziert werden. Voraussetzung für eine hohe Identifizierbarkeit ist eine hochinteraktive Anwendung, welche zur Evaluation des Konzepts und der unterschiedlichen Visualisierungsmethoden entwickelt wurde.

- Die Möglichkeiten des Einsatzes von Animation zur Darstellung zeit- oder ortsabhängiger Parameterwerte im zweidimensionalen Raum soll untersucht werden.

- Eine gravierende Verbesserung der Identifizierbarkeit von 3D-Profilen wird durch den Einsatz von Animation erwartet. Durch die Benutzung von Animationen – vor allem im 3D-Raum – soll eine beträchtliche Verbesserung der Identifizierbarkeit dadurch erreicht werden, dass entweder ohne weitere Interaktion vorhandene Werte oder Profile von unterschiedlichen Seiten betrachtet oder dass zeitlich oder räumlich bedingte Wertänderungen mit beliebiger Wiederholung angezeigt werden können.

- Erkennen von meteorologischen bzw. chemischen Zusammenhängen durch Gegenüberstellung von vielen unterschiedlichen Spurengasprofilen. Bisher werden in der Meteorologie im Bereich der Spurengasberechnung überwiegend einfache 2D-Plots eingesetzt, bei denen in der Regel nur wenige unterschiedliche Spurengase einander gegenübergestellt werden können (Identifizierbarkeit). Entweder handelt es sich hierbei um mehrere Profile einer einzigen Geolokation oder um mehrere Profile eines Spurengases für mehrere Geolokationen. Durch die Verwendung von 3D-Elementen soll es möglich sein, beide Varianten gleichzeitig einzusetzen. Hierdurch soll das Erkennen von Zusammenhängen wesentlich vereinfacht werden.

• Einfacheres Erkennen von sogenannten Ausreißern bei Messdaten durch Verwendung eines hochinteraktiven 3D-Visualisierungssystems. Durch eine hohe Interaktionsfähigkeit des verwendeten Visualisierungssystems sollen auf einfache Weise durch Vergrößerung und räumliche Bewegung der Szene auffällige Messwerte erkannt werden können.

• Zur Verbesserung der Erkennbarkeit von Profilen im 2D- und 3D-Raum muss ein hohes Interaktionspotential zwischen einem Benutzer und dem Visualisierungssystem vorhanden sein. Die Möglichkeit, einzelne Profilverläufe eindeutig erkennen oder miteinander vergleichen zu können, hängt in starkem Maße von der Interaktionsfähigkeit eines Visualisierungssystems ab. Hierfür sollen Werkzeuge zur Verfügung stehen für die Änderung von Proportionen, Farben und Abstände der einzelnen Elemente wie auch Änderung des Blickwinkels oder der Größe der Szene.

• Durch Erzeugung räumlicher Strukturen mittels einer höhenorientierten Anordnung herkömmlicher 2D-Diagrammarten soll untersucht werden, ob und inwieweit die bereits bekannten einfachen Diagrammarten durch diese neuartige Anordnung für Höhenprofile eine beträchtliche Aufwertung im dreidimensionalen Raum erfahren.

• Reale Datensätze des ENVISAT/MIPAS-Experiments sollen im Gegensatz zu Flächendarstellungen ohne Interpolation oder Approximation aus der Datenbank direkt am Bildschirm abgebildet werden können. Die direkte Darstellung soll Missinterpretationen durch approximierte oder interpolierte Werte vermeiden. Dadurch kann auf eine teilweise aufwändige Berechnung verzichtet werden, d.h. eine adäquate Darstellung kann in einer weit kürzeren Zeitspanne auf dem Bildschirm erscheinen.

• Die Verwendung von Visualisierungshilfsmittel wie Globus, Weltkarte, Gitter, usw. sowie räumlichen Interaktionsmöglichkeiten sollen die Orientierung des Benutzers erleichtern. Bei der 3D-Darstellung von Datensätzen muss sichergestellt sein, dass jederzeit ein direkter Bezug zum realen geografischen Ort hergestellt werden kann.

• Die Darstellung von räumlichen Spurengasverteilungen in aus meteorologischer Sicht besonders interessierenden geografischen Bereichen wie den Polkappen muss auf schnelle und einfache Weise möglich sein, um Entscheidungen für detailliertere und erweiterte Berechnungen mit den dargestellten Daten zu treffen. Mit Hilfe der meisten in der Arbeit entwickelten Methoden sollen auf einfachste Weise dreidimensionale Spurengasverteilungen für besonders interessante Gebiete abgebildet werden können.

• Die plastische Darstellung von Spurengasverteilungen in Kombination mit räumlicher Interaktion soll eine sehr anschauliche Ergebnisvisualisierung (z.B. Ozonloch an den Polkappen) ermöglichen.

- Auffällige räumliche Zusammenhänge zwischen mehreren (2 bis N) Spurengasen sollen durch die vorgestellten 3D-Darstellungen (Elemente) leicht zu erkennen sein. Im Gegensatz zu 2D-Darstellungen, welche sich in der Regel auf sehr wenige Spurengase beschränken müssen, kann durch die Verwendung von 3D-Darstellungen prinzipiell eine höhere Anzahl von Spurengasen gleichzeitig dargestellt werden, ohne die Identifizierbarkeit der einzelnen Profile wesentlich zu reduzieren.

- Höhen- bzw. ebenenweises Filtern und gleichzeitiges Darstellen vieler Spurengasprofile sollen die Einzelsicht auf Profilwerte ermöglichen. Bei großen Datendichten, d.h. bei vielen Spurengasprofilen innerhalb eines bestimmten geografischen und zeitlichen Bereichs wird die Identifizierbarkeit der jeweils weiter hinten angeordneten Profile als sehr schwierig bis unmöglich werden. Durch das Darstellen jeweils einzelner Höhen soll es möglich sein, Spurengaswerte bzw. deren Änderungen über die Höhe detailliert zu erkennen.

- Applikationsunabhängige 2D- und 3D-Datenstrukturen sollen die Visualisierung beliebiger Ergebnisdatensätze (zeitliche oder räumliche Abfolgen etc.) garantieren. Prinzipiell sollen beliebige 3D-Datensätze mit den entwickelten Visualisierern dargestellt werden können.

- Die Darstellung beliebiger ENVISAT/MIPAS-Ergebnis-Profile soll trotz Vorhandensein von Datenlücken möglich sein. Die dazu erforderlich Aufbereitung der Daten muss sicherstellen, dass sämtliche Spurengasprofile unabhängig von der Existenz einzelner Ergebniswerte in unterschiedlichen Höhen fehlerfrei und vor allem vergleichbar dargestellt werden können.

- Die Auswahl der zu visualisierenden Ergebnisprofile soll durch eine interaktionsoptimierte grafische Benutzungsoberfläche im Vergleich zum bisherigen Vorgehen der MIPAS-Datenauswertung deutlich vereinfacht werden. Bisher müssen die die interessierenden Datensätze sehr aufwändig ermittelt werden. Die Verwendung eines Profil-Auswahlwerkzeugs soll ein sehr schnelles und interaktives Auswählen der gewünschen Ergebnisprofile bieten. Die Anzahl der zu visualisierenden Profile soll durch Filterung und Selektion sowie Deselektion auf einfache Weise eingeschränkt werden können.

- Bei der Softwareentwicklung soll für Basiselemente durch objektinhärente Interaktionskomponenten (GUIs) ein erheblich vereinfachter Implementierungsaufwand erreicht werden. Ein einzelner Basis-Visualisierer soll, durch die Kapselung von elementabhängigen Funktionen und Benutzeroberflächen, beliebige Basis-Visualisierungselemente abbilden können, ohne dass er selbst für die Integration neuer Elemente geändert werden muss. Hierbei sollen die elementspezifischen GUIs vom entsprechenden Basiselement selbst „geliefert" werden, d.h. die Implementierung soll direkt in der Basisklasse stattfinden. Die für eine reibungslose Interaktion erforderliche Kommunikation zwischen den Basiselementen und dem Basisvisualisierer muss über klare Schnittstellen definiert werden.

Zur Erreichung der genannten Ziele wird in Kapitel 2 das neue Konzept vorgestellt. Es werden die benötigten Hilfsmittel für die erfolgreiche Visualisierung der ENVISA/MIPAS-Daten beschrieben und das neue Konzept anhand ausgewählter Elemente validiert.

In Kapitel 3 wird eine neue Methode zur schnellen Erzeugung von zeitlich und räumlich orientierten Spurengasprofilen eingeführt.

Kapitel 4 zeigt das Potential des Einsatzes von Animationen für die Visualisierung von Spurengasprofilen und Profilverläufen im zwei- und dreidimensionalen Raum auf.

In Kapitel 5 erfolgt die Bewertung der einzelnen Methoden und des Konzepts. Die Realisierung des Visualisierungssystems wird in Kapitel 6 beschrieben. Dabei wird auf die Struktur der Datensätze, auf die Systemarchitektur sowie auf einzelne grafische Benutzungsoberflächen des Systems eingegangen und Optimierungsbetrachtungen angestellt.

Eine Zusammenfassung der erhaltenen Ergebnisse sowie ein Ausblick auf weitere Forschungsarbeiten enthält Kapitel 7.

2 Neues Konzept zur 2D- und 3D- Visualisierung multidimensionaler Daten

2.1 Beschreibung des Konzeptes

Liegen multidimensionale Datensätze zur Visualisierung vor, so besitzen sie meist einen räumlichen oder zeitlichen Bezug. Dabei kann es sich um absolute Positionen (x, y, z oder Längen- und Breitengrad sowie Höhe), um relative Positionen (relativ zum Ursprung, zu einem Element oder einem Basiskoordinatensystem) oder um einzelne Zeitpunkte (Messdatum, Berechnungsdatum, etc.) handeln.

Sollten multidimensionale Datensätze keine direkten räumlichen oder zeitliche Zuordnungen beinhalten, so lassen sich in der Regel entweder „synthetische" Orte generieren (z.B. Punkte eines virtuellen Gitters, einer Zahlengeraden oder einer Zeitachse) oder einzelne Parameter eignen sich als Referenz für eine Positionszuordnung.

So ist es fast immer möglich, multidimensionale Daten räumlich zu strukturieren. Dabei können diejenigen Parameter, die nicht für die räumliche Zuordnung verwendet werden, zu einem Parameterverbund zusammengefasst werden. Das Ergebnis ist also stets ein Datensatz, der räumliche Koordinaten besitzt und mehrere Parameter für diesen definierten Ort beinhaltet.

Die MIPAS/ENVISAT-Daten können aufgrund ihrer eigenen Struktur leicht durch solche räumliche Datensätze abgebildet werden. Dabei liegen deren Parameterverbünde in unterschiedlichen Höhen vor.

Die Parameterverbünde können nun mit unterschiedlichen Visualisierungsmethoden in Form verschiedener Repräsentations- bzw. Visualisierungselemente dargestellt werden, wobei der räumliche Bezug durch die Transformation der erzeugten Visualisierungselemente an deren Position im Raum hergestellt und abgebildet wird. Durch proportionale vertikale Modifikation der Abstände der Visualisierungselemente zueinander entstehen neuartige visuelle Strukturen, aus denen leicht Profilverläufe abgeleitet werden können.

Bei der Entwicklung des Konzepts wurde festgestellt, dass sich viele Darstellungsmethoden, welche bisher ausschließlich im zweidimensionalen Raum eingesetzt wurden, sich für die Darstellung im dreidimensionalen Raum gut eignen, sofern einzelne Erweiterungen für die Darstellung der entsprechenden Visualisierungselemente vorgenommen werden. Hierbei handelt es sich im Wesentlichen um Eigenschaften, welche die dritte Dimension nutzen (Höhen, vertikale Durchmesser, etc.) oder um die Verwendung von visuellen Effekten wie Transparenz, Farbe usw.

In den meisten hier vorgestellten Fällen wird als Basis ein 3D-Scatterplot verwendet, wobei sich die Darstellungselemente selbst in Form – d.h. der verwendeten Geometrieelemente – und darauf aufbauend in ihren spezifischen Fähigkeiten unterscheiden.

Da es sich um räumliche Strukturen handelt, ist es für eine effektive Nutzung der Visualisierung als Instrument zur Erkennung von Parameterverläufen und -zusammenhängen unerlässlich, die am Bildschirm dargestellten (Visualisierungs-)Elemente interaktiv drehen, verschieben, zoomen und selektieren zu können. Erst dadurch ergibt sich eine große Bandbreite von visuellen Eindrücken, wobei die so gewonnenen optimalen Ergebnisse dann als Bilder gespeichert und als solche weiterverwendet werden können. Das interaktive Bewegen der Elemente kann zusätzlich automatisiert in Form von Animationen ausgeführt werden.

Das neue Konzept zur Visualisierung räumlich-zeitlicher multidimensionaler Satellitendaten teilt sich folglich auf in drei Teile:

1. Ein Teil des neuen Konzepts, das der vorliegenden Arbeit zu Grunde liegt, sieht vor, nicht die Profile und Profilverläufe an sich zu visualisieren, sondern alle Profile für einen bestimmten geografischen Ort zusammenzufassen und durch unterschiedliche Visualisierungselemente an den gegebenen Höhen darzustellen. Die Visualisierungselemente werden je nach Methode mit unterschiedlichen Geometrieelementen realisiert. Neu an der Methode ist, dass sich aus dem Gesamtbild der erzeugten Elemente mehrere räumliche Profilverläufe gleichzeitig anschaulich darstellen lassen.

2. Ein zweiter Teil beinhaltet die Visualisierung von Profilen durch eine neue Technik im zwei- und dreidimensionalen Raum, wobei auch hier der Schwerpunkt auf der aktiven Interaktion durch den Benutzer liegt. Die neue Profildarstellung ermöglicht es, in sehr kurzer Zeit wesentliche Informationen über Profilverläufe einzelner Spurengase sowie über Korrelationen zweier Spurengase zu erhalten. Dadurch ist bei der Evaluierung berechneter Spurengase für ausgewählte Orbits ein deutlicher Zeitgewinn gegenüber der bisher von den Meteorologen im MIPAS/ENVISAT-Umfeld angewandten Vorgehensweise zu erzielen.

3. Ein dritter Teil stellt die Anwendung von Animationen für zwei- und dreidimensionale Visualisierungen vor. Ziel dabei ist, zu zeigen, dass mit dem Einsatz von Animationen – welche im dreidimensionalen Raum zur eindeutigen Identifikation von Einzelparametern und Profilverläufen häufig erforderlich sind – auch im zweidimensionalen Raum beträchtliche Informationsgewinne gegenüber der statischen Visualisierung möglich sind.

Alle drei Teile des Konzepts müssen in Zusammenhang mit einer sehr hohen Interaktionsmöglichkeit durch einen Benutzer des Visualisierungssystems gesehen werden. Ohne intensive Benutzerinteraktivität erlauben die vorgestellten Methoden lediglich eine sehr eingeschränkte Identifizierbarkeit der zu visualisierenden Daten. Dem wird durch die Entwicklung des Visualisierungssystems (Kapitel 6) im Rahmen der vorliegenden Arbeit Rechnung getragen.

Der erste Teil des Konzepts wird in den folgenden Abschnitten vorgestellt, der zweite Teil wird in Kapitel 3 behandelt und die Animation der Elemente im 2D- und 3D-Raum wird in Kapitel 4 dargestellt.

Bisherige Konzepte für Visualisierungen konzentrieren sich in aller Regel auf spezifische Datensätze oder spezifische Visualisierungstechniken, um gegebene Problemstellungen optimal visuell zu realisieren.

Das hier vorgestellte neue Konzept hat als Grundlage die Kombination unterschiedlichster Visualisierungstechniken und -methoden, um dem Wissenschaftler - hier im besonderen Maße dem meteorologisch interessierten Wissenschaftler - mit ihm bisher nicht oder wenig bekannten Techniken und Effekten Zusammenhänge zwischen unterschiedlichen Parametern möglichst anschaulich und nachvollziehbar darzustellen. Hierfür muss als wichtige Basis ein Softwarewerkzeug zur Verfügung stehen, welches die neuen Methoden für unterschiedlichste und vor allem beliebige aufbereitete Datensätze zur Benutzung zur Verfügung stellt.

Grundlage für eine erfolgreiche Visualisierung beliebiger Parameterzusammenhänge sind in der vorliegenden Arbeit einerseits bereits vorhandene Techniken, welche jedoch noch nie für die Darstellung multidimensionaler Satellitendaten eingesetzt wurden sowie zahlreiche Erweiterungen der bereits vorhandenen Techniken. Daneben entstanden neue Techniken, welche bisher in der vorgestellten Form überhaupt noch nicht realisiert wurden.

Im Folgenden werden die meisten der in den Abschnitten 1.2.1 bis 1.2.6 vorgestellten Visualisierungstechniken hinsichtlich ihrer Eignung zur Darstellung räumlich-zeitlich orientierter, multidimensionaler Satellitendaten evaluiert sowie neue Erweiterungen dieser Techniken präsentiert. Zunächst wird ein kurzer Überblick über die allen Abbildungen zugrunde liegenden Datensätze sowie über zum Teil unentbehrliche Hilfsmittel gegeben, die es einem Benutzer erlauben, auf komfortable Weise und interaktiv, unterschiedlichste Visualisierungen zu produzieren.

2.2 Datensätze

Der Evaluation der Visualisierungstechniken liegen reale Datensätze zugrunde, welche direkt aus der Projektdatenbank des MIPAS/ENVISAT-Experiments ausgelesen werden. Die hierfür erforderlichen Softwarewerkzeuge (siehe Kapitel 6) wurden so entwickelt, dass jeder beliebige Datensatz der Datenbank visualisiert werden kann.

Dazu ist eine strukturelle Aufbereitung der Daten erforderlich, um jedem Visualisierungswerkzeug dasselbe Datenformat zur Verfügung zu stellen. Die dafür modellierten *Data-Set*-Klassen werden in Abschnitt 6.1 detailliert beschrieben.

Bei der Datenaufbereitung werden fehlende Werte für einzelne Höhen nicht durch Interpolationen oder Approximationen ergänzt, um bei der Visualisierung keinen falschen Eindruck über scheinbar gemessene bzw. berechnete Messwerte zu vermitteln. Zur höhenabhängigen Darstellung der Spurengase einer Geolokation muss jedoch programmiertechnisch bedingt für jedes Spurengas ein Wert vorliegen.

Hierzu erfolgt lediglich ein Auffüllen fehlender Datensätze durch „leere" Werte (NaN[1]), damit ein direkter Vergleich einzelner Datensätze für gegebene Höhen problemlos möglich ist.

Aus der Struktur der Daten folgt, dass alle vorliegenden räumlich-zeitlich orientierten Daten zunächst als eine Ansammlung reiner Höhenprofile vorliegen, wobei mehrere Höhenprofile einer geografischen Lokation zugeordnet sind. Hier besteht die Herausforderung, die Profilgruppen so anzuordnen, dass alle Profile möglichst gleichzeitig zu erkennen und eindeutig unterscheidbar sind. Die Identifizierbarkeit der Profile ist aus Gründen der Übersichtlichkeit und der Art der Profilverläufe häufig nicht realisierbar bzw. hängt sehr stark von den visuellen Fähigkeiten des Betrachters ab, wie viele einzelne Profilabbildungen sinnvoll unterscheidbar sind.

Da es sich bei den aus der Datenbank gelesenen Daten um Spurengaswerte handelt, können sie je nach Spurengas in Wertebereichen vorliegen, die sich um mehrere Zehnerpotenzen voneinander unterscheiden. Um eine Vergleichbarkeit zu gewährleisten, findet eine Normalisierung der Daten statt. Es kann eine einfache Normalisierung durchgeführt werden, welche in den meisten Fällen ausreicht:

$$P_i' = \frac{P_i}{P_{max}}, i = 0, .., N_P$$

Dabei ist P_i' der normalisierte Profilwert und P_i der originale Profilwert in der Höhe i und N_p die Anzahl der gegebenen Höhen. Liegen allerdings alle Werte eines Profils in einem großen Abstand zum Ursprung, d.h. im vorliegenden Fall zur Z-Achse, so führt nur eine erweiterte Normalisierung durch Dehnung des normalisierten Wertebereichs zu einem gut erkennbaren und vergleichbaren Profilverlauf. Hierfür gilt:

$$P_i' = \frac{P_i - P_{min}}{|P_{max}| - |P_{min}|}, i = 0, .., N_P$$

Abbildung 2.1 verdeutlicht den Zusammenhang. Hier sind zwei qualitativ identische Profilverläufe mit unterschiedlichen Wertebereichen abgebildet. Liegen nun beispielsweise

---

[1]NaN (engl. *Not a Number*, "keine Zahl"). Es handelt sich hierbei um einen speziellen Wert bestimmter Darstellungen von Gleitkommazahlen auf dem Rechner, der als Ergebnis einer ungültigen Rechenoperation zurückgegeben wird (IEEE 754 bzw. IEC 559). NaN-Werte werden häufig beim Programmieren verwendet, um explizit auszudrücken, dass eine Gleitkommavariable keinen Wert besitzt (standardmäßig werden allen Variablen bei deren Initialisierung der Wert 0.0 zugewiesen). Bei den meisten Programmiersprachen lassen sich die Variablen direkt auf NaN-Werte prüfen.

sämtliche Werte im Bereich von 2.5 bis 2.8, so ergibt sich nach der einfachen Normalisierung ein Wertebereich von 0.892 bis 1.0, d.h. bei der Darstellung des Profils liegt
die Kurve am äußeren Diagrammbereich und Unterschiede können nur schwer erkannt
werden (Abbildung 2.1 links und Mitte, Kurve mit schwarzen Referenzpunkten).

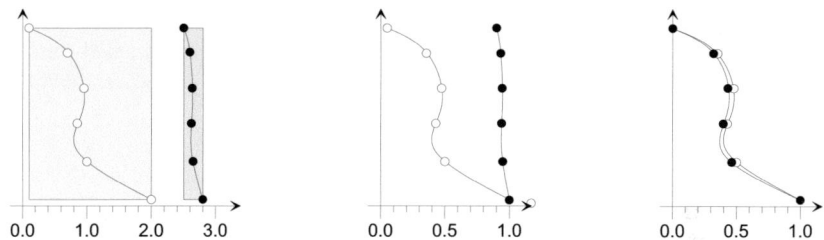

Abbildung 2.1: Normalisierung: Prinzip der erweiterten Normalisierung. Links zwei
     Parameter-Wertebereiche, einmal in einem breiten und einmal in einem
     engen Band. Das Bild in der Mitte zeigt die einfache, das rechte Bild die
     erweiterte Normalisierung.

Durch die erweiterte Normalisierung liegt nun ein Wertebereich von 0.0 bis 1.0 vor, d.h.
der gesamte darstellbare Diagrammbereich ist nutzbar, wodurch ein deutlicher Profilverlauf erkennbar wird (Abbildung 2.1 rechts).

Der Höhenbereich einer sehr großen Anzahl von Spurengasprofilen liegt zwischen 3 und
120km. In den meisten Fällen liegen ab einer Höhe von ca. 60km lediglich minimale Werte
vor, die ohne starke Vergrößerung visuell kaum erkennbar und auch aus meteorologischer
Sicht dann wenig relevant sind.

Da für jede abzubildende Höhe des Datensatzes Geometrieelemente erzeugt werden, führt
eine Reduktion der Höhen auf die interessierenden Höhenbereiche zu einer beträchtlichen
Steigerung der grafischen Leistungsfähigkeit des Softwaresystems (z.B. Verkürzung der
Reaktionseit bei Interaktionen des Benutzers), da insgesamt weniger Elemente im Szenegraphen (siehe Abschnitt B.2.2) verwaltet und am Bildschirm dargestellt werden müssen.

Zur Steigerung der Geschwindigkeit bei der Visualisierung können die Datensätze auf
interessierende Höhenbereiche reduziert werden.

Zur besseren Evaluierung und Veranschaulichung der realisierten Visualisierungsmethoden wurde für die gewählten Visualisierungselemente ein realer Vergleichsdatensatz aus
der Datenbank (Teilorbit Nr. 8278) ausgewählt.

2.3   Hilfsmittel für die 2D- und 3D-Visualisierung

Die Qualität der Visualisierung im zwei- und dreidimensionalen Raum hängt stark von den Hilfsmitteln bzw. Werkzeugen ab, die von einem Visualisierungssystem dem Benutzer zur Verfügung gestellt werden. Da in der vorliegenden Arbeit der 3D-Raum den Schwerpunkt der Visualisierung bildet und da die Möglichkeiten der 2D-Hilfsmittel durch die fehlende dritte Dimension deutlich eingeschränkt und spezialisiert sind, werden zunächst die 3D-Hilfsmittel und erst im Anschluss daran die 2D-Hilfsmittel des neu entwickelten Visualisierungssystems vorgestellt.

2.3.1   Hilfsmittel für die 3D-Visualisierung

2.3.1.1   Farben, Farbhelligkeit und Linienstärke

Für sämtliche Visualisierungselemente gibt es die Möglichkeit, deren Darstellung interaktiv zu beeinflussen. Jedes Visualisierungselement besitzt eine eigene Steuerkomponente, die dem Benutzer für Manipulationen zur Verfügung steht (siehe Kapitel 6). Damit ist es möglich, jedes beliebige von der Datenbank geladene Spurengas auszuwählen und darzustellen. Auf diese Weise sind Gegenüberstellungen von zwei oder mehr Spurengasen auf sehr einfache Weise realisierbar. Für fast jedes Visualisierungselement können Farben und Linienstärke bzw. Elementdicke oder -durchmesser innerhalb sinnvoller Wertebereiche frei gewählt werden, womit interessante Effekte erzielt werden können.

Ein weiterer Visualisierungseffekt ergibt sich durch die Verwendung von Farbhelligkeiten zur Abbildung der Parameterwerte. Hierbei werden den Basisfarben der Parameter ein Helligkeitswert zugeordnet, der proportional zum Parameterwert ist. D.h. je höher der Parameterwert ist, desto heller wird das entsprechende Element dargestellt.

Die Zuordnung von Parameterwert zu einer Farbe kann zusätzlich ausgenutzt werden, um die Teilelemente eines Visualisierungselements mit einem weiteren Parameter zu überlagern, der durch dessen Farbe ausgedrückt wird (*Overlay-Technik*). Das Verfahren führt bei einigen Visualisierungstechniken zu einer Erweiterung und Verbesserung, bei anderen Visualisierungstechniken führt es zu einer völlig „überladenen" Darstellung, was wiederum einer Abwertung gleichkommt. Damit soll die Leistungsfähigkeit der einzelnen Visualisierungstechniken für die Auswertung von Satellitendaten getestet werden.

2.3.1.2   Weltkarte, Globus, Koordinatensystem und Surrogate

Allen Visualisierungen kann eine Weltkarte zur besseren geografischen Zuordnung der Daten hinterlegt werden. Dabei wird der vom Datensatz abgedeckte geografische Bereich durch ein aufgehelltes Rechteck gesondert hervorgehoben. Die Weltkarte kann durch beliebige Grafiken in den gängigen Bildformaten repräsentiert und vom Benutzer interaktiv ausgewählt werden. Abbildung 2.2 a) zeigt die standardmäßig geladene Weltkarte und das vergrößert dargestellte Koordinatensystem der Visualisierungsapplikation.

Zu bemerken ist, dass sich die Proportionstreue der Weltkarte und der dargestellten Visualisierungselemente auf die geografische Position (Breiten- und Längengrade) beschränkt. Die Proportionen der Elemente selbst sind zur besseren Zuordnung und Darstellung weit größer als in der Realität. Für maßstabsgerechte Abbildungen können die Proportionen vom Benutzer interaktiv in X-, Y- und Z-Richtung beliebig eingestellt werden.

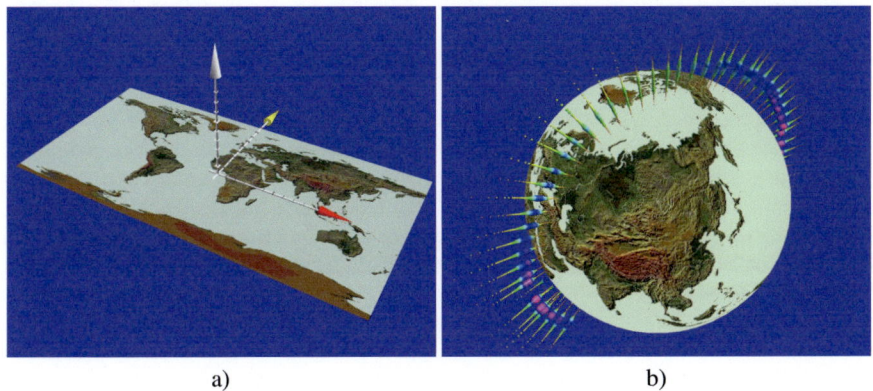

a)   b)

Abbildung 2.2: Hilfsmittel der Visualisierung: a) Weltkarte mit Koordinatensystem und b) Globus (mit Orbit Nr. 2916)

Zur realitätsnäheren geografischen Darstellung der Datensätze kann ein Globus verwendet werden (Abbildung 2.2 b) . Der Globus ist im Raum interaktiv frei drehbar und sein Durchmesser kann durch Änderung des Szenemaßstabes stufenlos vergrößert oder verkleinert werden.

Der besondere Vorteil der Globusdarstellung zeigt sich bei der Betrachtung der Polkappen, welche aus meteorologischer Sicht die interessantesten Gebiete sind. Die Polkappen können durch die auf die Ebene projizierte Weltkarte nur verzerrt dargestellt werden, was vom Benutzer eine erhöhte Vorstellungskraft für die wahren Positionen der Geolokationen erfordert. Durch zusätzliches Anpassen der Größen der Darstellungselemente können mit Hilfe des Globus die Verteilungen einzelner Spurengase eindrucksvoll abgebildet werden. Zusätzlich können auch auf dem Globus beliebige Weltkarten abgebildet werden.

Im Anhang (Abschnitt C) wird die Transformation der Geolokationen von der ebenen Weltkarte auf die Globusoberfläche detailliert beschrieben.

Ein Koordinatensystem wird standardmäßig in jeder Szene dargestellt (Abbildung 2.2 a), es kann vom Benutzer interaktiv konfiguriert (Größe, Farbe, Skala, etc.) sowie ein- und ausgeblendet werden. Es dient einerseits zur Identifikation der Koordinatenrichtungen sowie zur besseren Orientierung des Betrachters bzw. Benutzers im 3D-Raum der Grafikumgebung. Andererseits bildet es die Basisposition für das interaktive Drehen und Zoomen der gesamten Szene, d.h. die Interaktion durch den Benutzer erfolgt stets relativ zum abgebildeten Koordinatensystem.

Beim Start einer Visualisierung wird das Koodinatensystem an der Ursprungsposition der Szene bzw. im Nullpunkt des Basiskoordinatensystem der Szene positioniert. Liegen nun Geolokationen als Gruppen vor, welche durch geografische Selektion bzw. Filterung weit entfernt vom Ursprung liegen (z.B. Geolokationen über Europa oder an den Polen), so wird das interaktive Drehen und Zoomen oftmals deutlich erschwert.

Durch Verschieben des Koordinatensystems können die Bewegungen auf gewünschte geografische Bereiche konzentriert werden, was zur komfortableren und beschleunigten Handhabung der Szene durch den Benutzer führt, da für große Datenmengen die Interaktionen oftmals nur ruckartig erfolgen, weil die Grafikkarte des Computers die Neupositionierung und -orientierung erst am Bildschirm darstellen muss. Zusätzlich bildet das Koordinatensystem die Basis für die interaktive Feinjustierung der gesamten Szene zur Erzeugung von Bildern.

Für große Datenmengen erweist sich die interaktive Handhabung der Szene oft als äußerst schwerfällig, da durch den ständigen Bildneuaufbau die Grafikkarte des Computers an ihre Leistungsgrenzen stößt. Eine Reduktion der abzubildenden Geometrieelemente beim Drehen und Zoomen führt hier zu einer beträchtlichen Verbesserung der Handhabung.

Eine weitere deutliche Reduktion der darzustellenden Geometrieelemente kann durch den Einsatz von Surrogatelementen erreicht werden, d.h. bei der Benutzerinteraktion wird für die räumliche Darstellung einer Geolokation – welche durchschnittlich aus mehreren hundert bis mehreren tausend Einzelementen besteht – ein einzelner, transparenter Zylinder verwendet, der die äußere Form der Geolokation annähert. Abbildung 2.3 zeigt die Verwendung von Surrogaten für einen gegebenen Datensatz.

Realisiert wird das Umschalten von Geolokationen zu Surrogaten beim Drücken der entsprechenden Maustaste durch den Benutzer. Während der Interaktion sind nur die Surrogate sichtbar. Nach dem Loslassen der Maustaste, d.h. nach Beendigung der Interaktion werden die Surrogate wieder durch die Originaldarstellung der Geolokationen ersetzt. Das Ersetzen der Geolokationen durch Surrogate ist ebenfalls durch den Benutzer ein- und ausschaltbar, da bei Verwendung von Surrogaten die Selektion einzelner Geolokationen nicht möglich ist.

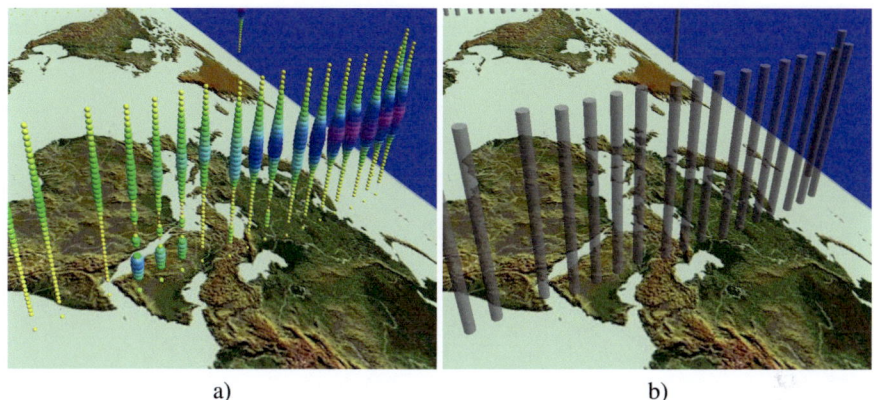

a)   b)

Abbildung 2.3: Hilfsmittel der Visualisierung: Weltkarte mit Geolokationen in Originaldarstellung (a) und durch Surrogate dargestellt, welche eine beschleunigte Interaktion der Szene bei größen Datenmengen ermöglichen (b)

2.3.1.3 Räumliches Gitter

Sowohl im zwei- als auch im dreidimensionalen Bereich können die Datensätze einem
räumlichen Gitter für eine äquidistante Anordnung der Elemente in X-, Y- und Z-Richtung
oder zur Datenreduktion zugeordnet werden. Das ist vor allem dann von Interesse, wenn
entweder zu viele Datensätze geografisch relativ unstrukturiert vorliegen oder wenn sich
viele Datensätze überlagern.

Ein weiterer wichtiger Einsatz ist die ebenenweise Navigation durch den aktuell geladenen
Datensatz, wobei nur die der aktuell angezeigten Ebene zugeordneten Visualisierungselemente der Geolokationen sichtbar sind und die restlichen Elemente ausgeblendet bleiben.

Die Zuordnung der Visualisierungselemente erfolgt im einfachsten Fall durch den geringsten Abstand zum nächsten Gitterpunkt. Werden mehrere Geolokationen dem selben
Gitterpunkt zugeordnet, so werden sie an dem Gitterpunkt gespeichert. Dargestellt wird
die „passendste" Geolokation. Sie wird bestimmt durch den kürzesten Abstand zum Gitterpunkt sowie – bei gleichem Abstand – durch die Aktualität des Datensatzes, d.h. es
wird dann der jeweils neueste Datensatz berücksichtigt.

Bei der Darstellung der Geolokationen werden die gespeicherten und weiter entfernt liegenden Elemente lediglich ausgeblendet, um sie ohne Neugenerierung bei Bedarf an ihrer
ursprünglichen Position wieder einblenden oder beim Entfernen oder Neukonfigurieren
des Gitters wieder neu zuordnen zu können.

Abbildung 2.4 zeigt auf der linken Seite einen Datensatz mit Gitter in der Auflösung
(5,5,5) in X-, Y- und Z-Richtung und rechts die dem Gitter zugeordneten Visualisierungs-

elemente der Geolokation. In beiden Fällen wurde lediglich zur besseren Darstellung des Gitters eine solch kleine Auflösung gewählt, für den abgebildeten Datensatz bietet sich eine Auflösung von ca. $(20, 40, 60)$ an.

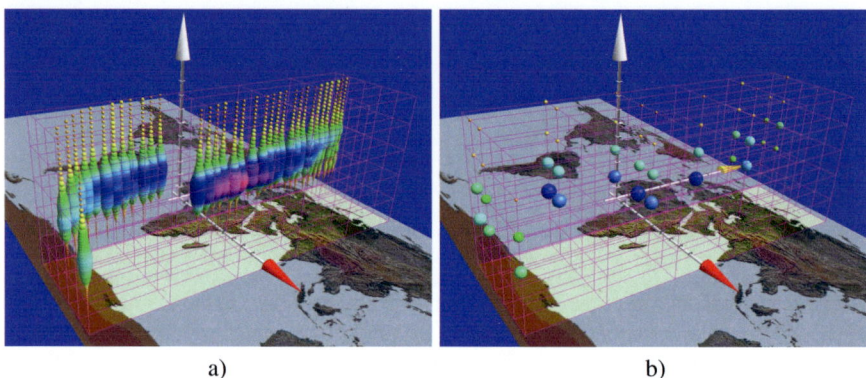

a)   b)

Abbildung 2.4: Hilfsmittel der Visualisierung: Weltkarte mit Gitter und Originaldaten (a) und mit zugeordneten Geolokationen (b)

Der Benutzer kann durch interaktive Variation der Auflösung für eine optimierte Daten-auswahl sorgen. Für den in Abbildung 2.4 gewählten Datensatz bietet sich beispielsweise eine Auflösung in der Größenordnung von $(10,20,60)$ an). Zur optimalen Darstellung des Gitters und der Visualisierungselemente ist die Wahl der Geometrieelemente des Gitters als Linien, Linien pro Ebene, durch Punkte oder Sterne interaktiv möglich. Weitere Ein-stellmöglichkeiten sind die automatische Anpassung der Gittereckpunkte an die minima-len und maximalen Positionen der Elemente sowie die explizite Angabe der Position der Gittereckpunkte.

Bei der zweidimensionalen Darstellung werden einzelne horizontale Ebenen des Gitters und die sich darauf befindlichen Visualisierungselemente abgebildet. So ist es auf einfache Weise möglich, in vertikaler Richtung durch die Datensätze zu navigieren, wobei stets nur eine Ebene abgebildet wird.

Durch das Durchlaufen der einzelnen Gitterebenen lassen sich Änderungen der Parame-terwerte über die Höhe dynamisch aufzeigen. Ebenso kann für die zweidimensionale Dar-stellung der Datensatz ebenenweise chronologisch angeordnet sein. Damit können zeit-liche Änderungen der Parameterwerte dargestellt werden, indem durch jede Ebene ein auswählbares Zeitintervall repräsentiert wird. Die Darstellung der zeitlichen Änderungen setzt jedoch eine genügend große Anzahl vorhandener Werte für jeden Parameter vor-aus, damit ein „Flackern" beim Durchlaufen der Ebenen vermieden wird. Weitere Details hierzu sind in Abschnitt 4.1.2 beschrieben.

2.3.1.4   Positions- und Distanzanpassung

Bedingt durch die Fähigkeiten des zugrunde liegenden Grafiksystems, welches interaktive Drehungen und Verschiebungen der gesamten Szene in Echtzeit nur über das Basiskoordinatensystem zulässt, besteht das Problem, dass weit vom Basiskoordinatensystem entfernte Elemente nur schwer mit den vorhandenen Eingabegeräten (Maus und Tastatur) handzuhaben bzw. in der Bildschirmmitte zu positionieren sind. Da die für MIPAS/ENVISAT-Daten besonders interessierenden Gebiete (z.B. Polargebiete oder von einzelnen Orbits abgedeckte Gebiete) meist weit vom Koordinatensystem entfernt sind, können die dort vorhandenen Daten und Parameter durch die Standarddarstellung kaum einander gegenübergestellt werden.

Zur besseren Handhabung wird dem Benutzer die Möglichkeit geboten, das Koordinatensystem virtuell an jede beliebige Position im Raum zu verschieben. Damit ist eine einfache, leicht durchführbare, interaktive Rotation der gesamten Szene möglich.

Eine weitere Grenze stellt der auf dem Bildschirm darstellbare Raum des Grafiksystems dar. Die räumlichen Grenzen verhindern, dass beliebig im Raum vergrößert bzw. verkleinert werden kann. Werden sie überschritten, ist die Darstellung nicht mehr eindeutig definiert und die Elemente verlassen den sichtbaren Bereich. Ein einfacher Umweg über einstellbare Vergrößerungsfaktoren hilft dem Benutzer, die gewünschten Elemente auf dem Bildschirm eindeutig darzustellen. Dabei können die Positionen aller Elemente in X-, Y- und Z-Richtung beliebig skaliert werden. Die zur besseren Zuordnung vorhandene Weltkarte (Abschnitt 2.3.1.2) wird mitskaliert und behält dadurch den räumlichen Bezug. Die Größe der Elemente bleibt grundsätzlich davon unberührt. Eine separate Anpassung der Elementgröße ist ebenfalls interaktiv möglich, um realistische Größenverhältnisse zu erhalten.

Da sämtliche Elemente eine einheitliche Höhe bzw. Größe bei deren Erzeugung besitzen, ist es häufig der Fall, dass die Abstände der durch die Datensätze gegebenen Höhen weit größer sind als die Größe der Elemente. Dadurch bestehen teilweise sehr große Abstände zwischen den Elementen, was wiederum kaum eine eindeutige Aussage über einen Profilverlauf zulässt. Zur Lösung des Problems können die Höhen vom Benutzer jederzeit proportional reduziert werden, um durch eine dichtere Anordnung der Elemente deutliche Profilverläufe zu erhalten.

Zusätzlich können alle Visualisierungselemente um jede Achse ihres lokalen Koordinatensystems gedreht werden. Eine Rotation um die lokale Z-Achse dreht verdeckte Teilelemente und entsprechend deren repräsentierte Profile in den Vordergrund, die Rotation um die lokale X- und Y-Achse führt zu einer Neigung der Elemente. Sämtliche Rotationen können interaktiv vorgenommen werden.

2.3.1.5   Selektion und detaillierte Datenanzeige

Die beste Visualisierung ist nur unzureichend, wenn auf die Datensätze für einzelne Elemente nicht interaktiv zugegriffen werden kann. Gerade im dreidimensionalen Raum ist es daher erforderlich, dem Benutzer die Möglichkeit zu geben, beliebige Geolokationen zu selektieren und deren zu Grunde liegenden Datensätze direkt anzeigen zu können, da die realen Größen der einzelnen Parameterwerte nur unzureichend erkennbar sind.

Mit der realisierten Applikation kann der Benutzer interaktiv einzelne Geolokationen mit der Maus selektieren und die Datensätze direkt tabellarisch anzeigen lassen (Abbildung 2.5 a). In einem zweiten Schritt können die zugehörigen Datensätze mittels eines einfachen Liniendiagramms einzeln oder gemeinsam grafisch dargestellt und vergrößert werden (Abbildung 2.5 b).

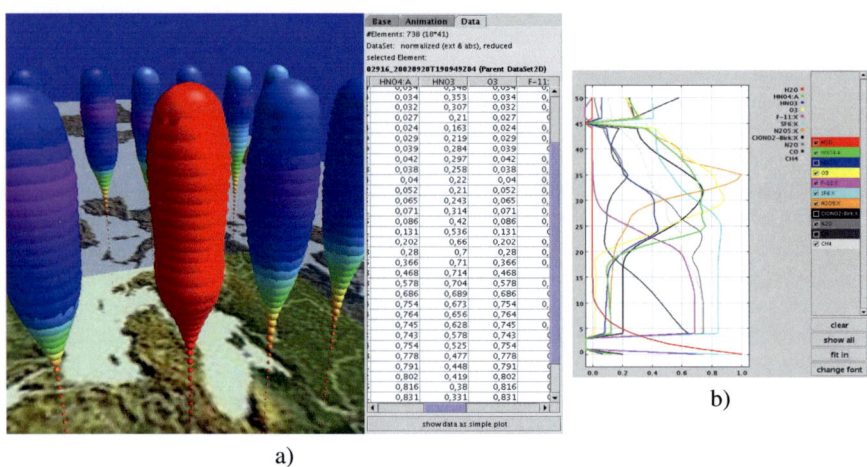

a)

Abbildung 2.5: Hilfsmittel der Visualisierung: a) Selektion einer Geolokation (rot eingefärbt) mit tabellarischer Ansicht der zu Grunde liegenden Daten und b) deren Darstellung in einem einfachen Liniendiagramm

2.3.1.6   3D-Basis-Viewer

Zur Darstellung aller 3D-Visualisierungselemente wurde ein neutraler *3D-Element-Viewer* realisiert, welcher in Kapitel 6 detailliert beschrieben wird. Er basiert auf einem erweiterten 3D-Scatterplot (siehe Abschnitt 1.2.1.1), welcher sowohl einzelne Elemente als auch Elementgruppen – im vorliegenden Fall Geolokationen – darstellen kann. Dabei können die einzelnen Parametersätze durch unterschiedliche Visualisierungselemente abgebildet werden.

Die Benennung *Scatterplot* wird in den folgenden Abschnitten (z.B. Abschnitt 2.4) ausschließlich für die Abbildung der Parametersätze mit Kugeln oder Quadern verwendet.

Der 3D-Basisviewer bietet neben der interaktiven Steuerung der Szene und der Darstellung der Elemente sämtliche in der vorliegenden Arbeit bereits beschriebenen 3D-Techniken (siehe Abschnitt 1.2.6), Hilfsmittel (Abschnitt 2.3) und 3D-Animationsmethoden (Abschnitt 4.3) an.

Er kann für sämtliche 3D-Visualisierungselemente gestartet werden, d.h. für jedes Visualisierungselement wird eine Instanz des selben Viewers verwendet. Das hat den wesentlichen Vorteil, dass für eventuelle neue Visualisierungselemente nur das Element selbst als Klasse implementiert werden muss, d.h. der Quellcode des Basisviewers bleibt unangetastet. Auf der anderen Seite können Änderungen und Erweiterungen des Basisviewers zentral durchgeführt werden. Eine detaillierte Beschreibung und eine exemplarische Benutzungsoberfläche findet sich im Anhang (Abschnitt D).

2.3.2   Hilfsmittel für die 2D-Visualisierung

Für die 2D-Darstellung der Datensätze werden ähnliche Hilfsmittel wie für die 3D-Darstellung zur Verfügung gestellt. Allerdings sind im 2D-Bereich aufgrund der fehlenden räumlichen Dimension nur eine Untermenge der für die 3D-Visualisierung verfügbaren Hilfsmittel einsetzbar und entsprechend realisiert.

Da eine Visualisierung von multidimensionalen Daten im 2D-Bereich trotz unterschiedlicher Visualisierungselemente keine eigentliche Neuerung darstellt, werden in der vorliegenden Arbeit für den 2D-Bereich ausschließlich die erweiterten Möglichkeiten der Visualisierung durch Animation betrachtet (siehe Kapitel 4).

Farben und Linienstärke

Ebenso wie im dreidimensionalen Raum ist es möglich, die Farben und Linienstärken individuell zu wählen, um eine Verbesserung der Darstellung auf dem Bildschirm zu erreichen. Farbhelligkeiten werden allerdings über die Wahl der Farbsättigung eingestellt. Die Einstellbarkeit der Linienstärke ist jedoch abhängig von der gewählten Systemplattform bzw. der Implementierung von Java. Nicht für alle Betriebssystemplattformen ist die Linienstärke in Java einstellbar.

Weltkarte und Koordinatensystem

Die meisten im Rahmen der vorliegenden Arbeit entwickelten Viewer ermöglichen die freie Wahl einer Weltkarte für eine möglichst große Realitätsnähe. Daneben existiert stets ein Koordinatensystem, um die relative Positionierung der Elemente zu verdeutlichen. Im 2D-Raum beschränkt sich hier der Einfluss des Benutzers auf die Verschiebung der gesamten Szene und die einfache Konfiguration des Koordinatensystems (Größe, Skalierung, Farbe, etc.).

Räumliches Gitter

Trotz der Beschränkung auf zwei Dimensionen liegt der Visualisierung ein dreidimensionales Gitter zu Grunde. Da es sich auch hier um den selben Datensatz wie für den dreidimensionalen Fall handelt, kann das selbe Gitter zur Strukturierung eingesetzt werden. Dabei werden die Geolokationen bzw. deren Visualisierungselemente ebenso wie im 3D-Raum dem Gitter zugeordnet. Zur Darstellung wird dann jeweils die einer Höhe zugehörige Gitterebene verwendet. So ist es auf einfache Weise möglich, „vertikal" durch den Datensatz zu navigieren, indem die jeweils nächste (Höhen-)Ebene und die ihr zugeordneten Elemente angezeigt werden.

Auch hier kann die Gitterauflösung in X- Y- und Z-Richtung und die Art der Gitterdarstellung (Linien, Punkte, Sterne, etc.) frei gewählt werden. Ebenso kann die Position der Gittereckpunkte automatisch ermittelt oder explizit angegeben werden.

2D-Basisviewer

Zur Darstellung der meisten 2D-Visualisierungselemente wurde wie für den dreidimensionalen Raum ein neutraler *2D-Element-Viewer* realisiert (siehe Kapitel 6). Er stellt die 2D-Visualisierungselemente in Form eines Scatterplots dar, wobei die Scatterplotpunkte durch die 2D-Visualisierungselemente ersetzt werden. Für den animierten Kiviatgraphen sowie für die parallelen Profile wurden aufgrund ihrer spezifischen Anordnung eigene Viewer entwickelt (siehe auch Abschnitt 4.2.3).

Aufgrund der unterschiedlichen Philosophie von Java2D und Java3D (siehe Abschnitt B) können mit dem 2D-Basisviewer auch sehr große Datenmengen visualisiert werden. Eine detaillierte Beschreibung der Basisviewer findet sich in Kapitel 6.

2.4 Scatterplot

Punktbasierte Diagramme können für die Darstellung mehrdimensionaler Daten im 2D-Bereich auf einfache Weise verwendet werden, sofern neben der Position nicht mehr als drei Parameter visualisiert werden müssen. Die drei Parameter können dann durch den Radius der repräsentierenden Punkte, deren Farbe und evtl. Form abgebildet werden. Als Formen bieten sich Kreise oder auch Rechtecke bzw. Quadrate an.

Eine Möglichkeit, die Form durch die Größe eines Parameters beeinflussen zu lassen, ist die Repräsentation zweier Parameter durch die Breite der Form in X- bzw. Y-Richtung. Das funktioniert in befriedigendem Maße allerdings nur bei ausreichend großen Punkten. Es lassen sich so neben der Position bis zu drei Parameter durch 2D-Scatterplots abbilden.

Beim einfachen, dreidimensionalen Scatterplot wird der Parameterraum erweitert um die Z-Koordinate, welche entweder die Höhe oder auch einen beliebigen Parameter repräsentiert. Hinzu kommen wiederum die Färbung der Elemente sowie drei Parameter, welche die Größe der Elemente in X-, Y- und Z-Richtung bestimmen. Insgesamt können somit neben der Position (X, Y, Z) vier weitere Parameter gleichzeitig visualisiert werden.

Als einfachste Formen können hier Kugeln oder Quader dienen, Farben werden analog zum 2D-Bereich einer Farbskala entnommen. Abbildung 2.6 zeigt zwei einfache 3D-Scatterplots mit MIPAS/ENVISAT-Daten über Europa. Hier werden die Spurengase Ozon (O_3, Form) und Chlornitrat ($ClONO_2$, Farbe) abgebildet.

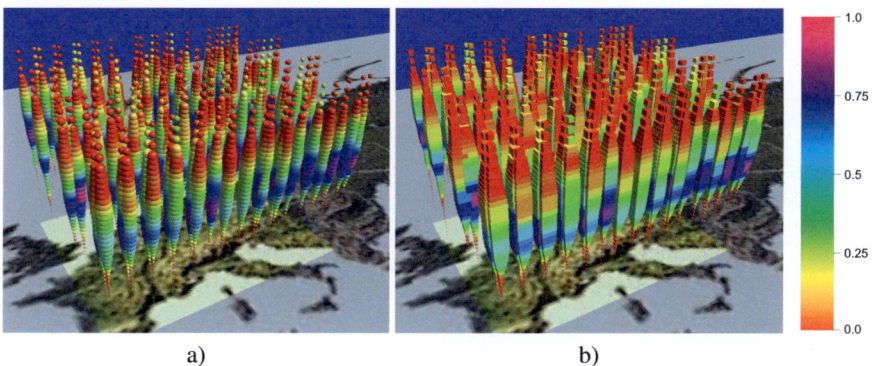

a)   b)

Abbildung 2.6: 3D-Scatterplots: Darstellung der Spurengase Ozon (Form) und Chlornitrat (Farbe) über Europa (Sept. 2002) durch Kugeln (a) und Quader (b)

In Abbildung 2.6 und den folgenden Abbildungen entspricht die Farbe Rot dem Wert 0.0 in der zu Grunde liegenden Farbskala, während relativ hohe Werte (0.7 bis 1.0) durch die Farben Blau bis Magenta abgebildet werden. Gut ist hier zu erkennen, dass die Maxima von Chlornitrat in deutlich geringeren Höhen zu finden sind als die Maxima von Ozon.

Sollten die Abstände der Kugeln und Quader einer Geolokation zu starken, unerwünschten Überlagerungen führen, so können die Kugeln und Quader interaktiv so weit abgeflacht werden, dass sie sich nicht mehr gegenseitig berühren. Dadurch werden auch die dahinter liegenden Geolokationen bzw. deren Elemente teilweise sichtbar.

Die gleichzeitige Darstellung von mehr als zwei Parametern zeigt Abbildung 2.7. Im linken Bild wurden dem Spurengas Ozon (Form) das Spurengas Chlornitrat (Farbe) überlagert. Deutlich sind für beide Gase die relativen und absoluten Maxima zu erkennen.

Beim rechten Bild (Abbildung 2.7 b) wird zusätzlich das Spurengas Di-Stickstoff-Pentoxid (N_2O_5) in Y-Richtung abgebildet. Auch hier ist der Profilverlauf noch deutlich zu erkennen. Durch die Überlagerung in Y-Richtung wird die Repräsentation von Ozon auf die Form in X- und Z-Richtung reduziert.

Schließlich wurde in Abbildung 2.7 c) als viertes Gas HNO_3 überlagert (Form, Z-Richtung). Der Profilverlauf von $HNO3$ ist nun etwas schwerer durch die Dicke der inzwischen zu Ellipsoiden verformten Kugeln zu erkennen. Zur Verbesserung der Identifikation

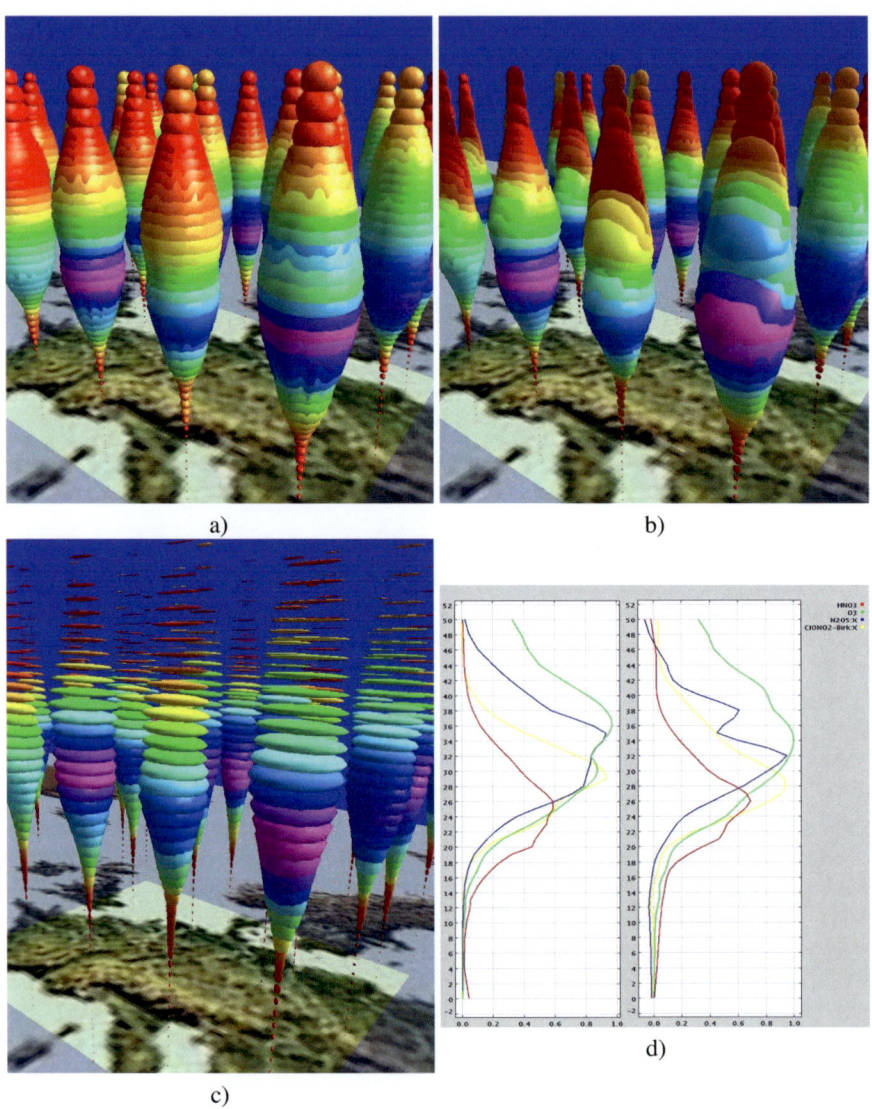

Abbildung 2.7: 3D-Scatterplots: Überlagerung von drei Parametern. a) Überlagerung von
O_3 (Form) und $ClONO_2$ (Farbe), b) zusätzliche Überlagerung von N_2O_5
(Form, Y-Richtung). c) weitere Überlagerung von HNO_3 und d) Spurengasprofile der ersten und dritten Geolokation der ersten Reihe (v.r.) in einem einfachen Liniendiagramm.

des Profilverlaufs wurde interaktiv der Z-Abstand der Elemente untereinander etwas erhöht sowie die Dicke der Ellipsoiden in Z-Richtung reduziert.

Abbildung 2.7 d) stellt den 3D-Ansichten einen einfachen Liniendiagramm mit den Profilverläufen der beiden „bunten" Geolokationen aus der vorderen Reihe gegenüber.

Deutlich werden die Grenzen der dreidimensionalen Scatterplots mit Kugeldarstellung für mehrere Parameter sichtbar. Während zwei Spurengase hervorragend gegenübergestellt werden können, wird die eindeutige Identifikation eines dritten Parameters und dessen Verlauf etwas schwieriger. Die zusätzliche Abbildung eines vierten Parameters erfordert bereits ein sehr gutes Vorstellungsvermögen. Hier sind lediglich deutliche Unterschiede der Parameterwerte über die Höhe an der vertikalen Dicke der Elemente klar zu erkennen.

Allerdings hängt die Qualität der Visualisierung einerseits vom abzubildenden Datensatz und andererseits von der Wahl der Parameter für dessen Abbildung in X-, Y- oder Z-Richtung ab. Deshalb wurde das zu Grunde liegende Visualisierungssystem so entwickelt, dass der Benutzer interaktiv beliebige Zuordnungen treffen und somit optimale Effekte erzielen kann.

Aufgrund der Einfachheit der Elemente des Scatterplots können auch mittelgroße Datenmengen (6 - 10 Orbits, d.h. ca. 20000 - 50000 Geometrieelemente bei durchschnittlich 50 darzustellenden Höhen) geladen werden. Dabei werden pro Geolokation und Höhe lediglich eine Kugel oder ein Quader oder – wenn direkt zwischen beiden Geometrieelementdarstellungen umgeschaltet werden soll – bis zu zwei Elemente erzeugt. Mit mittelgroßen Datenmengen können dann aufgrund der höheren Datendichte einzelne Spurengasverteilungen effektvoll abgebildet werden.

Der Datensatz, der die in Abbildung 2.8 dargestellten Orbits beinhaltet, umfasst alleine für die Nordhalbkugel ca. 780 Geolokationen, welche wiederum auf 45 Höhenwerte begrenzt wurden. Somit werden insgesamt ca. 35.000 Geometrieelemente erzeugt und gerendert. Soll dynamisch von Kugeln auf Quader umgeschaltet werden, so verdoppelt sich die Anzahl der Elemente und entsprechend erhöht sich der Gesamtspeicherbedarf der Applikation, wobei lediglich entweder die Kugeln oder die Quader dargestellt werden, da das jeweils andere Element ausgeblendet wird.

So zeigt Abbildung 2.8 die Orbits Nr. 2916 bis 2940 über der Nordhalbkugel mit ebener Weltkarte und mit Globus. In Abbildung 2.8 a) und b) wird HNO_3 durch die Form und O_3 durch die Farbe repräsentiert. Sehr gut sind die entgegengesetzte Verteilung der beiden Spurengase vom Äquator in Richtung Nordpol zu erkennen. Noch deutlicher wird die reale Verteilung durch die Verwendung des Globus.

Eine besonders effektive Verwendung des 3D-Scatterplots findet bei der gleichzeitigen Darstellung eines einzelnen Spurengases in Form *und* Farbe statt. Durch die Überlagerung von Form und Farbe werden geografisch und meteorologisch bedingte Änderungen der Spurengaskonzentrationen sehr deutlich sichtbar. So zeigt Abbildung 2.8 c) und d) das Spurengas HNO_3 und Abbildung 2.8 e) und f) Ozon jeweils in ebener und globusorientierter Darstellung.

Abbildung 2.8: 3D-Scatterplots: Überlagerung von Parametern bei mittelgroßen Datenmengen auf der Nordhalbkugel (Orbits Nr. 2916-2940). a) und b) Überlagerung von HNO_3 (Form) und O_3 (Farbe), c) und d) HNO_3 in Form und
Farbe sowie e) und f) O_3 (Form und Farbe)

2.5   Neues Konzept für den Einsatz von Stick Figures im dreidimensionalen Raum

Der Einsatz von Stick Figures (siehe Abschnitt 1.2.4.2) beschränkt sich in der Literatur ausschließlich auf die Visualsierung von großen Datenmengen, welche nahezu gleichverteilt vorliegen. Dabei wird ausschließlich durch Änderung der Form, der Orientierungswinkel bzw. der Anordnung einzelner Körperteile der Stick Figures iterativ und interaktiv eine optimale Abbildung der vorliegenden Daten ermittelt [PG88]. Dadurch entstehen Abbildungen, welche - bedingt durch die gleichmäßig verteilten Daten - einer Textur gleichen. Die so erzeugte Abbildung 1.24 stellt nahezu die einzige Abbildung von Stick Figures in der Literatur dar, d.h. Stick Figures wurden oft erwähnt und kurz beschrieben, jedoch wohl kaum eingesetzt.

In der vorliegenden Arbeit war ursprünglich ein ähnlicher Ansatz wie von [PG88] sowohl für den zwei- als auch dreidimensionalen Raum angedacht. Anfängliches Ziel war, eine texturartige Abbildung zu erzeugen, um daraus Korrelationen zwischen Spurengasen ablesen zu können. Sehr früh stellte sich jedoch heraus, dass die vorliegenden Satellitendaten nur bedingt für den bisher bekannten Ansatz geeignet waren, da sie keine besonders dichte Verteilung über der Erde aufweisen. Zwar liegen die Daten über den gesamten Globus vor, jedoch konzentrieren sie sich auf bestimmte geografische Positionen (Geolokationen), die durch den Flug und die Messintervalle des ENVISAT-Satelliten und des MIPAS-Instruments vorgegeben sind (siehe Abschnitt 1.1.3).

Im 2D-Bereich konnte vor allem mit Animation erreicht werden, dass Änderungen der Spurengase mit der Höhe oder der Zeit in Form von relativ groben Strukturen gut nachvollziehbar dargestellt werden (siehe Abschnitt 4.2.2). Im 3D-Bereich jedoch wurden die hardwareabhängigen Grenzen relativ früh erreicht, da eine Flächen- ober Volumendarstellung ein Vielfaches des Speicherplatzes in Anspruch nimmt, als es einfache Liniendarstellungen tun.

Erste interessante 3D-Darstellungen ließen jedoch den Schluss zu, dass Stick Figures zur Darstellung von Höhenprofilen dann gut geeignet sein können, wenn dem Benutzer eine Vielzahl unterschiedlicher Möglichkeiten der Modifikation einzelner Attribute von Stick Figures zur Verfügung gestellt werden. Des Weiteren wurde die ausschließliche Verwendung der Anordnung der Körperteile wie bei [PG88] für eine realistische und identifizierbare Abbildung als nicht ausreichend befunden. Daraus ergaben sich zahlreiche neue Erweiterungen für Stick Figures sowohl im 2D- als auch im 3D-Bereich (siehe Abb. 2.9).

Prinzipiell können mit Stick Figures neben der Position im Raum direkt bis zu fünf Parameter gleichzeitig dargestellt werden. Durch zusätzlichen Einsatz weiterer Geometrieattribute wie Farbe, Form und Größe bzw. Länge können noch weitere Parameter in eine Abbildung integriert werden. Hier stellt sich jedoch sehr früh das Problem, dass die weiteren Parameter teilweise vom Betrachter nicht oder nur sehr schwer erkannt bzw. unterschieden werden können.

Deshalb wurden nicht sämtliche Möglichkeiten genutzt, sondern nur diejenigen, welche zur Identifikation von Spurengaszusammenhängen direkt von Nutzen waren. Es wurden additiv Attribute in die Abbildung integriert, welche auch nur die bis zu fünf Parameter abbilden. Bei der ersten Betrachtung wurden Farben unabhängig vom Parameterwert zugeordnet. Die Farben können selbstverständlich bei der Visualisierung durch den Benutzer interaktiv geändert werden.

Zuerst liegt es nahe, die einzelnen Parameter durch Länge, Dicke, Farbe und Orientierung[2] abzubilden. Hinzu kommt die Möglichkeit, zur Verbesserung der Übersichtlichkeit einzelne Körperteile ausblenden zu können.

2.5.1   Neue Stick-Figure-Varianten

Abbildung 2.9 zeigt neben der von [PG88] vorgeschlagenen Grundform achtzehn erweiterte Varianten von Stick Figures (vierzehn grundsätzliche Varianten sowie absolutes und relatives Drehen der Extremitäten relativ zum Basiskörper bei allen vier Varianten, bei denen sowohl Basiskörper als auch die Extremitäten gedreht werden). Allen aufgeführten Varianten gemeinsam ist, dass die Länge der Extremitäten zur Vermeidung von Überlagerungen bei kleinen Parameterwerten die halbe Länge des Basiskörpers besitzen.

Das Längenverhältnis von Extremitäten zum Basiskörper kann durch den Benutzer interaktiv variiert werden. Im Wertebereich von 0.1 bis 1.0 können einzelne Profilverläufe weitaus deutlicher abgebildet werden. Werte darüber hinaus sind ebenfalls einstellbar, sie führen jedoch meist zu einer Überhöhung der Extremitätenlängen und somit zu einer Reduzierung der Identifizierbarkeit.

Der Ursprung des lokalen Koordinatensystems einer Extremität liegt im Zentrum des repräsentierenden Zylinders (3D-Raum) oder Linienelements (2D-Raum). Die Extremitäten werden durch Translation und Rotation des Zylinders im lokalen Koordinatensystem mit dem Basiskörper verbunden. Durch den Rotationswinkel wird jeweils ein Parameter abgebildet.

Im Einzelnen haben die Abkürzungen unter den Elementen in Abbildung 2.9 folgende Bedeutung:

- **L** (*Length*, Länge des Basiskörpers und der Extremitäten): Hier werden die Stick Figures ausschließlich über die Länge ihrer Körperteile proportional zum zugehörigen Parameterwert variiert. Die Winkel zwischen den Extremitäten und dem Basiskörper sind konstant (135°).

- **T** (*Thickness*, Dicke des Basiskörpers und der Extremitäten): Mit T wird die Dicke des Körpers und der Extremitäten entsprechend deren zugehörigen Parameterwerten variiert. Für den Wertebereich der Elementdicken gibt es im Prinzip keine obere

---

[2]Hierbei handelt es sich um den Basiswinkel, d.h. Grundorientierung des Stick Figures in der Ebene sowie um die Winkel zwischen den einzelnen Körperteilen und dem Basiskörper.

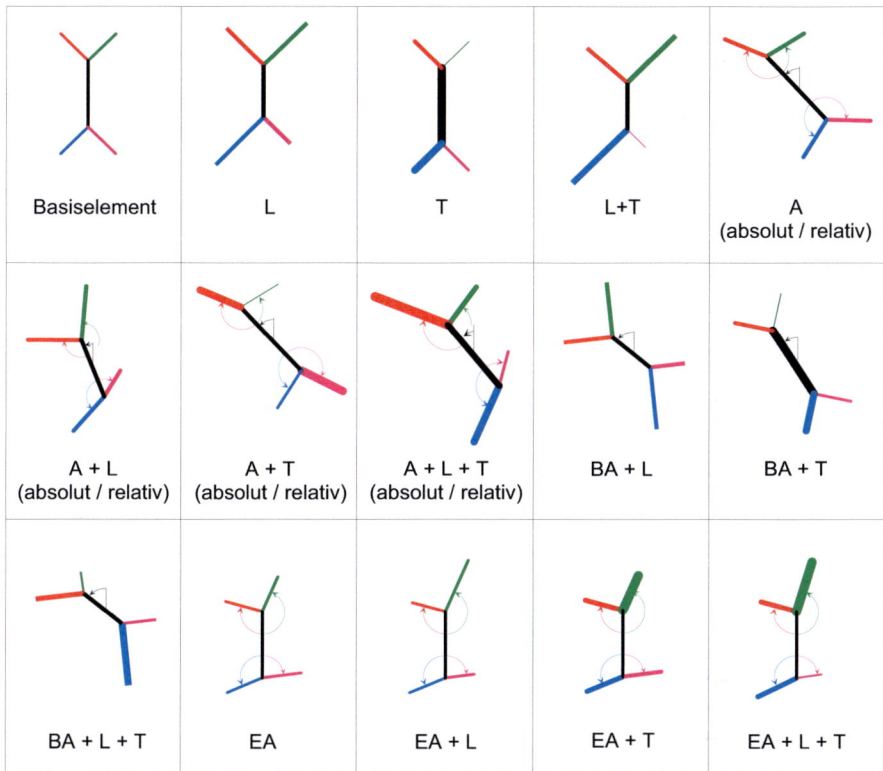

Abbildung 2.9: Stick Figures: prinzipielle Varianten (L=Length (Länge), A=Angle (Winkel zwischen Extremitäten und Basiskörper), BA=Body Angle (ausschließliche Drehung des Basiskörpers), T=Thickness (Dicke), EA=Extremity Angle (Winkel der Extremitäten relativ zum ungedrehten Basiskörper))

Begrenzung, durch das Überlagern der Enden der Extremitäten ist der Wertebereich durch die Erkennbarkeit der Profile selbst begrenzt.

- **A** (*Angle*, Winkel zwischen Extremitäten und Basiskörper): Die Parameter werden ausschließlich auf die Winkel zwischen dem Basiskörper und den Extremitäten abgebildet. Der Winkel des Basiskörpers selbst bildet sich aus dem zugehörigen Parameterwert, wobei damit das gesamte Element gedreht wird. Bei minimalem Winkel (0°) liegen die Extremitäten auf der Basiskörperachse, die Endpunkte liegen im Basiskörpermittelpunkt. Bei maximalem Winkel (180°) liegen die Extremitäten ebenfalls auf der Basiskörperachse, die Endpunkte befinden sich dann auf der dem Basiskörpermittelpunkt abgewandten Seite.

- **BA** (*Body Angle*, ausschließliche Drehung des Basiskörpers): Der Basiswinkel bezieht sich auf den Basiskörper, d.h. es wird nur das gesamte Element gedreht und keine Extremitäten relativ zum Basiskörper. Die ausschließliche Drehung des Basiskörpers wirkt sich allerdings nur unmerklich auf die Qualität der Visualisierung aus, da dann lediglich der Parameterwert des Basiskörpers ausschlaggebend ist. Die reine Drehung des gesamten Elements wird deshalb lediglich in Kombination mit anderen Varianten eingesetzt, wenn das Erkennen von Korrelationen zwischen einzelnen Parametern im Vordergrund steht, wobei dann der Hauptparameter durch die Drehung des Basiskörpers abgebildet wird. Wie bei den Extremitäten liegt der Drehwinkel zwischen 0° und 180°.

- **EA** (*Extremity Angle*, Winkel der Extremitäten relativ zum ungedrehten Basiskörper): Hier werden ausschließlich die Extremitätenwinkel variiert während der Basiskörperwinkel fixiert bleibt. Die Extremity-Angle-Erweiterung begründet sich darin, dass im Laufe der Untersuchung des Stick-Figure-Einsatzes häufig der Verlauf eines oder zweier Spurengase einem einzelnen ausgewählten Spurengas gegenübergestellt werden soll. Dabei führte die Verwendung des Basiskörperwinkels (BA, Body Angle) oder gar aller möglichen Winkel meist zur erschwerten Identifikation der Korrelation der Gase miteinander. Eine explizite Nichtrotation des Basiskörpers und somit des gesamten Konstrukts erleichtert die Identifikation in den meisten Fällen beträchtlich.

- **absolut/relativ**: Die Extremitäten der Stick Figures können relativ zum Basiskörper oder absolut, d.h. relativ zum Basiskoordinatensystem abgebildet werden. Da sich dadurch zum Teil vollkommen anders aussehende Bilder ergeben, kann von jeweils einer separaten Variante gesprochen werden.

- **A+L, A+T, L+T, ...** : Kombinationen aus den vorgenannten Varianten.

Der praktische Nutzen des Einsatzes der aufgeführten Stick-Figure-Varianten ergibt sich vor allem dann, wenn durch den Benutzer jede der Varianten interaktiv angewandt bzw. durch eine andere Variante beliebig ausgetauscht werden kann. Je nach Datensatz und Darstellungsziel (Korrelationen, Profilverläufe einzelner oder mehrerer Spurengase, etc.) führt eine ausgewählte Variante zu einer erfolgreichen Visualisierung. Dagegen können sich einzelne Varianten für manche Datensätze überhaupt nicht eignen, d.h. die Visualisierung führt zu einem unzureichenden Ergebnis.

Zusätzlich hängt die Wahl der eingesetzten Variante wesentlich von der Identifizierbarkeit der Profilverläufe und Korrelationen der erzeugten räumlichen Gebilde durch den Benutzer ab, dessen räumliches Vorstellungsvermögen für die Verwendung einzelner Varianten ausschlaggebend ist. Im folgenden Abschnitt wird beschrieben, auf welche Weise die räumlichen Stick-Figure-Anordnungen interpretiert werden können.

2.5.2   Visuelle Interpretation der abgebildeten Parameter

Da die Darstellung mit Stick Figures auf die meisten Betrachter zunächst ungewohnt wirkt, ist es hilfreich, eine genauere Betrachtung der Stick Figures für die visuelle Interpretation der Daten durchzuführen. Zunächst besteht ein Stick-Figure-Element aus dem Basiskörper sowie je zwei Armen und Beinen. Beide Arme bzw. Beine sind jeweils an einem Ende des Basiskörpers fixiert. Arme, Beine und der Basiskörper können einzeln ausgeblendet und mit beliebigen geladenen Spurengasen belegt werden, was beides zu einer verbesserten Identifizierbarkeit der Spurengasprofile beitragen kann (s. Abschn. 2.5.3).

Das Erkennen von Profilverläufen und Korrelationen soll an einer einzelnen Geolokation[3] verdeutlicht werden. Abbildung 2.10 zeigt die Geolokation mit der Identifikationsnummer *08278_20030930T093715Z03* mit den Parametern für Wasserdampf (grau, Basiskörper) und Ozon (magenta, rechter Arm). Hierbei sind die Arme absolut zum Basiskoordinatensystem gesetzt (a) und relativ zum Basiskörper (b und c). Die Geolokation wurde in Abbildung 2.10 c) zusätzlich mit maximaler Extremitätenlänge ($L_{extr} = L_{body}$) abgebildet. Der Einfluss der Extremitätenlänge relativ zur Basikörperlänge wird in Abschnitt 2.5.3.3 näher beschrieben.

Für jede durch den Datensatz gegebene Höhe wird eine separate Stick Figure erzeugt. Die Längen- und Breitengrade bzw. X- und Y-Werte geben für jeden Höhendatensatz die geografische Position an. Hier ist zu bemerken, dass die geografische Position für alle Stick Figures identisch ist, welche zu einer Geolokation gehören, da die Geolokation selbst die alleinige Position vorgibt. Für allgemeine Datensätze, die nicht aus der MIPAS/ENVISAT-Datenbank stammen, können die Positionen jedoch prinzipiell beliebig sein.

In Abbildung 2.10 a), b) und c) wird Wasserdampf durch den Basiskörper abgebildet und Ozon durch eine einzelne Extremität. Es ist sehr gut zu erkennen, dass Wasserdampf nur in geringen Höhen vorkommt und darüber praktisch nicht gemessen wurde, was durch die ausschließliche Drehung der Stick Figures um 180° in Bodennähe deutlich wird, wo das Maximum des Wasserdampfgehalts vorliegt. Abbildung 2.10 d) zeigt das entsprechende Profil als X-Y-Liniendiagramm, aufgrund der extrem unterschiedlichen Werte in logarithmischem Maßstab.

Beim Ozon-Profil, welches durch die Extremität abgebildet wird, ist auffällig, dass für geringe Höhen nur geringe bzw. keine Messwerte vorliegen. Das ist daran zu erkennen, dass die Arme der entsprechenden Stick Figures kaum vom Basiskörper weggedreht werden. Mit zunehmender Höhe nimmt auch der Ozongehalt zu, wobei in mittleren Höhen größere Konzentrationsschwankungen zu verzeichnen sind. Erst in größeren Höhen nähern sich die Arme wieder dem Basiskörper, was einer Abnahme der Konzentration auf Minimalwerte entspricht. In der oberen Hälfte sind zudem zwei Höhen ohne Messwerte, bei denen die Arme den Basiskörper überlagern.

---

[3]Geografischer Ort, an dem die Spurengase gemessen wurden. Eine Geolokation fasst sämtliche für den Messort vorhandenen Spurengasprofile als eine eigene Entität zusammen.

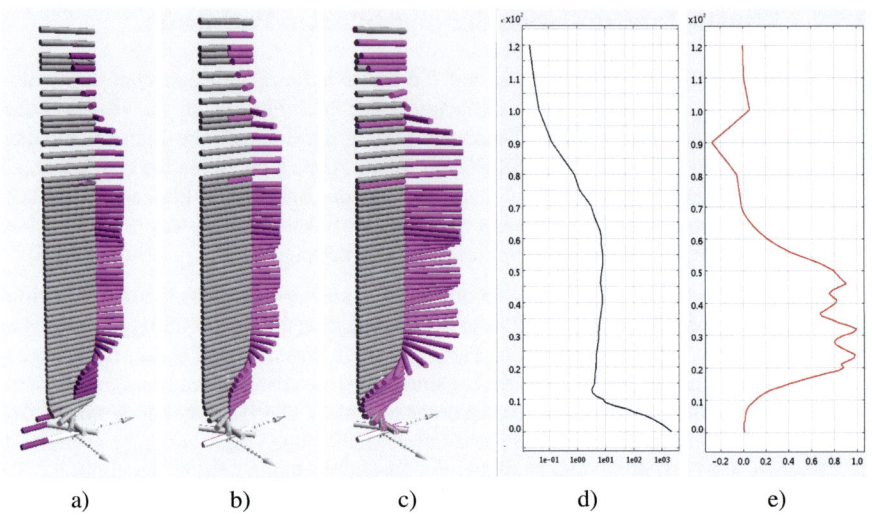

a)   b)   c)   d)   e)

Abbildung 2.10: Stick Figures: Interpretation der abgebildeten Parameter.
a) Geolokation mit Wasserdampf (grau) und Ozon (magenta), Extremitäten absolut zum Basiskoordinatensystem, b) Extremitäten relativ zum Basiskörper, c) mit maximaler Extremitätenlänge ($L_{extr} = L_{body}$), d) und e) Profile von H_2O und O_3 als einfache Liniendiagramme.

Abbildung 2.10 e) zeigt das entsprechende Ozonprofil für die ausgewählte Geolokation. Das Liniendiagramm weist negative Werte aus, welche in Abbildung 2.10 a) und b) nicht vorkommen, da der Datensatz aus Übersichtlichkeitsgründen auf die Höhen 0 bis 65km reduziert wurde. Im Falle von negativen Werten werden die Winkel entsprechend berechnet, d.h. die Arme werden auf die entgegengesetzte Seite des Basiskörpers gedreht.

Interessant wird die Visualisierung mit der Darstellung eines weiteren Spurengases. In Abbildung 2.11 a) wurde die Geolokation von Abbildung 2.10 gedreht und als zusätzliches Spurengas Chlornitrat ($ClONO_2$, grün) in die Abbildung durch den zweiten *Arm* am selben Ende des Basiskörpers mit aufgenommen. Auch hier ist sehr gut zu erkennen, dass sich $ClONO_2$ in niedrigen Höhen ähnlich verhält wie Ozon und das Maximum von $ClONO_2$ beim ersten Maximum von Ozon liegt. Die Konzentration von $ClONO_2$ nimmt hier kontinuierlich zu und in mittleren Höhen ebenso kontinuierlich wieder ab. In Abbildung 2.11 b) ist $ClONO_2$ nun als *Bein* am entgegengesetzten Ende des Basiskörpers abgebildet, wobei hier die Ähnlichkeit der Profilverläufe noch deutlicher zu erkennen ist. Abbildung 2.11 c) wiederum zeigt beide Spurengase mit logarithmischem Maßstab (links $ClONO_2$ und rechts Ozon).

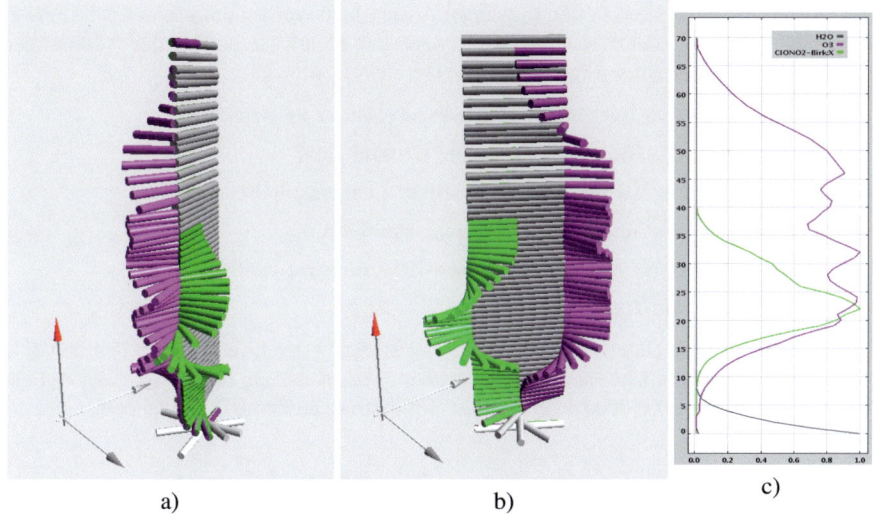

a)   b)   c)

Abbildung 2.11: Stick Figures: Interpretation der abgebildeten Parameter.
a) Geolokation mit Wasserdampf (Basiskörper, grau), Ozon (rechter Arm, magenta) und $ClONO_2$ (linker Arm, grün), b) Die selben Spurengase als linker Arm und linkes Bein mit Basiskörper, c) Profile von $ClONO_2$, H_2O und O_3 als einfaches Liniendiagramm.

2.5.3   Optimierung der Interpretation und Identifikation von Profilverläufen

In den Abbildungen 2.10 und 2.11 wurde für den Basiskörper das Spurengas Wasserdampf gewählt. Wasserdampf kommt lediglich in relativ geringen Höhen vor, was durch die Drehung der unteren Basiskörper gut zu erkennen ist. In größeren Höhen ist Wasserdampf kaum noch messbar bzw. nicht mehr vorhanden, was durch die entsprechend parallele Anordnung aller Basiskörper repräsentiert wird.

Wird stattdessen ein sich mit der Höhe änderndes Spurengas für die Basiskörper verwendet, so wird die Identifizierbarkeit der einzelnen Extremitäten-Spurengasverläufe zum Teil erheblich erschwert. Aus Abbildung 2.12 a), bei der die Variante **A** (Angle) mit relativen Extremitätenwinkeln gewählt wurde, ist eine sofortige korrekte Identifikation kaum möglich, da die Extremitäten mit der sich ändernden Konzentration von Ozon (grau, Basiskörper) mitgedreht werden.

Um den geschilderten Nachteil der Stick Figures abzuschwächen, können mit relativ einfachen Mitteln starke Verbesserungen der Identifizierbarkeit von vertikalen Spurengasverläufen erreicht werden. In den folgenden Abschnitten werden unterschiedliche Erweiterungen vorgestellt, mit denen Verbesserungen der Identifizierbarkeit der vollkommen neuartig eingesetzten Stick-Figure-Elemente erreicht werden konnten:

1. Absolutsetzen der Extremitätendrehwinkel relativ zum Basiskörper,

2. Ausblendung des Basiskörpers und der Extremitäten,

3. Veränderung des Extremitäten-Basiskörper-Längenverhältnisses,

4. Überlagerung mit farbkodierten Spurengasprofilen,

5. Abbildung der Werte in Form von Farb- bzw. Element-Helligkeit,

6. Verwendung von Transparenz.

Ebenso kann je nach Datensatz eine weitere Verstärkung der Effekte durch Kombination der aufgeführten Möglichkeiten erreicht werden. Voraussetzung hierfür ist die Möglichkeit der interaktiven (De-)Aktivierung aller Optimierungen durch den Benutzer.

2.5.3.1   Absolutsetzen der Extremitätendrehwinkel relativ zum Basiskörper

Beim Absolutsetzen der Extremitätendrehwinkel werden die Extremitäten nicht relativ zu den Endpunkten des Basiskörpers, sondern relativ zu dessen Basiskoordinatensystem gedreht. Damit sind die Winkel von der Orientierung des Basiskörper unabhängig. Abbildung 2.12 b) zeigt deutlich gegenüber 2.12 a), dass die Profilverläufe – über die Extremitäten dargestellt – sehr viel deutlicher zu identifizieren sind.

Eine Skizze (Abbildung 2.13) mit einfachen Werten veranschaulicht das Absolutsetzen der Extremitätendrehwinkel. Auf der linken Seite sind einige Stick Figures zu sehen, deren linker Arm um jeweils 15° gedreht wird, was einer Parameterwertzunahme von 0,0833 pro Arm entspricht. Durch vertikales Übereinandersetzen ergibt sich die Draufsicht b). Erhalten nun die Basiskörper ebenfalls von Null verschiedene Parameterwerte, so werden sie - und damit die gesamte Figur - gedreht (in der Prinzipskizze wurden zur Vereinfachung kontinuierlich steigende Werte angenommen).

Abbildung 2.13 c) verdeutlicht den geschilderten Zusammenhang. Hier werden die Arme durch die Drehung des Basiskörpers zusätzlich gedreht, was bereits bei dem ausgewählten einfachen Beispiel erschwert, eindeutige Rückschlüsse auf die ursprünglichen Parameterwerte zu ziehen. Abbildung 2.13 d) schließlich reduziert das Problem, indem nach der Drehung die Grundorientierung der Arme beibehalten bleibt.

In Abbildung 2.12 sind die beiden Winkelarten anhand realer Daten gegenübergestellt. Besonders für das Spurengas *F-12* (magenta) der Verlauf durch absolute Extremitätenwinkel (α_E) wesentlich besser zu erkennen (2.12 b). Seine Konzentration fällt nach einem Bereich mit maximalem Wert ($\alpha_E = 180°$) bis in mittlere Höhen linear ab und erreicht dort den Minimalwert ($\alpha_E = 0°$).

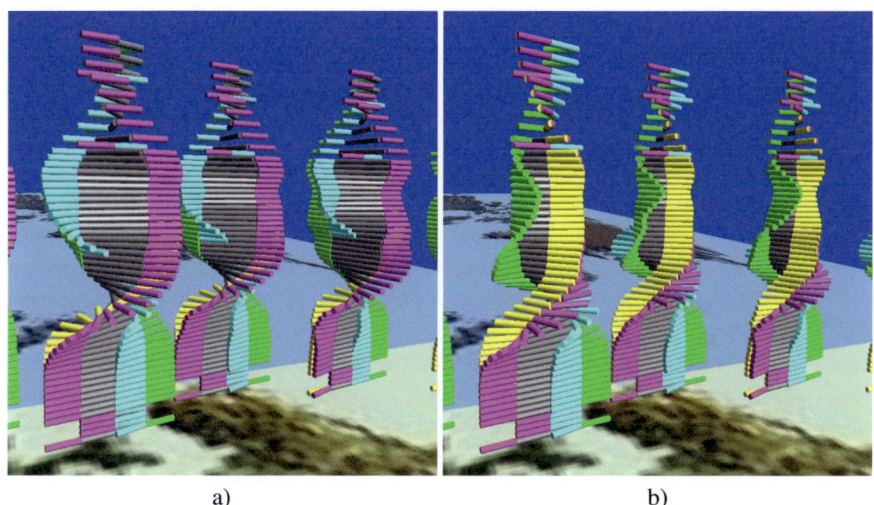

Abbildung 2.12: Stick Figures: Variante **A** (Angle). a) mit relativen und b) mit absoluten Winkeln der Extremitäten. Farbzuordnung: grau=O_3, magenta=F-12,
gelb=F-11, grün=SF_6, hellblau=HNO_3.

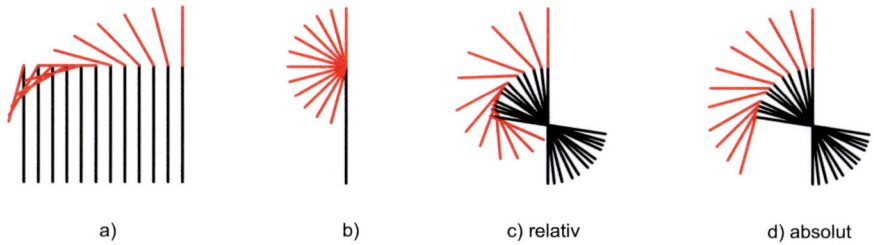

Abbildung 2.13: Stick Figures: Prinzip der abs. und rel. Rotation der Extremitäten.
a) einfache Stick Figures mit steigenden Arm-Werten, b) Draufsicht nach
Überlagerung. Rotation der Basiskörper mit steigenden Winkeln und davon abhängiger (c) sowie davon unabhängiger Rotation der Arme (d))

2.5.3.2   Ausblenden des Basiskörpers und der Extremitäten

Werden mehrere Spurengase gleichzeitig durch Stick-Figure-Elemente repräsentiert, so bilden sich abhängig von den einzelnen Profilverläufen und von der jeweiligen Belegung der einzelnen Körperteile mit den Spurengasen oftmals sehr komplexe Konstrukte, die schwer interpretierbar sind. Zur Reduktion der visuellen Datenfülle können sämtliche Extremitäten einzeln ausgeblendet werden. So ist es möglich, sich auf ausgewählte Spurengasprofile konzentrieren zu können.

Bei sich stark mit der Höhe ändernden Profilverläufen – vor allem bei Profilen mit mehreren relativen Minima und Maxima – wirkt sich die Änderung bei der Wahl von Stick-Figure-Varianten mit Rotation des Basiskörpers durch dessen Rotation häufig sehr negativ auf die Identifizierbarkeit einzelner Spurengasprofile aus, die durch die Extremitäten abgebildet werden.

Eine wesentliche Verbesserung kann durch das Ausblenden des Basiskörpers erreicht werden. Dadurch werden alle sichtbaren, d.h. mit Parameterwerten belegten Extremitäten durch Verschiebung zum Ursprung des Stick-Figure-Elements zusammengeführt, womit die Profile durch die direkte Gegenüberstellung leichter vergleichbar werden.

Das zugrunde liegende Prinzip veranschaulicht die Skizze in Abbildung 2.14. Unabhängig davon, ob die Länge der Basiskörper durch Parameterwerte gebildet wird, führt das Ausblenden des Basiskörpers zum selben Ergebnis für die Extremitäten.

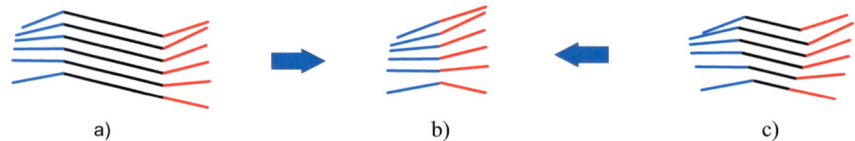

a)   b)   c)

Abbildung 2.14: Stick Figures: Reversion der Rotation des Basiskörpers durch dessen Ausblenden.

In Abbildung 2.15 ist eine solche Ausblendung des Basiskörpers mit realen Datensätzen zu sehen. Hier wird deutlich, dass oftmals ein Identifikationsgewinn durch das Fehlen des Basiskörpers – vor allem eines verdrehten Basiskörpers – entsteht. Die Spurengasverläufe sind nun besser erkennbar, wobei die niedrigen Werte durch das Fehlen des Basiskörpers negativ zu sein scheinen.

Während bei Vorhandensein des Basiskörpers die Unterschiede lediglich im Bereich stärkerer Drehung des Basiskörpers (O_3-Maxima) deutlicher erkennbar sind, gestalten sich die Unterschiede in den Fällen ohne wertabhängig rotiertem Basiskörper weit augenscheinlicher. Wird der Extremitätendrehwinkel nicht absolut gesetzt (Abbildung 2.15 d), so werden bei größeren vertikalen Gradienten der Werte des Basiskörpers die Werte der Extremitäten überhöht dargestellt, was beim Ausblenden der Basiskörper gut sichtbar wird.

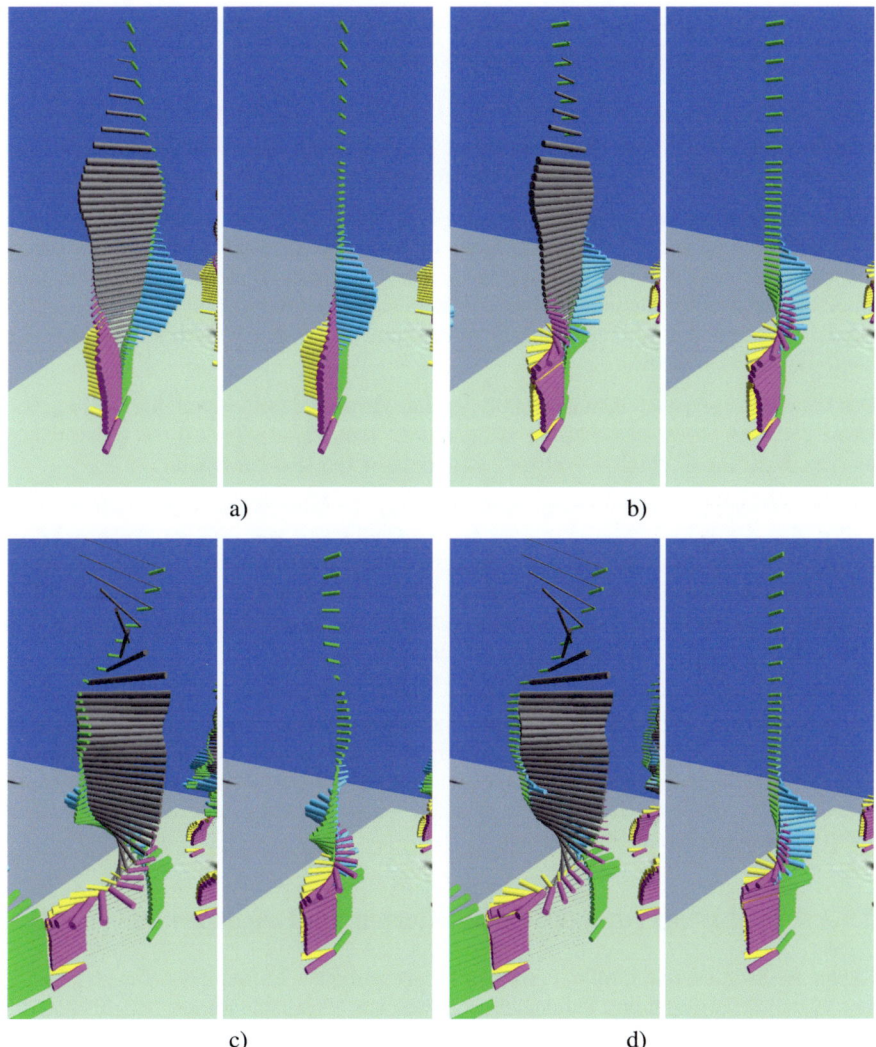

a)   b)

c)   d)

Abbildung 2.15: Stick Figures: Unterschiede beim Ausblenden des Basiskörpers.
a): Variante **L+T** (Length+Thickness)
b): Variante **EA+L+T** (Element Angle+Length+Thickness).
c): Variante **A+L+T** (Angle+Length+Thickness, Winkel absolut)
d). Variante **A+L+T** (Angle+Length+Thickness, Winkel relativ).
Farbzuordnung: grau=O_3, gelb=F-11, hellblau=HNO_3, grün=SF_6, magenta=F-12. Vgl. hierzu die Abbildungen 2.12 a) und b)

2.5.3.3   Veränderung des Längenverhältnisses zwischen Extremitäten und Basiskörper

Die in der Literatur verwendeten Stick Figures besitzen ausschließlich feste Längenver-hältnisse, bei [PG88] sind sämtliche Elemente gleich lang. Die Unterscheidung erfolgt durch die Anordnung, wobei einzelne Extremitäten beliebig aneinander gehängt werden.

In der vorliegenden Arbeit werden ausschließlich „feste" Stick Figures verwendet, d.h. die Extremitäten sind stets an der selben Stelle mit dem Basiskörper verbunden. Der Basis-körper ist im Standardfall doppelt so lang wie eine Extremität. Das Längenverhältnis kann jedoch vom Benutzer interaktiv geändert werden im Bereich von l_E/l_B=0,1 bis l_E/l_B=2,0. Größere Werte sind in den meisten Fällen nicht sinnvoll, da sich die Extremitäten zu stark überlagern bzw. verdecken.

Das Verhältnis l_E/l_B=0,5 lässt gegenüberliegende Arme und Beine durch Vermeidung von Überlappungen besser einschätzen, während das Verhaltnis l_E/l_B=1,0 die Extremitäten und den Basiskörper durch die selben Längen besser vergleichbar macht.

Durch die Möglichkeit der Variation der Basislänge der Extremitäten ergibt sich in vielen Fällen eine deutliche Verbesserung der Unterscheidbarkeit von Profilen, wenn mit dem durch den Basiskörper repräsentierten Spurengasprofil verglichen werden soll. Die Gren-zen werden dort erreicht, wo sich aufgrund von wertabhängigen Winkeln zwischen Ex-tremitäten und Basiskörper einzelne Extremitäten überlagern. Abbildung 2.16 zeigt den Unterschied für die Verhältnisse l_E/l_B=0,5 und l_E/l_B=1,0.

Vor allem für die Darstellungen mit Winkel- und Dickenabbildung der Werte können im Bereich kleiner Profilwerte beträchtliche Verbesserungen der Identifizierbarkeit erreicht werden. Bei der Verwendung der von den Extremitätenwinkeln unabhängigen Varianten **L, T, BA** und deren Kombinationen ist eine Darstellung mit größeren Extremitätenlängen grundsätzlich vorteilhaft. Durch die konstanten Winkel der Extremitäten zueinander sind deren Überlagerungen ausgeschlossen.

2.5.3.4   Überlagerung mit farbkodierten Spurengasprofilen

Neben der Möglichkeit, Größe, Form und Orientierung der Extremitäten zur gleichzeiti-gen Visualisierung mehrerer Parameter zu verwenden, besteht als weitere Möglichkeit die Überlagerung einzelner Extremitäten mit farbkodierten Profilen. Ebenso wie beim durch Kugel- bzw. Quaderelementen repräsentierten Scatterplot (s. Abschnitt 2.4) kann ein Pa-rameterwert durch einen Farbwert einer Farbtabelle repräsentiert werden. Abbildung 2.17 b) bis d) zeigt eine solche Überlagerung an einer ausgewählten Geolokation.

Grundsätzlich bieten sich zwei wirkungsvolle Alternativen an: die Überlagerung eines Teilelements mit dem Profil eines anderen Parameters und die Überlagerung eines Teilele-ments oder aller sichtbaren Teilelemente mit dem „eigenen" Farbprofil. Ersteres hat zum

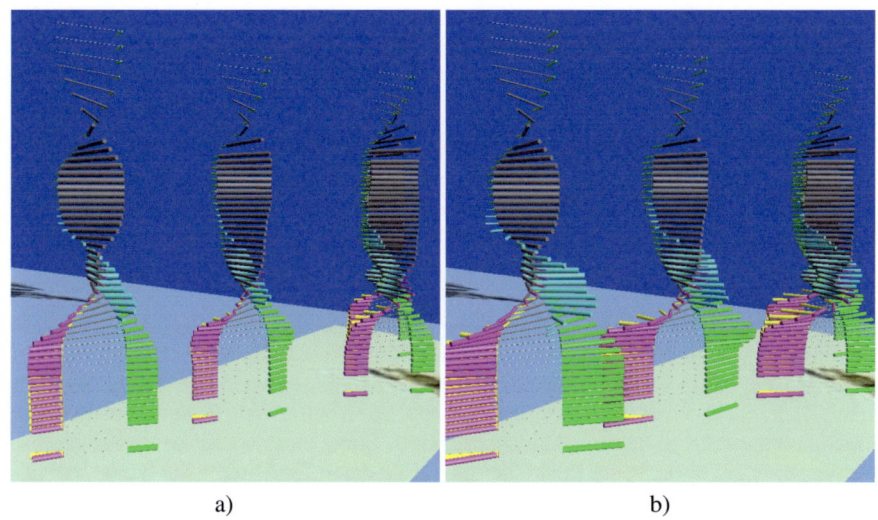

a)   b)

Abbildung 2.16: Stick Figures: Extremitäten-Basiskörper-Längenverhältnis (Variante **A+L+T**, Angle+Length+Thickness)
a) Verhaltnis l_E/l_B=0,5 und b) Verhaltnis l_E/l_B=1,0.

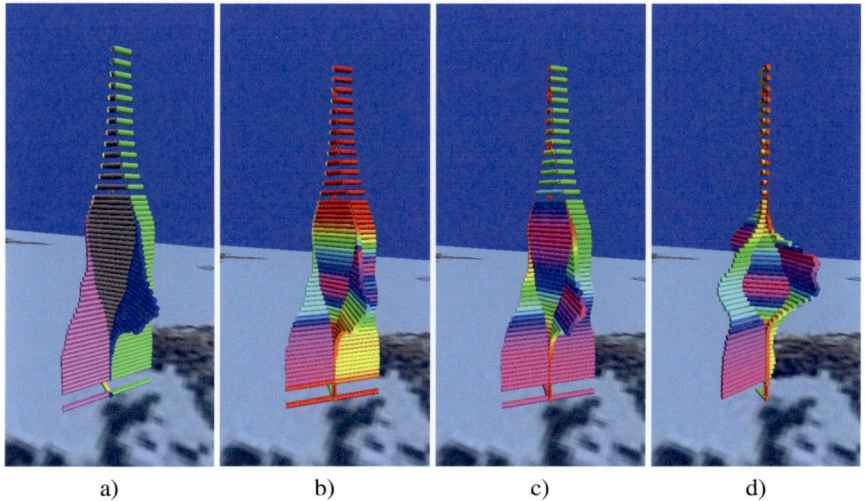

a)   b)   c)   d)

Abbildung 2.17: Stick Figures: Überlagerung mit mehreren farbkodierten Profilen.

Ziel, vorhandenen Korrelationen direkt darzustellen, wobei dabei die Anzahl der sichtbaren Teilelemente und der zu überlagernden Profile direkten Einfluss auf die Identifizierbarkeit solcher Abbildungen ausübt. Die Verwendung beider Alternativen ist in Abbildung 2.17 gut zu erkennen.

Abbildung 2.17 a) zeigt die räumlich etwas gedrehte Geolokation in der Variante L (Length) mit fixem Basiskörper und den Spurengasen O_3 (grau, Basiskörper), SF_6 (grün, linker Arm), HNO_3 (blau, rechter Arm), F-11 (gelb, linkes Bein, nur teilweise zu erkennen) sowie F-12 (magenta, rechtes Bein) ohne jegliche Farbüberlagerung.

In Abbildung 2.17 b) wurden den Extremitäten folgende Spurengasprofile überlagert:

$ClONO_2$ (Basiskörper), HNO_4 (linker Arm, hinten rechts), N_2O_5 (rechter Arm, vorne rechts), ClO (linkes Bein, hinten links) und CH_4 (rechtes Bein, vorne links). Hier wird deutlich, dass bei zu vielen gleichzeitig dargestellten Spurengasprofilen die Identifizierbarkeit doch erheblich erschwert werden kann, vor allem bei solchen Profilen, bei denen die Maxima umgekehrt proportional ausgeprägt sind. Dabei muss vor allem darauf geachtet werden, dass die Maxima der farbkodierten Profile durch die Minima der darunterliegenden Profile durch Form und Größe nicht ausgeblendet werden.

Die zweite Alternative beschreibt die Überlagerung der Extremitäten mit dem eigenen Farbprofil. In Abbildung 2.17 c) wurden die selben Spurengasprofile wie in Abbildung 2.17 a) mit ihrem eigenen Farbprofil überlagert. Hier kann je nach Spurengasprofil eine verbesserte Identifizierbarkeit des Profilverlaufs erreicht werden. Abbildung 2.17 d) schließlich stellt die überlagerten Spurengasprofile aus Abbildung 2.17 b) separat dar. Hier ergibt sich durch die Wahl der Zuordnung der Gasprofile zu den Extremitäten ein vollkommen neues Aussehen (Form) der Geolokation.

Zur weiteren visuellen Optimierung wird es dem Benutzer ermöglicht, beliebige farbkodierte Profile beliebigen Elementen des Stick Figures neben deren Abbildung durch Form und Orientierung zuzuweisen.

2.5.3.5   Wertabhängige Farb- bzw. Element-Helligkeit

Eine weitere Visualisierungsoptimierung kann durch die Abbildung der Werte in Form von Helligkeit der Farben bzw. Elemente erfolgen (s. auch Abschnitt 1.2.6.4). Dadurch werden die Maxima und Minima von Profilverläufen zusätzlich hervorgehoben, indem je nach Parameterwert das entsprechende Element wie zusätzlich beleuchtet erscheint.

Abbildung 2.18 stellt die Technik der Elementaufhellung anhand des Refenzdatensatzes der Darstellung ohne Helligkeitsverlauf gegenüber. Profilverläufe mit starken Gradienten sind besonders gut zu erkennen, da an den Stellen mit starkem Gradient die Helligkeitsänderungen am stärksten auftreten. Bei relativ konstanten Wertebereichen (z.B. die Maxima von F-11 oder SF_6 in geringen Höhen) ist der Helligkeitsverlauf entsprechend unauffällig.

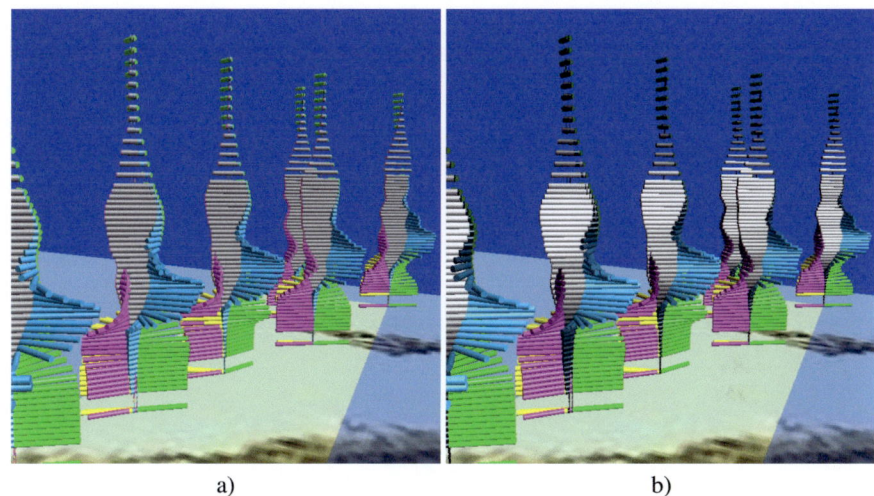

a)   b)

Abbildung 2.18: Stick Figures: Verwendung der wertabhängigen Helligkeit der Elemente
(Variante **EA+L**, (fixed) Extremity Angle + Length)
a) Referenzdatensatz (Orbit Nr. 8278) ohne und b) mit wertabhängiger Helligkeit. Farbzuordnung: grau=O_3, magenta=F-12, gelb=F-11,
blau=HNO_3, grün=SF_6.

2.5.3.6   Verwendung von Transparenz

Aufgrund der Überlagerungen einzelner Extremitäten ist es interessant, wenn die im Hintergrund liegenden Elemente ebenfalls sichtbar gemacht werden können. In einem solchen
Fall bietet es sich an, mit Transparenz zu arbeiten. Dabei werden sämtliche Elemente
durchsichtig dargestellt. Der einfache Transparenzeffekt, der von vielen Grafiksystemen
angeboten wird, wird in Abbildung 2.19 der herkömmlichen Ansicht gegenüber gestellt.
Mit dem Transparenzeffekt sind die bisher verdeckten Profile teilweise gut zu erkennen.

Die Erkennbarkeit hängt allerdings in starkem Maße von der Farbgebung der Elemente
und von der Hintergrundfarbe ab. Hier muss der Benutzer interaktiv die für ihn optimale
Farbabstimmung treffen, um den größtmöglichen Effekt zu erzielen. Das kann am besten
durch die Wahl von intensiven Grundfarben erreicht werden. Weiter verstärkt wird der
Transparenzeffekt durch interaktive Rotation der Elemente oder der gesamten Szene.

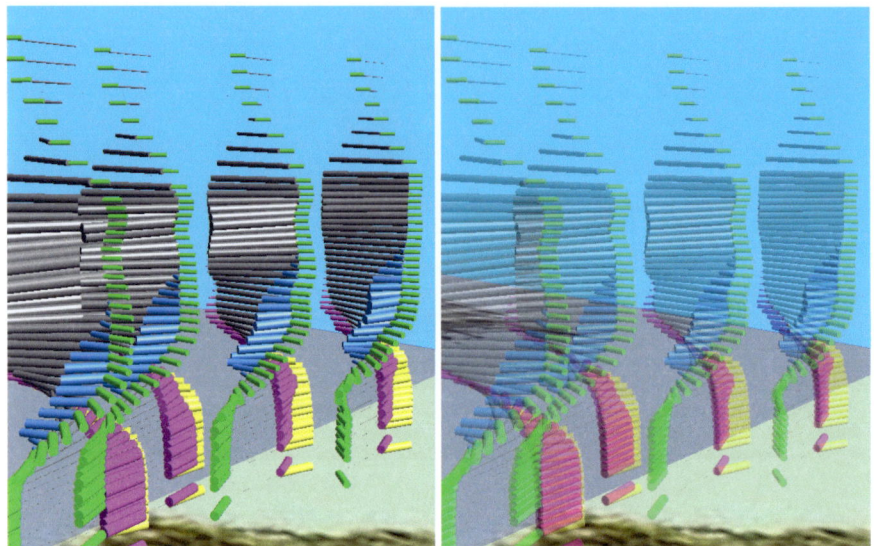

Abbildung 2.19: Stick Figures: Auswirkungen des Transparenzeffekts auf die Darstellung verdeckter Elemente.

2.5.4   Visualisierung der unterschiedlichen Stick-Figure-Varianten

Die Abbildungen auf den folgenden Seiten verdeutlichen den Einfluss der einzelnen in Abschnitt 2.5.1 vorgestellten Stick-Figure-Varianten auf die Darstellung des selben Datensatzes. Es handelt sich um einen Teilorbit (Nr. 8278) über Nordeuropa. Alle Varianten werden betrachtet und hinsichtlich ihrer Vor- und Nachteile bewertet.

2.5.4.1   Varianten mit festen Extremitäten- und Basiskörperwinkeln

Werden bei Stick-Figure-Elementen sämtliche Winkel fixiert, so können die Spurengasprofile über die Elementdicke und -länge abgebildet werden. Höhere Werte führen dabei zu dickeren bzw. längeren Elementen. In Abbildung 2.20 werden die einzelnen Spurengaswerte ausschließlich durch die Dicke der Extremitäten repräsentiert (Variante **T** (Thickness)).

Hier ist deutlich zu erkennen, dass die Ozonkonzentration (grau) in mittleren Höhen maximal ist und in Richtung Polarkappe deutlich abnimmt, während zugleich die Konzentrationsmaxima der betrachteten Fluorisotope F-11 (gelb) und F-12 (magenta) überwiegend in geringeren Höhen als Ozon gemessen wurden und zum Nordpol hin konstant bleiben.

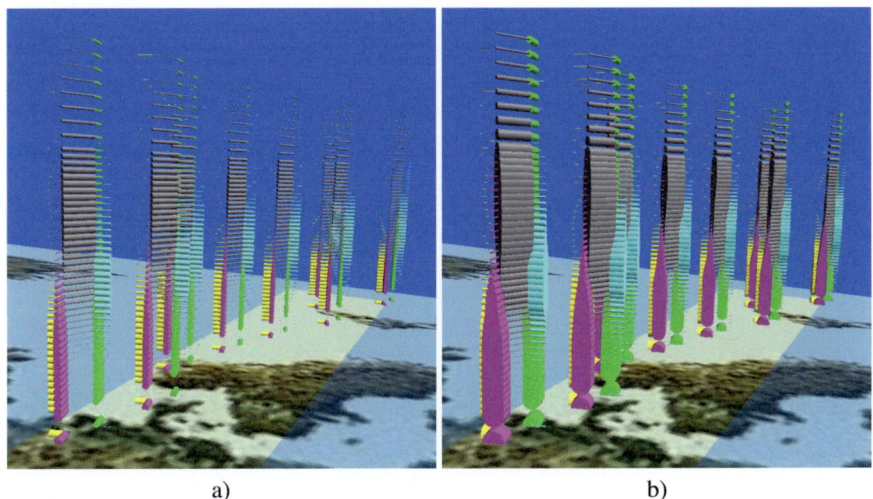

a)   b)

Abbildung 2.20: Stick Figures: Variante **T** (Thickness). a) mit geringer und b) mit
großer Dicke. Farbzuordnung: grau=O_3, magenta=*F-12*, gelb=*F-11*,
blau=HNO_3, grün=SF_6.

Ähnlich verhält es sich mit HNO_3 (blau), das in geringen Höhen kaum und in mittleren
Höhen (ca. 20-30 km) mit höherer Konzentration vorkommt.

Wird durch den Benutzer interaktiv die Dicke sämtlicher Elemente proportional vergrößert bzw. verkleinert, können teilweise beträchtliche Informationsgewinne erzielt werden.
Bei der Gegenüberstellung derselben Daten mit unterschiedlichen Dicken ist gut zu erkennen, dass die Identifizierbarkeit einzelner Spurengaskonzentrationen durch Änderung der
Elementdicke verbessert wird (Abb. 2.20 b). Bei beiden Darstellung in Abbildung 2.20
sind allerdings die hinteren Extremitäten verdeckt, was trotz Dickenänderung nicht kom-
pensiert werden kann. Hier hat der Benutzer die Möglichkeit, die Elemente interaktiv zu
drehen oder sie transparent zu setzen, um so den bestmöglichen Eindruck des Gesamtbil-
des zu erhalten (siehe Abschnitt 2.5.3.6).

Andere Variationsmöglichkeiten wie Änderung der Größe bzw. Länge aller Extremitäten oder des Basiskörper-Extremitäten-Verhältnisses führen hingegen in vielen Fällen zur
Verschlechterung der Identifizierbarkeit der Profilverläufe, wenn die für niedrige Werte
dünneren Stick-Figure-Elemente durch die dadurch erfolgende Überlagerung schlechter
zu erkennen sind.

Eine weitere Variante ist die Abbildung der Spurengaswerte durch die Länge der Extremitäten bzw. des Basiskörpers. Abbildung 2.21 zeigt Variante **L** (Length), bei der der
Abfall der Ozonkonzentration (Basiskörper) in Richtung Nordpol sowie für geringe und

große Höhen ebenfalls gut zu erkennen ist. An den genannten Stellen, vor allem in der Nähe der Erdoberfläche, sind die Basiskörper aufgrund der geringen Konzentrationswerte entsprechend verkürzt. Die Profilverläufe der anderen Spurengaskonzentrationen können ebenfalls gut nachvollzogen werden. Auch hier ist durch die kurzen Extremitäten für geringe Werte deren Verlauf deutlich ausgeprägt.

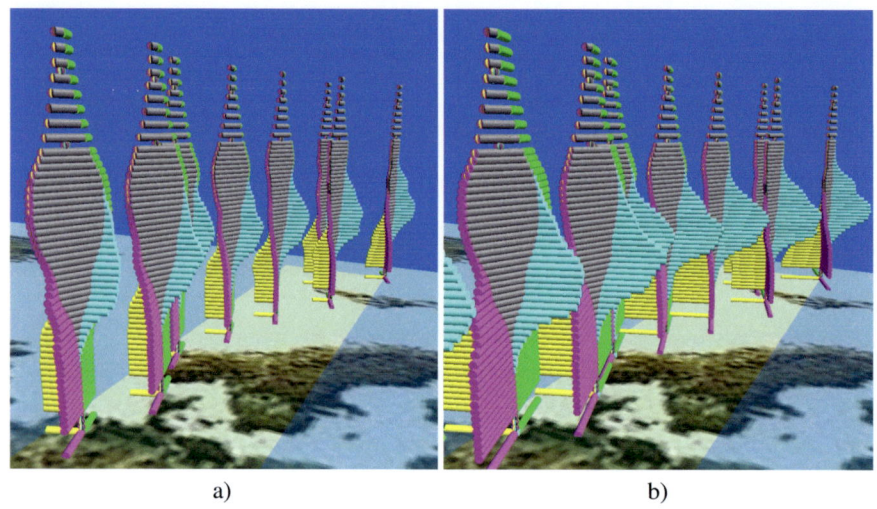

a)   b)

Abbildung 2.21: Stick Figures: Variante **L** (Length). a) mit Basiskörper-Extremitäten-Verhältnis von 0.5 und b) von 1.0. Farbzuordnung: grau=O_3, magenta=F-12, gelb=F-11, blau=HNO_3, grün=SF_6.

Wie aus Abbildung 2.21 b) deutlich wird, kann durch die interaktive Anpassung des Basiskörper-Extremitäten-Verhältnisses eine beträchtliche Verbesserung der Identifizierbarkeit von Profilverläufen erreicht werden, vor allem bei solchen, bei denen mit Ausnahme des Maximalbereichs nur relativ niedrige Werte in Z-Richtung vorliegen. Allerdings kann es dann zu unerwünschten Überdeckungen der Geolokationen kommen.

Variante **L+T** (Length+Thickness) verbindet nun die beiden positiven Eigenschaften der Kürzung und der Dickenänderung der Teileelemente (Abbildung 2.22). Dadurch, dass beide Eigenschaften zuviel vorhandene visuelle Informationen durch Größenänderung reduzieren, wird infolgedessen das Hauptinteresse der Profilvisualisierung in den Vordergrund gerückt: die Lage der Minima und Maxima der Spurengase. Dabei ist bei größeren Basiskörper-Extremitäten-Verhältnissen und geringfügig geänderter Elementdicke auch der restliche Verlauf der Spurengase besser zu erkennen. In Abbildung 2.22 b) wird gegenüber Abbildung 2.22 a) beim Spurengas SF_6 (grün) deutlich, dass auch in größeren

Höhen die Konzentration ungefähr konstant bei einem Drittel des Maximums bleibt. Allerdings ergeben sich auch hier in niedrigeren Höhen unerwünschte Überlagerungen und Überdeckungen der Elemente, was durch ein interaktives Drehen der Szene oder der Elemente reduziert werden kann.

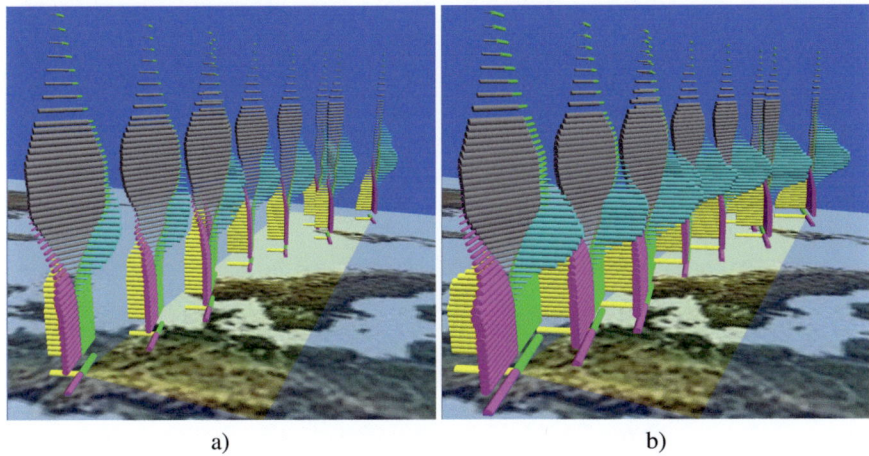

a)   b)

Abbildung 2.22: Stick Figures: Variante **L+T** (Length+Thickness) mit Basiskörper-Extremitäten-Verhältnis von 0.5 (a) und 1.0 (b). Farbzuordnung: grau=O_3, magenta=F-12, gelb=F-11, blau=HNO_3, grün=SF_6.

2.5.4.2   Varianten mit parameterabhängiger Basiskörperdrehung und festen Extremitätenwinkeln

Eine weitere Variante mit festen Extremitätenwinkeln ist die ausschließliche Drehung des Basiskörpers in Abhängigkeit vom gewählten Spurengas. Ziel dabei ist es, das ausgewählte Spurengas in das Zentrum der Betrachtung zu rücken, indem es auf den Winkel des Basiskörper zu dessen Ursprungslage abgebildet wird. Die Extremitäten werden mit festem Winkel von 45° fixiert und die Spurengasprofile können über die Länge, die Dicke oder die Kombination aus beiden Varianten durch die Extremitäten repräsentiert werden.

Die beiden Varianten **BA+L** (Body Angle+Length) und **BA+L+T** (Body Angle+Length+Thickness) sind in Abbildung 2.23 a) und b) zu sehen. Neben den Extremitäten wird auch der Basiskörper zusätzlich über die Dicke und die Länge abgebildet.

Dadurch können Korrelationen leichter erkannt werden, als wenn der Basiskörper ausschließlich gedreht wird. Vor allem die wertabhängige Länge wirkt sich positiv aus. Allerdings bleibt der Umstand bestehen, dass ein ausgeprägtes räumliches Vorstellungsvemögen des Betrachters erforderlich ist, um Zusammenhänge sicher erkennen zu können. Weiterhin bieten beide Varianten leider keinen Informationsgewinn gegenüber den Varianten ohne Basiskörperdrehung.

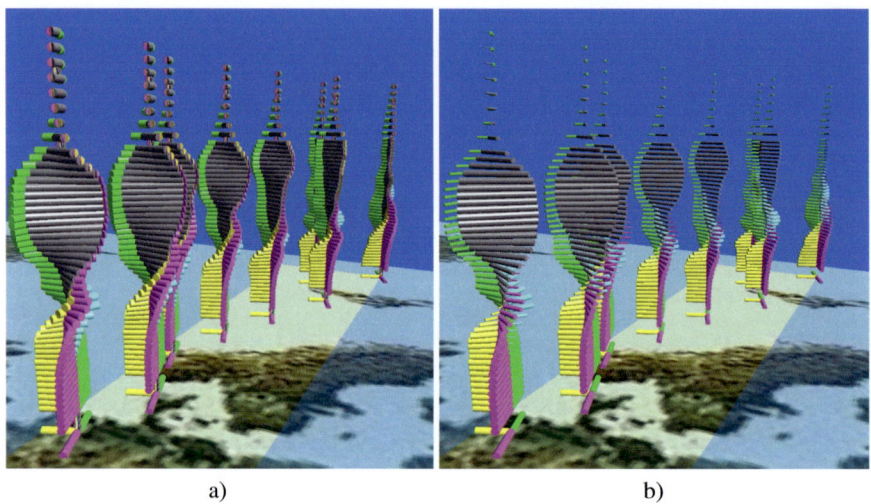

a)   b)

Abbildung 2.23: Stick Figures: a) Variante **BA+L** (Body Angle+Length) und b) Variante **BA+L+T** (Body Angle+Length+Thickness) . Farbzuordnung: grau=O_3, magenta=*F-12*, gelb=*F-11*, blau=HNO_3, grün=SF_6.

2.5.4.3   Varianten mit parameterabhängigen Basiskörper- und Extremitätenwinkeln

Im Gegensatz zu den Varianten ohne Basiskörperdrehung erscheinen die Varianten mit Basiskörperdrehung (**A**, **A+L**, **A+T** und **A+L+T**, absolut oder relativ) zunächst teilweise sehr unübersichtlich.

Bei allen Varianten mit Basiskörperrotation macht sich negativ bemerkbar, dass sich die Extremitäten um die Enden des Basiskörpers drehen und zusätzlich der Basiskörper selbst gedreht wird. Dadurch wird es dem Betrachter erschwert, einen Profilverlauf korrekt nachzuvollziehen. Auch das reine Absolutsetzen der Extremitätenwinkel (siehe Abschnitt 2.5.3) führt selten zu einer wesentlich besseren Identifizierbarkeit der Spurengasprofile. Erst der Einsatz derjenigen Varianten, welche die Abbildung der Parameterwerte auf Länge und/oder Dicke als zusätzliche Veränderliche anbieten, kann zu einer offensichtlichen Verbesserung führen. Das kann mit den Varianten **A+T** (Angle+Thickness), **A+L** (Angle+Length) sowie **A+L+T** (Angle+Length+Thickness) erreicht werden.

Abbildung 2.24 zeigt die Variante **A** (Angle), welche die einzelnen Spurengaswerte ausschließlich über den Winkel zum Basiskörper abbildet. Dem Basiskörper selbst wird ebenfalls ein Spurengaswert über dessen Winkel um die Z-Achse seines lokalen Koordinatensystems zugeordnet. Alle Geometrieelemente besitzen die selbe Dicke, alle Extremitäten
zusätzlich die selbe Länge. Die Variante **A** mit ausschließlicher Drehung aller Teilelemente einer Stick Figure bietet auf den ersten Blick kaum sicher identifizierbare Informationen. Lediglich Korrelationen zwischen einzelnen Spurengasprofilen können teilweise
deutlich sichtbar sein.

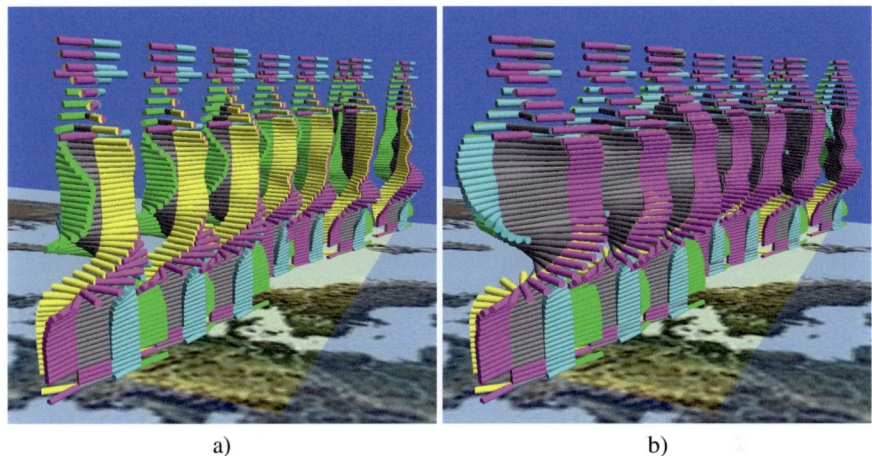

a)   b)

Abbildung 2.24: Stick Figures: Variante **A** (Angle) relativ (a) und absolut (b). Farbzuordnung: grau=O_3, magenta=*F-12*, gelb=*F-11*, blau=HNO_3, grün=SF_6.

Während die Profilverläufe in Abbildung 2.24 b) durch Absolutsetzen der Extremitätenwinkel (siehe Abschnitt 2.5.3.1) noch recht gut zu erkennen sind, bereitet die sichere Identifikation der Verläufe in Abbildung 2.24 a) bei Extremitäten, die mit dem Basiskörper
mitgedreht werden (relative Winkel), weit größere Schwierigkeiten. Lediglich in Bereichen, in denen sich die Spurengaswerte mit zunehmender Höhe nur wenig ändern, ist ein
deutlicher Verlauf zu erkennen wie beispielsweise für SF_6 (grüne Elemente).

Je nach Datensatz lassen sich durch die zusätzliche Abbildung der Parameter über die
Dicke der Elemente Verbesserungen der Identifizierbarkeit der Profilverläufe erreichen.
Die Variante **A+T** zeigt in Abbildung 2.25 a) sehr gut den Abfall der Ozonkonzentration
in Richtung Nordpol sowie die geringen Werte in der Nähe der Erdoberfläche.

Die niedrigen Parameterwerte werden durch immer dünner werdende Teilelemente nahezu
ausgeblendet. Durch eine solche Art von Filterung können nun die Verläufe der anderen
Spurengase deutlicher erkannt werden. Zwar werden Verläufe gut erkannt, welche sich

deutlich ändern, jedoch werden Profile mit gleichmäßig geringen Werten teilweise nur sehr unklar dargestellt. Je dünner dabei die Teilelemente sind, desto weniger lässt sich auf den tatsächlich repräsentierten Wert schließen.

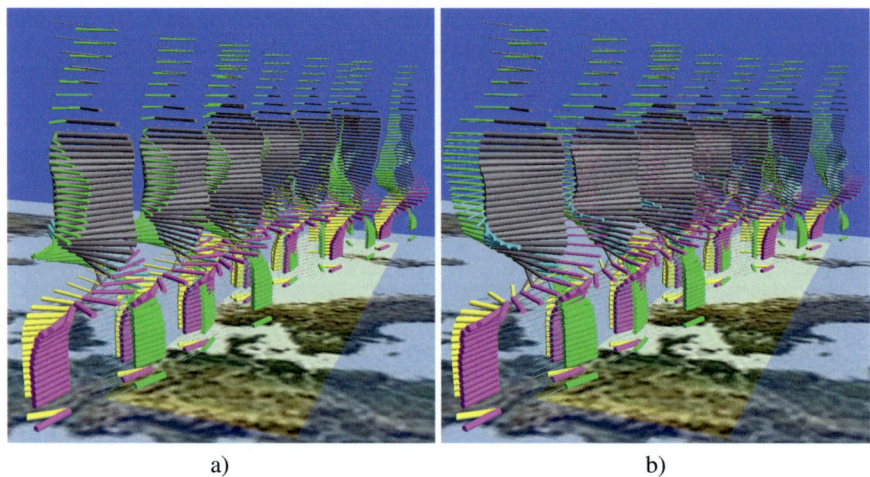

a)   b)

Abbildung 2.25: Stick Figures: Variante **A+T** (Angle+Thickness) relativ (a) u. absolut (b). Farbe: grau=O_3, magenta=F-12, gelb=F-11, blau=HNO_3, grün=SF_6.

Das Absolutsetzen der Winkel bei Variante **A+T** führt für den gewählten Datensatz eher zu einer Verschlechterung der Identifizierbarkeit, da es zu zahlreichen Überlagerungen der Elemente kommt (Abbildung 2.25 b). Für den gegebenen Datensatz und die Variante **A+T** kann jedoch durch einfache interaktive Anpassung der Elementgrößen und der vertikalen Abstände eine deutliche Verbesserung der Abbildung der Profilverläufe erreicht werden. Abbildung 2.26 zeigt die selben Stick-Figure-Elemente wie in Abbildung 2.25 mit zusätzlicher Reduktion der Elementgrößen sowie der vertikalen Abstände.

Auch die Verwendung der Elementlänge (Variante **A+L**) zur Abbildung der Spurengaswerte führt bei Varianten mit Basiskörperdrehung zu einer Verbesserung der Erkennbarkeit der Profilverläufe, wobei vor allem die Stellen der Extremwerte gut zu erkennen sind (Abb. 2.27 a). Wesentlich besser sind die Profilverläufe mit Variante **A+L+T** (Abb. 2.27 b) nachzuvollziehen. Dadurch, dass niedrige Parameterwerte nun zusätzlich die Stick-Figure-Elemente bis zur Nichtwahrnehmbarkeit verkürzen, können sowohl die Profilverläufe als auch Korrelationen zwischen den einzelnen Verläufen klarer identifiziert werden.

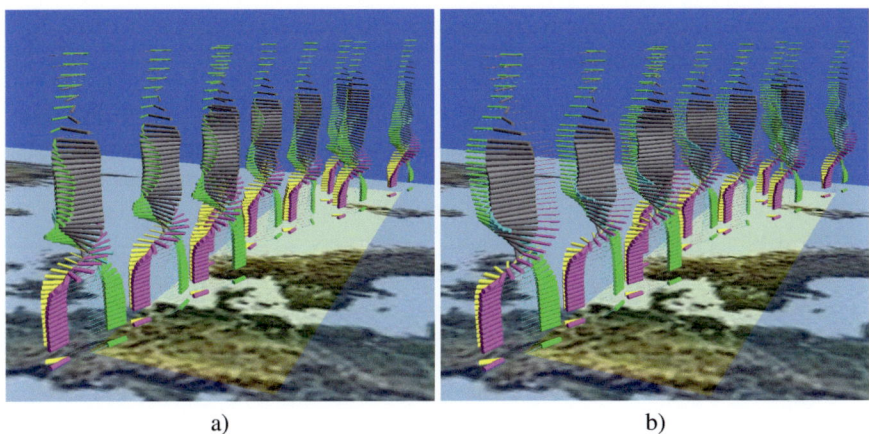

a)   b)

Abbildung 2.26: Stick Figures: Variante **A+T** (Angle+Thickness) relativ (a) und absolut (b) nach Reduktion der Elementgrößen sowie der vertikalen Abstände. Farben: grau=O_3, magenta=$F\text{-}12$, gelb=$F\text{-}11$, blau=HNO_3, grün=SF_6.

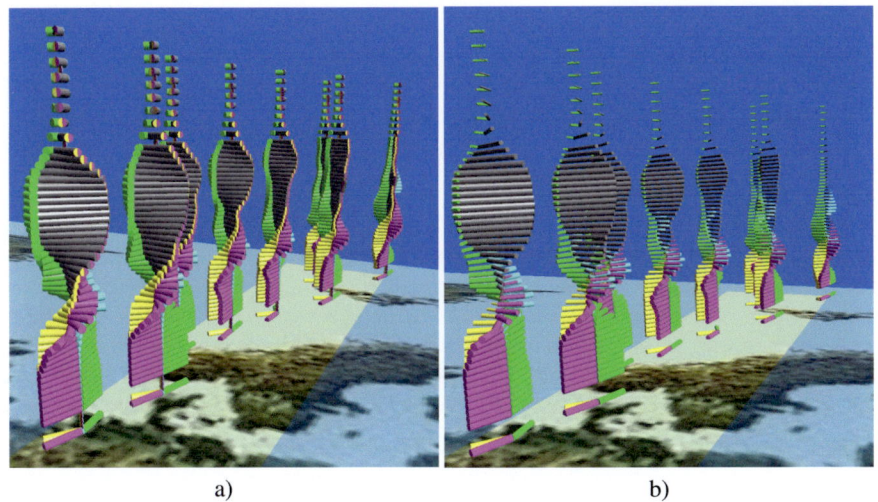

a)   b)

Abbildung 2.27: Stick Figures: a) Variante **A+L** (Angle+Length) und b) Variante **A+L+T** (Angle+Length+Thickness). Farbzuordnung wie Abb. 2.26.

2.5.4.4   Varianten mit parameterabhängigen Extremitätenwinkeln und festem Basiskörperwinkel

Abschließend zeigen die Abbildungen 2.28 a) bis d) die Varianten ohne Basiskörperwinkel **EA** (Element Angle), **EA+L** (Element Angle+Length), **EA+T** (Element Angle+Thickness) sowie **EA+L+T** (Element Angle+Length+Thickness). Dabei findet eine Drehung ausschließlich für die Extremitäten relativ zum Basiskörper entsprechend ihrer Parameterwerte statt.

Bei der einfachen Variante **EA** wird der Basiskörper sowohl in der Länge als auch in der Dicke fixiert. Entsprechend ist es irrelevant, welches Spurengas durch den Basiskörper abgebildet wird. Die Variante **EA** wird ausschließlich dazu verwendet, zwei bis vier Spurengasprofile direkt gegenüberzustellen, um Korrelationen leichter zu erkennen. Die Gegenüberstellung kann durch Verwendung der Farbüberlagerung (s. Abschnitt 2.5.3.4) für bis zu vier Spurengasprofile verstärkt oder auf acht Spurengasprofile erweitert werden, wobei dann die in Abschnitt 2.5.3.4 erläuterten Probleme der Identifizierbarkeit auftreten.

Wird weiterhin die Länge oder die Dicke durch die Parameterwerte abgebildet, so kann zusätzlich der Basiskörper mit einem Spurengas belegt werden. Während bei der Längenabbildung (Abb. 2.28 b) die Profilverläufe noch sehr gut zu erkennen sind, wirkt Abbildung 2.28 c) etwas unübersichtlich, vor allem bei den niedrigen Werten für den Basiskörper in geringen und gößeren Höhen.

Erst die Kombination aus festem Basiskörperwinkel und der Abbildung der Werte über die Dicke und Länge der Stick-Figure-Elemente führen wiederum zu einer Verstärkung der einzelnen Profilverläufe (Abbildung 2.28 d).

2.5.5   Fazit

Achtzehn neue Varianten (vierzehn grundsätzliche Varianten sowie absolutes und relatives Drehen der Extremitäten relativ zum Basiskörper bei allen vier Grundvarianten, bei denen sowohl Basiskörper als auch die Extremitäten gedreht werden) für die Visualisierung von fünf oder mehr Parametern durch Stick Figures bieten zwar eine Vielzahl von Abbildungsmöglichkeiten im 3D-Raum an, bei genauer Betrachtung erweisen sich jedoch nur einige wenige Varianten für die Visualisierung von Profildaten als besonders geeignet.

Während diejenigen Varianten schwierig zu interpretieren sind, bei denen sowohl der Basiskörper als auch die Extremitäten entsprechend der Parameterwerte rotiert werden, vermitteln gerade diejenigen einen positiven Eindruck, welche überzählige visuelle Informationen auf „natürliche" Weise reduzieren. Das sind diejenigen Varianten, bei denen die Parameterwerte durch Länge und Dicke der Extremitäten abgebildet werden oder diejenigen Varianten, bei denen der Basiskörper nicht gedreht wird (Varianten **L**, **T**, **EA**, und Kombinationen davon).

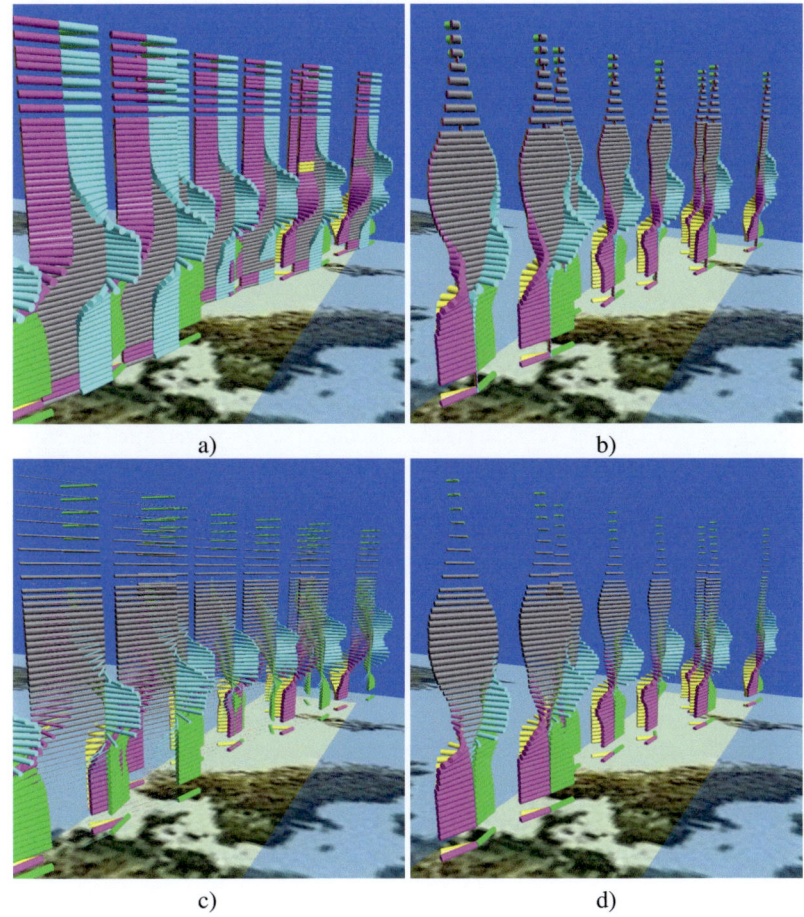

a)   b)

c)   d)

Abbildung 2.28: Stick Figures: Varianten mit festem Basiskörperwinkel:
        a) Variante **EA** (Extremity Angle),
        b) Variante **EA+L** (Extremity Angle+Length)
        c) Variante **EA+T** (Extremity Angle+Thickness) und
        d) Variante **EA+L+T** (Extremity Angle+Length+Thickness).
        Farbzuordnung: grau=O_3, magenta=$F\text{-}12$, gelb=$F\text{-}11$, blau=HNO_3,
        grün=SF_6.

Allerdings bieten die Varianten mit parameterabhängigen Extremitätenwinkeln dann eine bessere Alternative, wenn einzelne Extremitäten interaktiv ausgeblendet werden und somit die teilweise übergroße Informationsfülle vom Benutzer selbst reduziert wird. Beispiele hierfür stellen die Abbildungen 2.10 und 2.11 dar.

Für das Erkennen von Korrelationen eignen sich die Varianten ohne Rotation des Basiskörpers in den meisten Fällen am besten. Grund dafür ist, dass sich der Betrachter auf den Vergleich einzelner Profilverläufe konzentrieren kann, ohne eine oft störende Rotation des Basiskörpers – was den visuellen Eindruck erheblich beeinflussen kann – beachten zu müssen. Für die meisten Datensätze bieten sich besonders die Varianten **L+T** (Length + Thickness) an sowie Kombinationen aus **L**, **T** und **EA**.

Zusätzliche Überlagerungen von farbkodierten Profilen, welche auf die Extremitäten ausgeführt werden können, sind nur für wenige vom Benutzer ausgewählte Extremitäten sinnvoll, da die Abbildung ansonsten oftmals stark überladen wird. Hinzu kommt, dass hier die individuelle Fähigkeit des Betrachters ausschlaggebend ist, Farben und Farbunterschiede bzw. Farbverläufe eindeutig und in angemessener Zeit interpretieren zu können. Farbüberlagerungen können dann zur Verstärkung des Erkennens von Profilverläufen dienen, wenn für jede Extremität und für den Basiskörper die jeweils selben Spurengase sowohl auf die Länge bzw. Dicke als auch auf die Farbe abgebildet werden.

Kommen weitere Effekte wie parametergrößenabhängige Helligkeitswerte hinzu, so können teilweise beträchtliche Verbesserungen der Aussagekraft einer Abbildung auftreten, indem die interessierenden Bereiche zusätzlich aufgehellt bzw. abgedunkelt werden.

In allen Fällen ist der Einsatz von Stick Figures im dreidimensionalen Raum nur dann sinnvoll, wenn der Benutzer experimentell und interaktiv die jeweils passendste Variante sowie die optimale Größe und Kombination der verfügbaren Werkzeuge ermittelt. Daneben ist für eine Datenanalyse das interaktive Drehen der Szene und der einzelnen Elemente unerlässlich, was durch den Einsatz von Animationswerkzeugen auf einfache Weise automatisiert werden kann (siehe auch Abschnitt 4.3).

2.6   Glyphen

Zur Darstellung mehrdimensionaler Daten wurden Glyphen bisher ausschließlich im zweidimensionalen Raum eingesetzt. Die relativ einfachen Elemente (siehe Abschnitt 1.2.4.3) bieten sich allerdings auch für den dreidimensionalen Raum an, wenn es sich um die Visualisierung mehrdimensionaler Datenpunkte handelt. Ebenso wie bei den Stick Figures oder dem Scatterplot werden die Koordinatenwerte für die Positionierung der Elemente im Raum verwendet. Darüber hinaus können an den räumlichen Positionen beim Glyphen beliebig viele weitere Parameter dargestellt werden. Die Grenze wird dabei von der minimal auflösbaren Darstellung des Grafiksystems sowie der visuellen Fähigkeit des Betrachters gesetzt, einzelne farbige Bildpunkte voneinander unterscheiden zu können.

Während es sich im zweidimensionalen Bereich um ebene Elemente handelt, bietet es sich an, die Glyphen im dreidimensionalen Bereich mit einer durch den Benutzer einstellbaren Höhe zu versehen, um für Profilverläufe einen besseren räumlichen Eindruck zu erzeugen.

Die Änderung der Elementhöhe führt zu zwei unterschiedlichen Elementtypen: bei ausschließlicher Änderung der Höhe an der lokalen Z-Achse ergeben sich Teilkegel während die Änderung der gesamten Teilflächen parallel zur Z-Achse zu Teilzylindern führt. Bei minimaler Höhe der räumlichen Elemente wird eine nahezu ebene Abbildung erreicht.

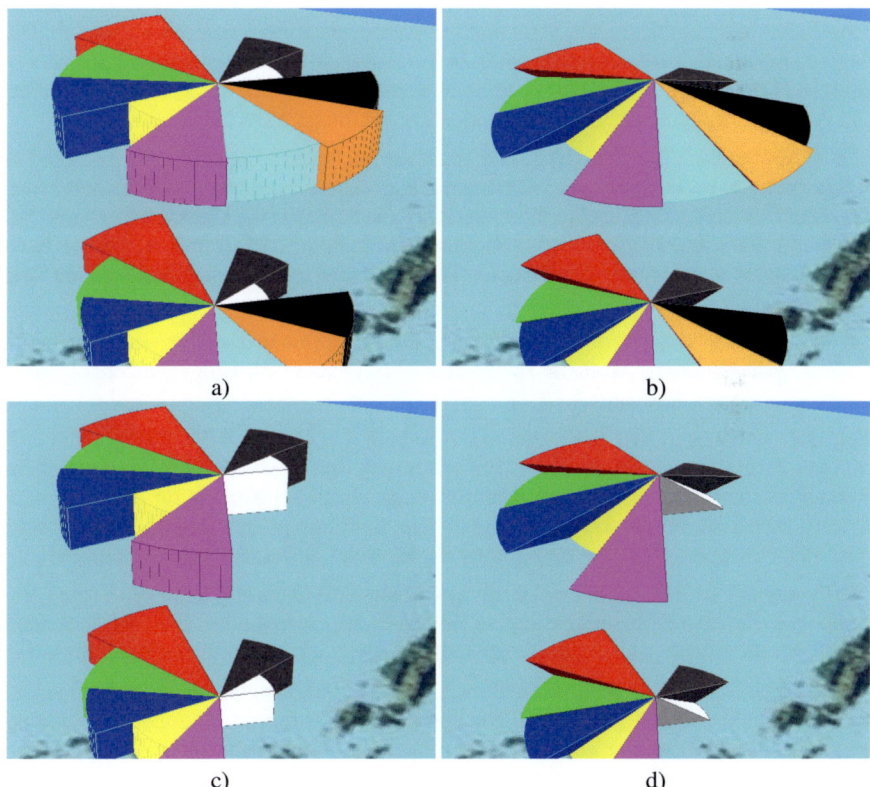

a)   b)

c)   d)

Abbildung 2.29: 3D-Glyphen: Detailansicht a) als Teilzylinderdarstellung und b) als Teilkegeldarstellung mit vollständiger Parameterliste. c) und d) zeigen die selben Teilzylinder und Teilkegel mit auf der rechten Seite ausgeblendeten Elementen.

Da weiterhin größere Wertebereiche zwischen den Parametern auftreten können, muss es möglich sein, einzelne Teilelemente bzw. deren Parameterwerte ausblenden und gleichzeitig die Elemente relativ zu ihrem lokalen Koordinatensystem drehen zu können.

In Abbildung 2.29 werden mehrere Glyphen im Originalabstand zueinander dargestellt. Hier ist der Aufbau eines 3D-Glyphen gut zu erkennen. Jeder Teilkreis, welcher einen Parameterwert repräsentiert, wird als räumlicher Körper (Teilkegel bzw. Teilzylinder) erzeugt. Er besteht aus mehreren Untersegmenten, um für eine dreidimensionale Darstellung die räumliche Wirkung zu erzielen. Schließlich wird dem Körper eine Farbe zugewiesen, um die Identifikation als Parameterrepräsentation zu ermöglichen.

Da der Körper aus Flächenelementen aufgebaut ist, besitzt er keine sichtbare Begrenzungslinien und hebt sich nicht von einem benachbarten Körper derselben Farbe ab. Die Begrenzungslinien werden deshalb zusätzlich erzeugt und können interaktiv mit einer beliebigen Farbe belegt werden, damit zu hohe Kontraste zwischen den Farben der Flächen und der Begrenzungslinien die Identifikation der Parameter nicht behindern.

Wie in Abbildung 2.29 a) und b) gut zu erkennen ist, können Elemente, die kleinere Parameterwerte repräsentieren, von Elementen mit größeren Parameterwerten verdeckt werden. Durch Ausblenden einzelner Elemente wird die Sicht auf die kleineren Elemente frei und somit deren Identifizierbarkeit ermöglicht (Abbildung 2.29 c) und d). Ebenso kann durch Ausblenden einzelner Elemente der Fokus auf wenige verbleibende Elemente bzw. Parameter gelegt werden.

Zur Identifikation von Profilverläufen können die Z-Positionen der Glyphen proportional skaliert werden, um die Abstände zueinander für eine aussagekräftige Darstellung anzupassen (siehe auch Abschnitt 2.3.1.4).

Abbildung 2.30 zeigt den Datensatz aus Abschnitt 2.5 (Teilorbit Nr. 8278) durch 3D-Glyphen dargestellt. Durch die visuelle Überlagerung der Glyphen bei geringerem Höhenabstand zueinander entsteht so der Eindruck eines einzelnen Körpers für einen Parameterwert. Durch die Fläche der einzelnen Glyphen bzw. durch die Dicke des entstandenen „virtuellen" Körpers lässt sich sehr gut der Profilverlauf einzelner Parameter ablesen.

Die Erzeugung der Elemente erfolgt mit einer Standardfarbzuordnung, wobei deren Berandungen die selbe Farbe mit geringerer Helligkeit zugeordnet wird. Die Farbzuordnung sowohl für die Körper als auch die Berandungen lassen sich interaktiv stufenlos anpassen.

In Abbildung 2.30 wurde der Dickenfaktor 1.0 (a) und 10.0 (b) eingestellt. Auffällige Unterschiede zeigen sich in größeren Höhen und durch die aufgrund der Schattierung dunkler werdenden Elemente in geringen Höhen, was vor allem beim Spurengas SF_6 (grün) deutlich wird. Die größeren Dicken sind lediglich dann von Vorteil, wenn – messtechnisch bedingt – unterschiedliche und größere vertikale Abstände zwischen den Elementen vorliegen. Auch die Dicke der Elemente kann für eine optimierte Darstellung interaktiv eingestellt werden.

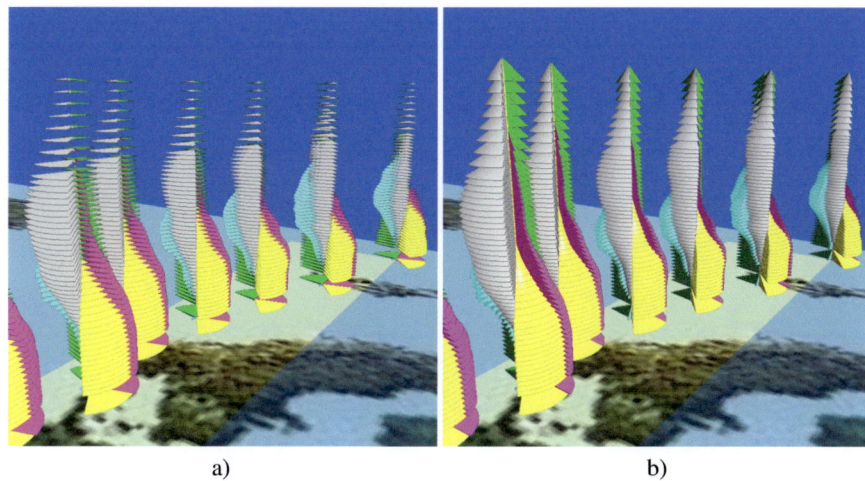

a)   b)

Abbildung 2.30: 3D-Glyphen mit unterschiedlichen Elementdicken: a) Faktor 1.0 und b) Faktor 10. Farbzuordnung: grau=O_3, magenta=F-12, gelb=F-11, blau=HNO_3, grün=SF_6.

Die Wahl der Art der Geometrieelemente (Teilzylinder oder -kegel) wirkt sich auf die Identifizierbarkeit der Profile relativ wenig aus. Die Zylinderdarstellung vermittelt dem Betrachter einen etwas dichteren Eindruck, wogegen die Teilkegelelemente eine filigranere Repräsentation der Profile liefert (Abbildung 2.31 a) und b).

Die selbe Abbildung verdeutlicht den Transparenzeffekt für die Teilkegeldarstellung. Die einzelnen, bisher verdeckten Profile sind nun teilweise gut zu erkennen. Allerdings sind auch hier die Abbildungen mit Transparenzeffekt weniger dazu geeignet, Profilverläufe klar zu identifizieren. Der Transparenzeffekt eignet sich eher für statische Bilder, bei denen alle Profile sichtbar sein müssen.

Es wird deutlich, dass die Berandungslinien und die Wahl ihrer Farbe einen wesentlichen Einfluss auf die Deutlichkeit der Profile ausüben. Eine Verstärkung des Transparenzeffekts ergibt sich auch hier durch interaktive Rotation der Szene oder der Elemente.

Glyphen können prinzipiell flächen- oder radienproportional dargestellt werden (siehe Abschnitt 1.2.4.3). Abbildung 2.31 c) zeigt denselben Datensatz als flächen- und Abbildung 2.31 d) als radienproportionale Glyphen. Der einzige deutliche Unterschied ist, dass die Oberflächen der radienproportionalen Glyphen bei niedrigen Parameterwerten verhältnismäßig stark verkleinert sind.

Zwar widerspricht das in den meisten Fällen der menschlichen Wahrnehmungsfähigkeit für durch geometrische Größen repräsentierte Parameter, jedoch werden die Profilver-

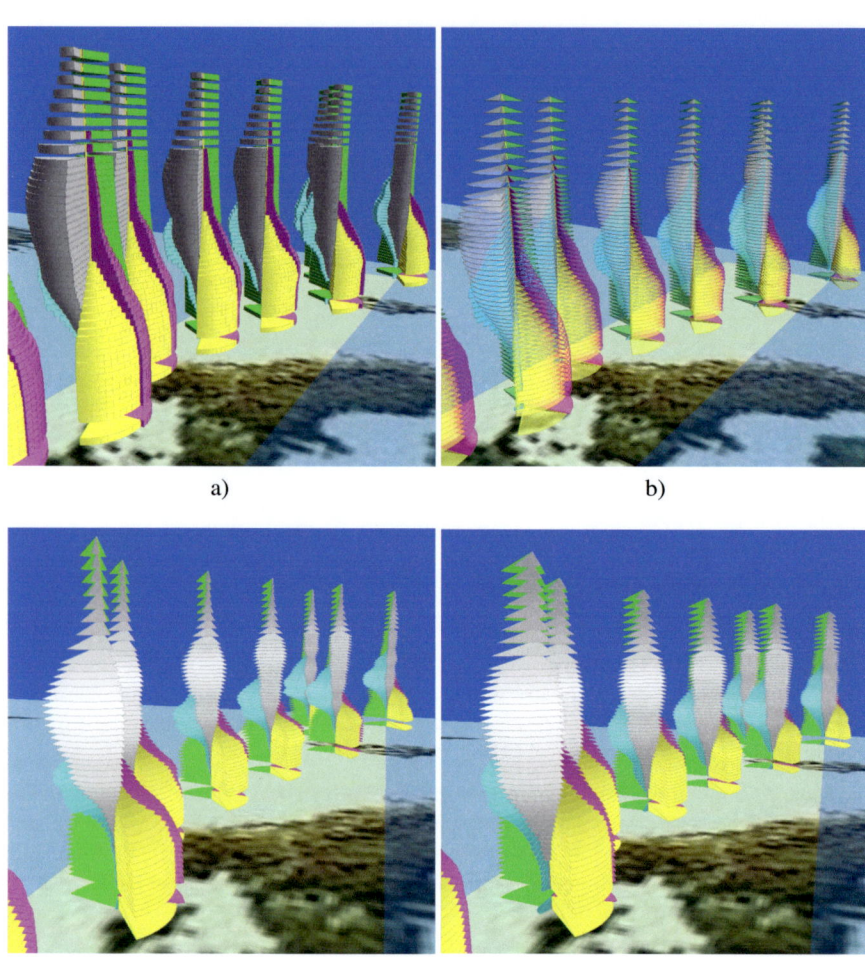

Abbildung 2.31: 3D-Glyphen: a) Teil-Zylinder als Geometrieelement,
              b) Transparenz beim Teilkegel,
              c) radienproportionale Darstellung mit Helligkeitseffekt und
              d) flächenproportionale Darstellung mit Helligkeitseffekt.
              Farbzuordnung: grau=O_3, magenta=$F\text{-}12$, gelb=$F\text{-}11$, blau=HNO_3,
              grün=SF_6.

läufe durch die kleineren Flächen bei geringeren Werten deutlicher sichtbar und wirken gegenüber den flächenproportionalen Glyphen insgesamt taillierter, was bei sämtlichen Spurengasverläufen deutlich wird. In beiden Fällen wurde zusätzlich der Helligkeitseffekt angewandt (siehe Abschnitt 2.3.1.1), was gerade bei Glyphen zu einer Verbesserung der Abbildung führt.

Die Variation der Elementhöhe führt demgegenüber nur in wenigen Fällen zu einer Verbesserung der Darstellung. Die selbe Erfahrung wurde mit dem Einsatz des einstellbaren Schattierungseffekts gemacht. Die durch die Lichtquelle nicht beleuchteten Teilflächen werden zwar korrekt dunkler bis schwarz gezeigt, jedoch ist eine wirkliche Aufwertung der Visualisierung nur durch interaktives Drehen der Geolokationen oder der gesamten Szene zu beobachten.

2.7 Data Jacks im 3D-Raum

Dreidimensional aufgebaute Data-Jack-Elemente wurden bereits in Abschnitt 1.2.4.4 vorgestellt. Für die vorliegende Arbeit wurden zwei von [Cox90] leicht abgewandelte Data Jacks entwickelt. Für die Extremitäten wurden sowohl Kegel als auch Zylinder eingesetzt. Grund hierfür ist, dass mit runden Elementen die Standardschattierung des Grafiksystems besser genutzt werden kann, um einzelne Elemente leichter voneinander unterscheiden zu können.

Abbildung 2.32 zeigt beide Varianten gegenübergestellt. Der mittig liegende Würfel wird lediglich für ein besseres Gesamtbild verwendet, er besitzt ansonsten keine weitere Funktion. Sämtlichen Würfelseiten können mit einem Kegel- oder Zylinderelement belegt werden. Dabei repräsentiert die Länge des Elements den zugrunde liegenden Parameterwert.

Dadurch lassen sich mit Data Jacks nicht nur vier separate Parameter darstellen wie bei [Cox90], sondern zwei weitere Parameter auf der Ober- und Unterseite des Würfels. Die Problematik besteht allerdings darin, dass sich die einzelnen Data-Jack-Elemente bei geringen Abständen überlagern und dabei die beiden weiteren Elemente praktisch in den benachbarten Data Jacks verschwinden. So sind in Abbildung 2.33 die vertikalen Elemente durch die jeweils darunterliegenden Elemente verdeckt und nur die Spitze des obersten Elements ist zu sehen.

Das Verschwinden durch Überlagerung kann verhindert werden, indem die Data Jacks um ihre lokalen X- und Y-Achsen gedreht werden. Die so entstehende Neigung der Data Jacks lässt die Identifikation der durch die Anordnung der Elemente erzeugten Profilverläufe – wenn auch etwas eingeschränkt – zu. Abbildung 2.34 a) zeigt die Data Jacks mit dem aus Abschnitt 2.5 bekannten Datensatz, bei denen die Data-Jack-Elemente um jeweils 30° geneigt wurden, um den Profilverlauf des fünften Parameters erkennen zu können. Durch die Neigung sinkt für die meisten Teilelemente deren Helligkeit, da sie von der Lichtquelle weggedreht werden oder davor liegende Teilelemente den Lichtstrahl abfangen.

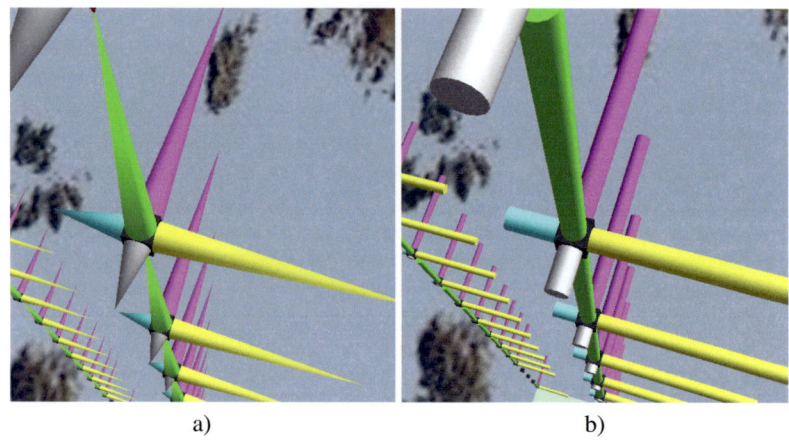

Abbildung 2.32: 3D-Data-Jacks: a) Kegeldarstellung b) Zylinderdarstellung.

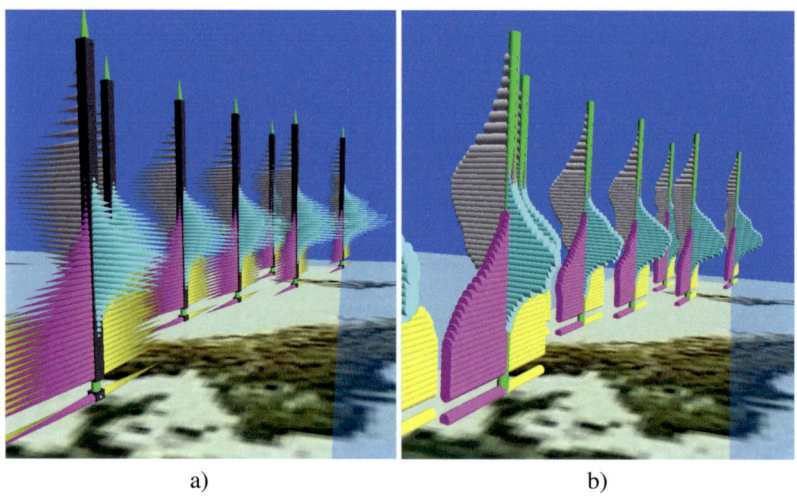

Abbildung 2.33: 3D-Data-Jacks: a) Kegeldarstellung und b) Zylinderdarstellung für einen
realen Datensatz. Farbzuordnung: grau=O_3, magenta=F-12, gelb=F-11,
blau=HNO_3 und grün=SF_6.

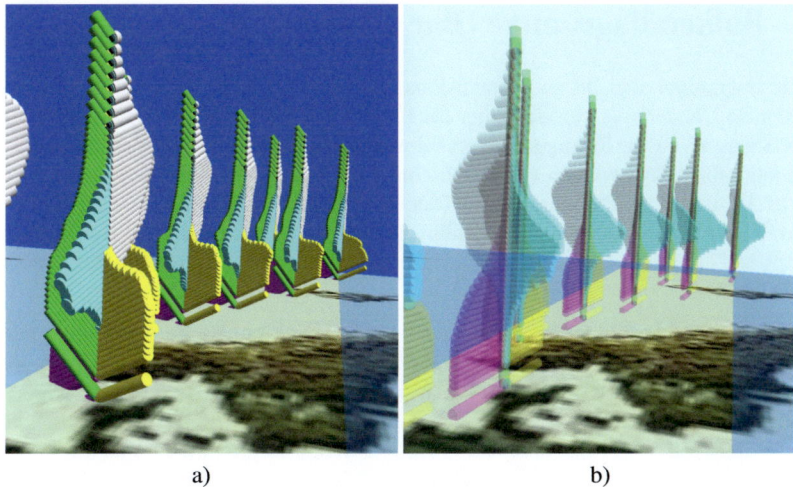

a)   b)

Abbildung 2.34: 3D-Data-Jacks: a) Zylinderdarstellung mit um 30° geneigten Elementen und b) Verwendung von Transparenz. Farbzuordnung: grau=O_3, magenta=*F-12*, gelb=*F-11*, blau=HNO_3 und grün=SF_6.

Bei der dreidimensionalen Data-Jack-Darstellung sind die Vorteile der gewählten Geometrieart gut zu erkennen. Während die Kegeldarstellung durch die Zwischenräume, welche die Spitzen verursachen, den Blick auf die dahinter liegenden Extremitäten teilweise ermöglicht, sind bei der Zylinderdarstellung die Profile durch die „geschlossene" Flächenansicht deutlicher zu erkennen.

Werden zusätzlich die Elemente geneigt, so sind zwar nun die Profile der – je nach Neigungsrichtung – durch die Elemente auf der Ober- und Unterseite repräsentierten Parameter sichtbar, was jedoch stark zu Lasten der Deutlichkeit der anderen Profile geht. Zusäzlich findet durch die neue Orientierung der Elemente eine optische Verschiebung der Maxima statt, was zu Fehlinterpretationen beim Vergleich zweier Profilverläufe führen kann. Hier ist es sinnvoller, ausschließlich horizontale Extremitäten mit den zu vergleichenden Profilen zu belegen, was durch den Benutzer interaktiv auf einfachste Weise vorgenommen werden kann.

Beim Einsatz von Data Jacks im 3D-Raum ist die Verwendung von Transparenz oft sehr hilfreich und ergibt meist gute Ergebnisse. Abbildung 2.34 b) zeigt den Transparenzeffekt bei der Zylinderdarstellung. Die Qualität des Ergebnisses hängt auch hier wiederum von der Farbwahl für den Hintergrund sowie der Teileelemente ab. Kegel als Grundelemente führen aufgrund ihrer dünner werdenden Spitze zu weniger auffälligen Darstellungen.

2.8 Balkendiagramme (Bar Charts)

Balkendiagramme sind im zweidimensionalen Bereich weit verbreitet. Für eine dreidimensionale Darstellung werden bisher die Balken selbst räumlich entwickelt und die gesamte Szene als quaderförmiger Raum veranschaulicht, in dem die Balken aufgestellt oder horizontal abgebildet werden (siehe Abschnitt 1.2.3.1). Da sich Balkendiagramme sehr gut zur Abbildung multidimensionaler Datensätze eignen, lag es nahe, sie für den erweiterten Einsatz im dreidimensionalen Raum zu untersuchen. Ähnlich wie Data Jacks, Stick Figures und Glyphen repräsentieren sie dabei jeweils einen Datensatz an einem bestimmten Ort im Raum.

Als Grundelemente dienen hierbei Quader, die in Höhe und Breite variierbar sind. Die Länge der Quader wird wie bei den bisher bekannten Balkendiagrammen durch die zugehörigen Parameterwerte bestimmt und besitzen zum besseren Vergleich der Werte eine gemeinsame Basisebene. Abbildung 2.35 zeigt zwei einfache Balkendiagramme als Visualisierungselemente, Abbildung 2.36 zeigt die Balkendiagramme für den Vergleichsdatensatz (Teilorbit Nr. 8278). Dort sind acht Spurengase parallel dargestellt. Die einzelnen Profile lassen sich interaktiv vom Benutzer in lokaler X-Richtung verschieben, sodass Profile mit geringeren Parameterwerten im Vordergrund positioniert werden können.

Die Balkendiagramme in den Abbildungen 2.35 und 2.36 wurden aus Flächen mit zusätzlichen Berandungskurven aufgebaut. Bei beiden Geometrieelementen kann zur Optimierung der Darstellung die Farbe angepasst werden, vor allem zur Kontrastreduktion bei standardmäßig schwarzen Berandungen. Nachteilig hierbei ist, dass schräge Linien durch das Grafiksystem oft nur gestrichelt oder mit so genannten Treppenstufen abgebildet werden, was in Abbildung 2.35 besonders gut zu erkennen ist.

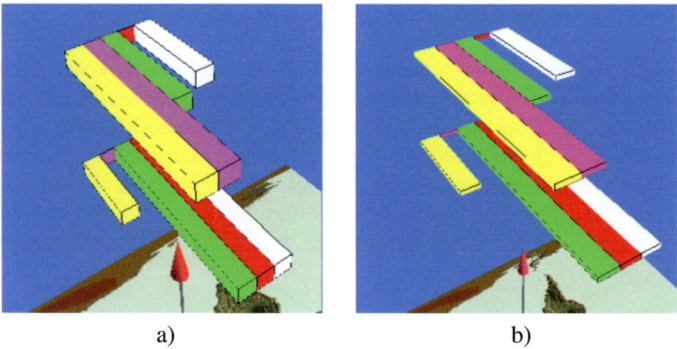

a)   b)

Abbildung 2.35: 3D-Balkendiagramm: Prinzipieller Aufbau als Visualisierungselement. a) Quadratischer und b) rechteckiger Querschnitt

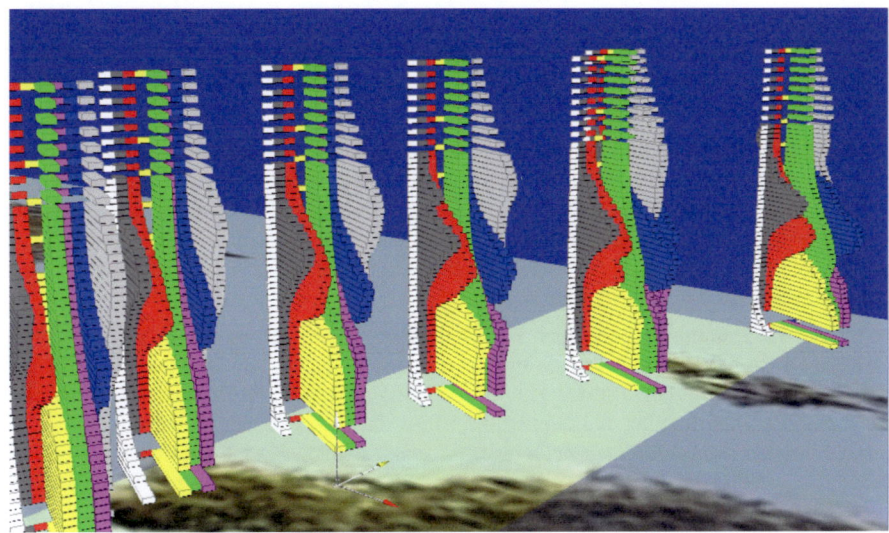

Abbildung 2.36: 3D-Balkendiagramm: Darstellung von acht Spurengasprofilen. Farbzuordnung: weiß=H_2O, dunkelgrau=N_2O_5, rot=$ClONO_2$, gelb=*F-11*,
grün=SF_6, magenta=*F-12*, blau=HNO_3 und grau=O_3.

Ebenso wurden die Balkendiagramme mit Volumenelementen realisiert, womit der Transparenzeffekt besser ausgenutzt werden kann. Andererseits lassen sich bei Volumenelementen die Berandungen nicht separat modifizieren und die Elemente werden durch die
Schattierung aufgrund der ebenen Seiten je nach Lichtquellenposition einseitig sehr dun-
kel gefärbt.

Ein weiterer großer Nachteil der Volumendarstellung bei Balkendiagrammen ist, dass aus-
gerechnet das scheinbar primitive Quaderelement bei Java3D (*Box*) besonders langsam
verarbeitet und schattiert wird, was zu beträchtlichen grafischen Leistungseinbußen führt.
Da die meisten Datensätze leicht die Generierung mehrerer zehntausend Elemente erfordern, ist die Verwendung von Flächen für die Quader des Balkendiagramms vorzuziehen.

2.9 Profilgruppen

Wenn an vielen geografischen Positionen ein mehrdimensionaler Datensatz visualisiert
werden soll, so kann das auch mit Hilfe existierender Geografischer Informationssysteme
realisiert werden. Für das Erkennen von Korrelationen zwischen den unterschiedlichen
Parametern des multidimensionalen Datensatzes ist es in den meisten Fällen erforderlich,

die einzelnen Parameter auf einfache Weise mit unterschiedlichen Techniken abzubilden, Darstellungsattribute wie Farben, Linienstärken usw. interaktiv ändern zu können und die Anordnung der visualisierten Datensätze für eine optimale Identifizierung der Korrelationen leicht anpassen zu können.

Aus diesem Grund wurde in der vorliegenden Arbeit die Profilgruppe als weiteres Visualisierungselement realisiert. Es zeichnet sich dadurch aus, dass der Benutzer des Visualisierungssystems interaktiv zwischen drei Profilanordnungen umschalten, als geometrische Elemente für die Darstellung der Profile Kurven oder Flächen wählen und bei Profilüberlagerungen die Transparenz der Elemente anpassen kann, um so in kürzestmöglicher Zeit zu einem aussagefähigen Ergebnis zu kommen.

Da mehrere Spurengasprofile einer einzelnen Geolokation zugeordnet sind (siehe Abschnitt 1.1.3), bietet es sich an, die Profile zusammenhängend am geografischen Ort der Geolokation abzubilden. Hierfür gibt es die Möglichkeiten, die Profile nebeneinander, konzentrisch oder überlagert in einem einzelnen Basis-Koordinatensystem anzuordnen. Dabei werden die Profile in jeweils einem eigenen lokalen Koordinatensystem in Form eines Linienplots gezeichnet und zu einer Gruppe mit einem gemeinsamen Basiskoordinatensystem zusammengefasst (Abbildung 2.37).

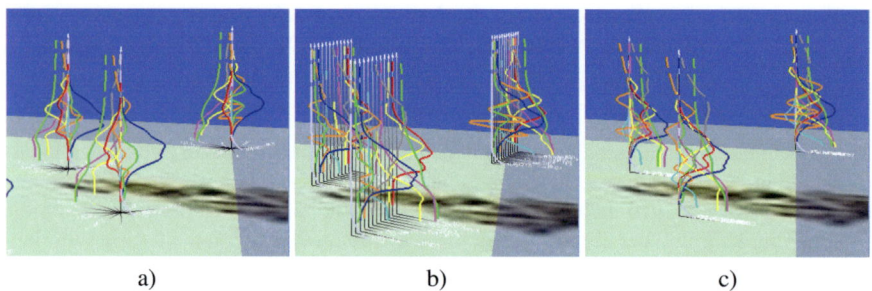

a)   b)   c)

Abbildung 2.37: 3D-Profilgruppe: a) konzentrische, b) parallele und c) überlagerte Linienanordnung für die gleichzeitige Darstellung von zwölf Spurengasen unterschiedlicher Geolokationen.

Weiterhin können Flächen und/oder Linien zur detaillierten Darstellung der Profile eingesetzt werden. Die Flächen werden dabei auf der einen Seite durch die Linien begrenzt, welche dann als Berandungskurven fungieren können, und auf der anderen Seite durch die lokale Z-Achse. Die obere und untere Grenze der Flächen sind durch die vorhandenen Höhenwerte gegeben (Abbildung 2.38).

Die Profilgruppen sind in Höhe, Breite und für die parallele Anordnung in der Distanz zueinander interaktiv modifizierbar. Weiterhin kann die Linienstärke der Linien sowie die Farbe für beide Geometrietypen angepasst werden. Alle Linien und Flächen können verschoben und ausgeblendet werden, um somit bei Bedarf die Übersicht zu erhöhen.

Für jede Profilkurve kann ein eigenes lokales, zweidimensionales Koordinatensystem mit dem entsprechenden Spurengasnamen als Abszissenbezeichnung ein- und ausgeblendet werden, welches für den Betrachter zur Orientierung bzw. zur Abschätzung der relativen Werte dient. Zusätzlich sind alle Profilgruppen entsprechend ihrer Zugehörigkeit zu einer Geolokation separat um die Z-Achse des Basiskoordinatensystems und als gesamte Anordnung im Raum frei drehbar.

Prinzipiell werden bei der Visualisierung durch Profilgruppen so viele Profile erzeugt, wie Parameter bei der Erzeugung vorhanden sind. Abbildung 2.37 zeigt den Vergleichsdatensatz aus Abschnitt 2.2 (Teilorbit Nr. 8278) für zwölf unterschiedliche Spurengase durch Profilgruppen dargestellt.

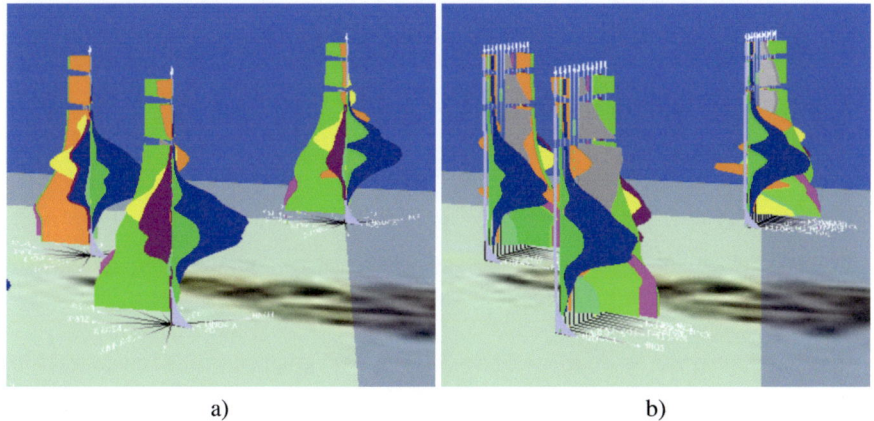

a)   b)

Abbildung 2.38: 3D-Profilgruppe: a) konzentrische und b) parallele Flächenanordnung.

Bei der konzentrischen Anordnung (Abbildung 2.37 a) überlagern sich sämtliche lokale Z-Koordinatenachsen zu einer gemeinsamen Z-Achse, die X-Achsen werden radial vom lokalen Ursprung entfernt aufgetragen. Die parallele Anordnung (Abbildung 2.37 b) entspricht in etwa der Darstellung mit 3D-Balkendiagrammen (siehe Abschnitt 2.8), nun allerdings mit einfachen Profilkurven. In Abbildung 2.37 c) findet die Überlagerung der Profile statt, was einem einfachen 2D-Plot in einem räumlichen Kontext entspricht.

Bei allen Linien-Anordnungen fällt es dem Betrachter allerdings oftmals schwer, einzelne Kurvenverläufe klar zuzuordnen und einzuschätzen, da die hintereinander liegenden Profilkurven und die geringe Dicke der Kurve die Erkennbarkeit der Elemente stören. Hier löst die Verwendung von Flächen das Zuordnungs- und Einschätzungsproblem teilweise (Abbildung 2.38). Die Flächen unterstützen den Betrachter bei der Identifikation der zweidimensionalen Profile im Raum meist besser als die Liniendarstellung.

Während sich manche räumliche Kurvenverläufe nur schätzen lassen, wird eine Fläche durch ihre deutlichen Begrenzungen an der Profilkurve und der Z-Achse klar erkannt. Nachteilig ist hier jedoch, dass größere Flächen die kleineren überlagern und so die Profilgruppen als Elemente gedreht oder die Reihenfolge der Profile in der Gruppe geändert werden müssen, um die sich im Hintergrund befindlichen Profile vollständig – oder zumindest wesentliche Teile davon – sichtbar zu machen.

Für den Fall der Überdeckung von Flächen gewinnt die Darstellung durch zusätzliche Transparenz an Aussagekraft, da die im Hintergrund liegenden Kurvenverläufe durch die im Vordergund befindlichen Flächen hindurch sichtbar sind (Abbildung 2.39).

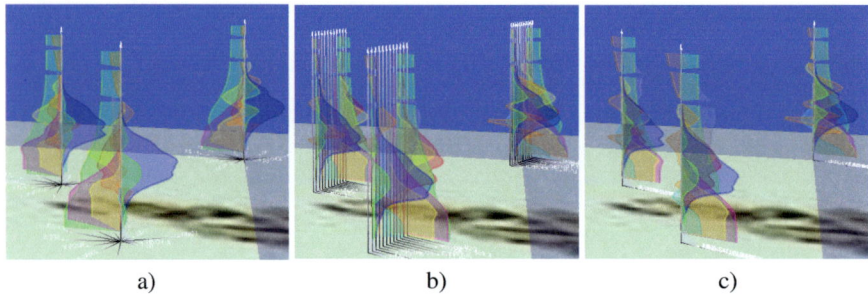

a)   b)   c)

Abbildung 2.39: 3D-Profilgruppe: Verwendung der Transparenz. a) konzentrische, b) parallele und c) überlagerte Flächenanordnung.

Zur Visualisierung von Spurengasverläufen können Profilgruppen sehr gut eingesetzt werden. Durch die einstellbare Transparenz der Flächen und das Ausblenden einzelner Spurengase wird die Erkennbarkeit der Profilverläufe auch bei größeren Datensätzen ermöglicht. Grafiksystem nur die jeweils eingestellte Linienstärke unabhängig von der Entfernung der Profilgruppen von der Bildschirmebene abbilden kann. Das menschliche Auge erwartet hingegen, dass für weiter entfernt liegende Elemente nicht nur deren Größe, sondern auch deren Linienstärke „abnimmt".

Als besonderer Vorteil der vorgestellten Art der Profildarstellung kann gewertet werden, dass hiermit auch sehr große Datenmengen visualisiert werden können, da die Elemente aus relativ einfachen Flächen und Linien aufgebaut sind, welche im Gegensatz zu Volumenelementen (Bar Charts, Stick Figures oder Scatterplot-Kugeln, etc.) nur relativ wenig Speicherplatz beanspruchen.

Alle im vorliegenden Kapitel vorgestellten Visualisierungsmethoden erlauben eine aussagekräftige Darstellung multidimensionaler Profildaten, wobei die Spurengasprofile einer

Geolokation zentral an ihrem geografischen Ort abgebildet werden. Das lässt sowohl die Visualisierung weit verteilter als auch streng zeitlich und räumlich orientierter Datensätze wie Orbits und Teilorbits zu. Allerdings führt die Bindung an den geografischen Ort dazu, dass Spurengasverläufe entlang eines Teilorbits aufgrund des vorhandenen relativ großen Abstands der einzelnen Geolokationen zueinander nur bei optimaler Anordnung und Orientierung der Szene sofort zu erkennen sind.

Dieser Mangel kann durch die Verwendung einer neuen, speziell zur schnellen Darstellung von Spurengasverläufen entlang von Orbits und Teilorbits entwickelten Visualisierungsmethode behoben werden, welche im folgenden Kapitel vorgestellt wird.

Sämtliche Methoden werden in Kapitel 5 detailliert bewertet.

3 Neue Methode zur Darstellung von Profilverläufen: *Parallele Profile*

Bei der Visualisierung der räumlich-zeitlich orientierten Spurengasdaten, die aus Messdaten von MIPAS/ENVISAT berechnet werden, ist die gleichzeitige Darstellung mehrerer Ergebnisprofile für viele Geolokationen ein wichtiger Punkt. Dabei ist von Interesse, dass die Profile auf einfache Weise der ihnen zugrunde liegenden Geolokationen zugeordnet werden können. Deshalb bietet es sich an, beliebig viele zusamenngehörende Ergebnisprofile in einem Konstrukt zu bündeln.

Ein weiterer Aspekt ist die Darstellung von Profiländerungen entlang einzelner Orbits, da viele Berechnungen auf ausgewählten Orbits basieren und Vergleiche der Profile mit von anderen MIPAS-Plattformen (Ballon, Flugzeug) gemessenen Profilen einfacher durchgeführt werden können, da sie aufgrund der Flugstrecke mit ähnlicher Struktur vorliegen.

Bisher ist zur Erzeugung von 2D-Profilverteilungen entlang eines Orbits ein verhältnismäßig großer Aufwand zu leisten. Zudem kann meist nur ein einzelnes Spurengas abgebildet werden. Hier ist ein schnelles Verfahren wünschenswert, das die Zeit zur Erzeugung der Verteilungen drastisch reduziert, das mehrere Spurengase gleichzeitig darstellen und mit dem zusätzlich die Abbildung interaktiv optimiert werden kann. Ein solches Verfahren – Parallele Profile – wird in den folgenden Abschnitten vorgestellt.

3.1 Grundlagen

Die Entstehung der Visualisierungstechnik mit *Parallelen Profilen* geht auf eine Idee aus [Lut87] zurück, Strömungsprofile entlang einer Gasturbinenschaufel sehr anschaulich darzustellen, indem sie entlang der Schaufeloberfläche gezeichnet werden. Die Idee wurde für die vorliegende Arbeit aufgegriffen und um neue Eigenschaften erweitert.

Neben der reinen Darstellung von Höhenprofilen, welche im Wesentlichen nur den Verlauf einer Größe mit der Höhe angibt sowie die Positionen der Minima und Maxima aufzeigt, werden die Änderungen von Profilen mit der Zeit oder entlang einer Strecke meist durch zeitaufwändig zu erzeugende Verteilungsflächen dargestellt.

Eine weit einfachere und vor allem schnellere Methode ist die Nutzung des Höhenlinieneffekts. Der Effekt ist bekannt aus der Geodäsie, wo bei topologischen Karten durch kleinere oder größere Abstände zwischen einzelnen Höhenlinien für den Betrachter ein räumlicher Eindruck bezüglich der Tiefe von Tälern, der Höhe von Erhebungen oder generell von Steigungen oder Gefällen entsteht.

Der räumliche Eindruck kann auf einfache Weise erzeugt werden, indem Höhenprofile nebeneinander gezeichnet werden. Es können unterschiedliche Abstände sein – entsprechend ihrer realen Position – oder sie werden äquidistant positioniert, wobei letzteres zu besseren Ergebnissen führt, da einzelne Profile zu weit voneinander entfernt sein können. Als nächster Schritt wird der Abstand der Profile untereinander reduziert, wodurch sich eine Überlagerung der Wertebereiche der lokalen Koordinatensysteme ergibt. Beim dritten Schritt werden die Profile so lange proportional gedehnt, bis sie sich fast berühren oder auch überlappen.

Das zugrundeliegende Prinzip wird anhand der Skizze in Abbildung 3.1 deutlich gemacht. Auf der linken Seite sind die Profile so angeordnet, dass sie sich gerade noch nicht überlagern (a). Bei b) werden die Profile zusammengeschoben, behalten allerdings ihre Form. Bild 3.1 c) verdeutlicht die horizontale Dehnung und d) zeigt die dadurch entstandene Darstellung.

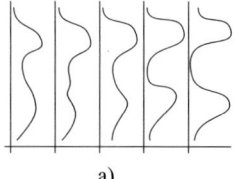 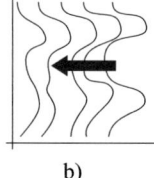 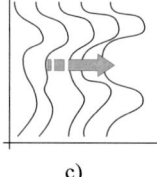 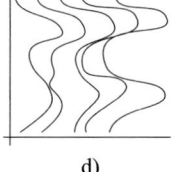

a)   b)   c)   d)

Abbildung 3.1: Parallele Profile: Prinzipskizze der Entstehung von Parallelen Profilen.
a) positionieren, b) verschieben, c) dehnen und d) das Endprodukt.

Da der entstehende visuelle Effekt ausschließlich betrachterabhängig ist, wird die Abstandsreduktion interaktiv am Bildschirm durchgeführt. Zusätzlich zur horizontalen Dehnung kann auch eine vertikale, proportionale Dehnung vorgenommen werden, bei hohen Profilen kann sich der Effekt dadurch vergrößern. Des Weiteren ist für Parallele Profile im 3D-Raum auch die Breite der Profile änderbar, wodurch sich in Kombination mit dem Schattierungseffekt die Aussagekraft der Abbildungen zusätzlich steigern lässt.

Den in den nächsten Abschnitten abgebildeten exemplarischen Visualisierungen mit Parallelen Profilen kann die sehr zeitaufwändig erstellte Spurengasverteilung aus Abbildung 3.2 gegenübergestellt werden, die über die Höhe entlang des Orbits Nr. 2910 aufgetragen ist [Fis05]. Die Abbildung beschränkt sich auf den Verlauf von Chlornitrat ($ClONO_2$) über der südlichen Erdhalbkugel. Sehr gut sind dabei die Stellen der Maxima und Minima von Chlornitrat zu erkennen. Dabei wird in Abbildung 3.2 von [Fis05] eine andere Farbtabelle verwendet, d.h. die Maxima erhalten die Farbe Rot und die Minima die Farbe Blau. Bei den Parallelen Profilen und allen anderen Visualisierungselementen sind die Maxima magenta und die Minima rot eingefärbt.

Sämtlichen Abbildungen auf den folgenden Seiten liegt der selbe Datensatz zugrunde, um die Ergebnisse miteinander und vor allem mit Abbildung 3.2 vergleichen zu können. Es handelt sich um den selben Orbit, der für Abbildung 3.2 verwendet wurde. Die Höhen wurden begrenzt auf den Bereich zwischen 10 und 40 km (zweidimensionales Diagramm)

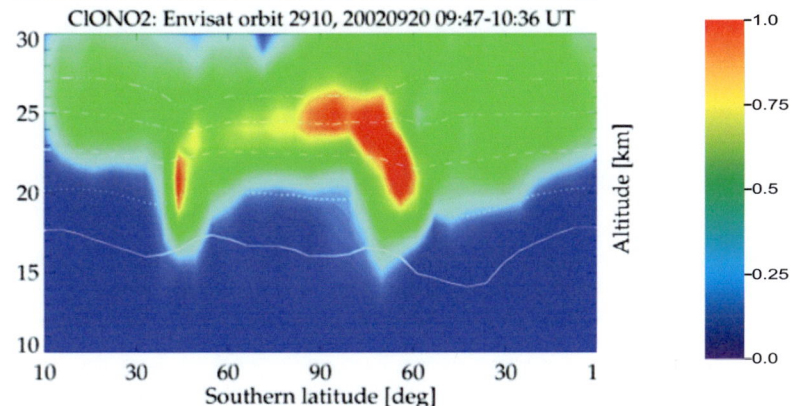

Abbildung 3.2: Darstellung des Spurengases $ClONO_2$ (Chlornitrat) entlang des Orbits Nr. 2910 über der südlichen Erdhalbkugel [Fis05].

bzw. zwischen 10 und 35 km (dreidimensionales Diagramm). Das betrachtete Spurengas ist ebenfalls Chlornitrat ($ClONO_2$). Die Darstellung beginnt auf der linken Seite mit den Geolokationen in Äquatornähe und führt über den Südpol (Mitte) wiederum zum Äquator auf der entgegengesetzten Erdhälfte.

3.2 Parallele Profile im zweidimensionalen Raum

Eine erste Realisierung der Parallelen Profile fand für den zweidimensionalen Raum statt. Jedes Spurengasprofil eines geladenen DataSet2D-Elements (siehe Abschnitt 6.1) wird durch einen Linienzug dargestellt. Der Bezug zur übergeordneten Geolokation bleibt dabei durch die Referenz auf den zugehörige DataSet2D-Element erhalten.

Abbildung 3.3 stellt Chlornitrat des Orbits Nr. 2910 über der südlichen Erdhalbkugel in einer Java2D-Anwendung dar. Die Tatsache, dass beim Zeichnen von Java2D-Elementen mit einfachen *Integer*-Werten gearbeitet wird, führt dazu, dass die Kurvenverläufe deshalb recht ungenau und mit starken Treppeneffekten ausgebildet sind und dass die Abstände aufgrund der Rundung der Koordinaten in *Integer*-Werte je nach Vergrößerung des Diagramms nicht genau gleich erscheinen. Die im Gegensatz dazu verwendete präzisere Angabe der (*Double*-)Werte bei Java3D weist die Ungenauigkeiten nicht auf, hier wird der so genannte Treppeneffekt ausschließlich durch die Auflösung des Ausgabegeräts (Bildschirm, Drucker) verursacht.

In Abbildung 3.3 sind auf der Abszisse für die Geolokationen lediglich die laufenden Nummern angegeben, da die Länge des charakteristischen Namens der Geolokationen

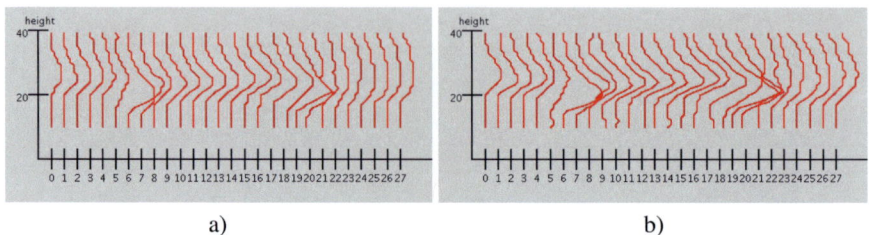

a)   b)

Abbildung 3.3: Parallele Profile: 2D-Darstellung des Spurengases $ClONO_2$ (Chlornitrat) entlang des Orbits Nr. 2910 über der südlichen Erdhalbkugel.
a) Profile ohne Dehnung nach dem Laden, b) Profile mit Dehnung

auf 24 Zeichen festgelegt wurde und somit die Achsenbeschriftung oftmals mehr Raum als das Diagramm selbst einnimmt. Die Geolokationen und deren Profile können einzeln selektiert werden. Auf der linken Seite wurde die Profile nach dem Laden so weit zusammengeschoben, dass sie sich gerade berühren. Bereits durch das Zusammenschieben der Profile werden die Maxima erkennbar. Ein zusätzliches Dehnen der Profile in X-Richtung führt zu einer weitaus deutlicheren Hervorhebung der Maxima (Abbildung 3.3 b).

Bereits mit der recht primitiven 2D-Darstellung können sich auf einfache Weise Profilverläufe entlang Teilorbits gut darstellen. Weit interessanter allerdings sind die Möglichkeiten der Verwendung von Parallelen Profilen im dreidimensionalen Raum.

3.3   Parallele Profile im dreidimensionalen Raum

Im dreidimensionalen Raum besteht nun der große Vorteil, die Parallelen Profile mit Hilfe unterschiedlicher Perspektiven, Elementdicken sowie Farbüberlagerungen einzusetzen. Analog zur Darstellung im zweidimensionalen Raum zeigt Abbildung 3.4 die geladenen und etwas zusammengeschobenen Profile. Gewählt wurde hier die parallele Projektion[1], um zunächst perspektivische Verzerrungen zu vermeiden.

Die Profile werden aus Teilflächen gebildet, welche keine Dicke besitzen. Deshalb wurde die 3D-Szene leicht um die Z-Richtung gedreht, um durch die Schrägstellung der Szene die Profilverläufe deutlicher abbilden zu können. Der Abstand zwischen den einzelnen Profilen ist grundsätzlich konstant (Abstand zwischen den lokalen Koordinatensystemen), einzelne nicht äquidistante Bereiche in Bodennähe stammen sowohl von größeren lokalen Spurengaswerten als auch von der proportionalen Dehnung der Profile.

Werden die Profile zusätzlich mit der Farbe ihrer höhenabhängigen Spurengaswerte überlagert, können weitere Verbesserungen der Erkennbarkeit erzielt werden. Abbildung 3.5

---

[1]Siehe Abschnitt 1.2.6.9

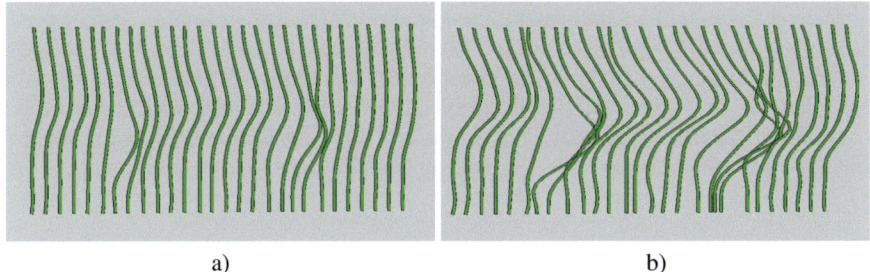

a)   b)

Abbildung 3.4: Parallele Profile: 3D-Darstellung des Spurengases Chlornitrat entlang des
Orbits Nr. 2910 über der südlichen Erdhalbkugel.
a) Profile ohne Dehnung nach dem Laden, b) Profile mit Dehnung

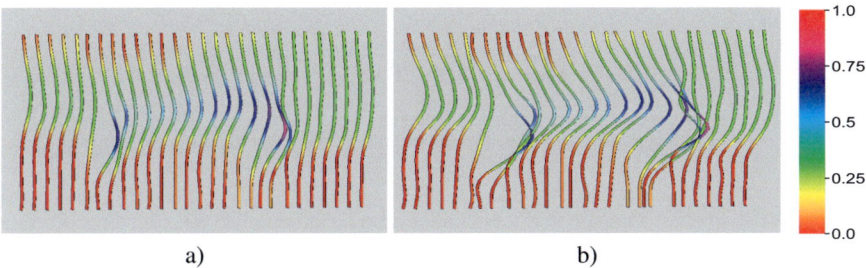

a)   b)

Abbildung 3.5: Parallele Profile: 3D-Darstellung des Spurengases Chlornitrat mit eigener
Farbüberlagerung entlang des Orbits Nr. 2910 über der südlichen Erdhalbkugel mit Parallelprojektion.
a) Profile ohne Dehnung nach dem Laden, b) Profile mit Dehnung

zeigt den Teilorbit aus Abbildung 3.4 mit Farbüberlagerung der eigenen Konzentrationswerte. Durch die Farben können nun die Maxima (Blau bis Magenta bzw. Rot) besser
erkannt werden.

Die Verwendung der perspektivischen Projektion im 3D-Raum führt zu deutlichen optischen Änderungen derjenigen Elemente, welche vom Betrachter aus weiter entfernt im
Raum liegen, um die 3D-Szene möglichst realistisch erscheinen zu lassen. Die optische
Verzerrung kann nun für die Parallelen Profile zusätzlich genutzt werden. Durch interak-
tives drehen der Szene wird die Blickrichtung des Betrachters ständig geändert und die
perspektivische Ansicht führt zu unterschiedlichen Dicken der dargestellten Elemente.
Der dadurch entstehende Effekt sowie die Schattierung der Elemente dient zur weiteren
Verbesserung der Erkennbarkeit der Profile.

Abbildung 3.6 zeigt die Parallelen Profile mit perspektivischer Projektion. Die Profile – durch Flächen mit identischer Elementdicke repräsentiert – werden durch die perspektivische Darstellung außen dicker gezeichnet als in der Mitte der Abbildung. Durch die Schattierung bzw. Aufhellung sind die starken Gradienten des Profilverlaufs noch besser zu erkennen, da die leuchtenden Elementteile den Blick des Betrachters auf sich ziehen. Die Stellen der Maxima sind trotz Überlagerung der Profile sehr gut zu erkennen.

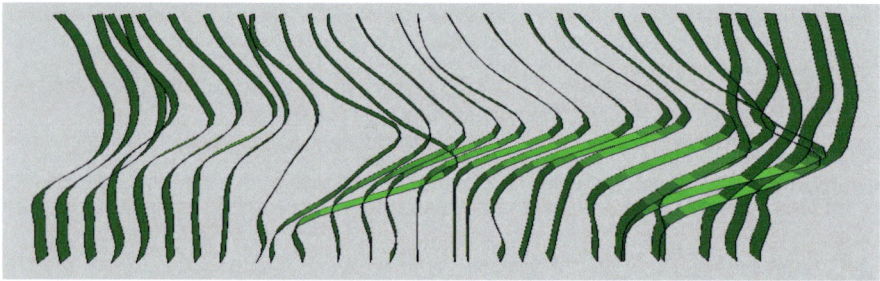

Abbildung 3.6: Parallele Profile: 3D-Darstellung von Chlornitrat mit perspektivischer Projektion entlang des Orbits Nr. 2910 über der südlichen Erdhalbkugel.

Die Parallelen Profile bieten zwei unterschiedliche Möglichkeiten an, Spurengasverläufe direkt miteinander vergleichen zu können: die Nebeneinanderstellung mehrerer Paralleler Profile bis zur Teilüberlagerung und die Überlagerung der Parallelen Profile mit einem zweiten Gas durch Farbüberlagerung. Abbildung 3.7 zeigt die Nebeneinanderstellung zweier Paralleler Profile für die Spurengase Ozon und Chlornitrat. Die Messhöhen wurden dabei auf 40 km erweitert, um den Verlauf von Ozon besser abbilden zu können, dessen Maxima in Höhen von 25 bis 35 km liegen.

Die Grenzen der Methode der Parallelen Profile für zwei nebeneinander liegende Spurengase zeigen sich darin, dass sich der Betrachter in vielen Fällen nur auf einen Profilverlauf konzentrieren kann, um dessen Maxima zu erkennen. Je nach Farbwahl ist der Profilverlauf des anderen Spurengases nicht immer gut zu erkennen. Zusätzlich hängt die Erkennbarkeit der Profilverläufe von der Anordnung der Spurengase ab. Der hinten liegende Profilverlauf ist erwartungsgemäß fast immer schlechter zu erkennen als der vordere, was durch eine geeignete Farbwahl leicht verbessert werden kann. Die Anordnung sowie die Farben können interaktiv vom Benutzer gewählt werden.

Trotz der sich überdeckenden Profilverläufe kann für Ozon erkannt werden, dass am Südpol, d.h. etwa in der Mitte der Abbildung, durch den flacheren Verlauf geringere Konzentrationen vorliegen als in Richtung Äquator (linke und rechte Profile). Die Profile von Chlornitrat profitieren eindeutig vom Beleuchtungseffekt, weshalb dessen Maxima sehr gut zu erkennen sind. Die perspektivische Darstellung (Abbildung 3.7 b) wirkt wegen der

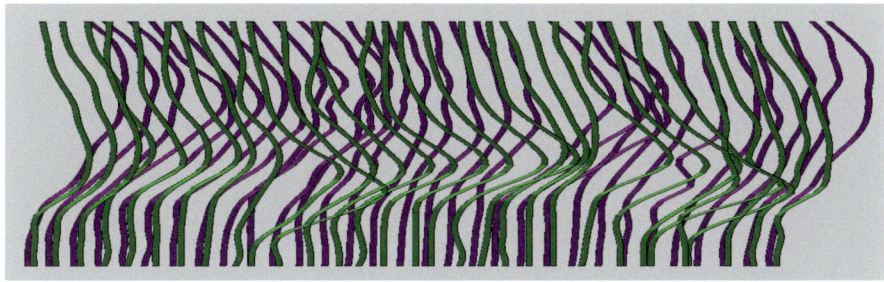

a)

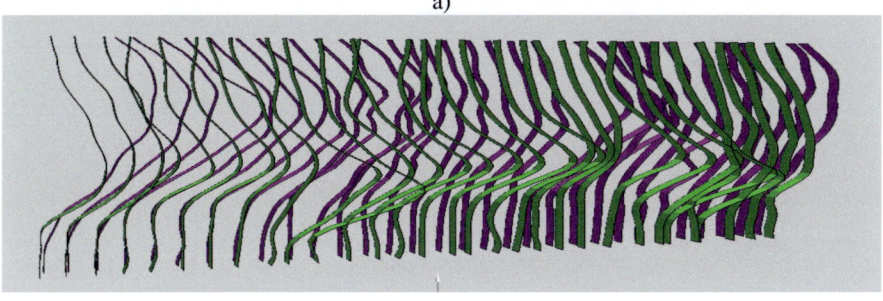

b)

Abbildung 3.7: Parallele Profile: Überlagerung der beiden Profile für Ozon und Chlornitrat. a) mit paralleler und b) mit perspektivischer Projektion entlang des
Orbits Nr. 2910 über der südlichen Erdhalbkugel.

nach links dünner werdenden Elemente etwas weniger überladen und gewinnt dadurch
gegenüber der Parallelprojektion etwas an Klarheit.

Werden mehrere Profilverläufe nebeneinander dargestellt, so müssen interaktiv die am
besten geeigneten Attribute und Anordnungen angepasst bzw. gewählt werden. In Abbildung 3.8 wurde die Ausdehnung in Z-Richtung reduziert und der Abstand der Profilverläufe so weit vergrößert und die Szene so gedreht, dass kaum Überlagerungen entstanden.

Besonders interessante Ergebnisse zeigt die zweite Art der Überlagerung von Parallelen
Profilen: die Überlagerung mit einem zweiten Gas durch die Abbildung seiner Werte über
die Farbe. In Abbildung 3.9 a) sind die Profile für Ozon mit den eigenen Profilwerten
überlagert und in 3.9 b) mit den Profilwerten von Chlornitrat. In beiden Fällen sind die
Maxima und Minima sehr gut zu erkennen, wobei die Extremwertbereiche durch die Dehnung der Profile zusätzlich herausgehoben werden. Sehr gut ist für Ozon die abnehmende
Konzentration am Südpol in der Mitte der Profilreihe zu erkennen, was durch die nur
wenig gekrümmten Profile deutlich auf das so genannte Ozonloch schließen lässt.

Abbildung 3.8: Parallele Profile: Gleichzeitige Darstellung mehrerer Spurengase entlang des Orbits Nr. 2910 (südliche Erdhalbkugel). Farbzuordnung:
grün=$ClONO_2$, magenta=O_3, orange=HNO_3 und gelb=N_2O_5.

In Abbildung 3.9 b) ist deutlich eine Korrelation der beiden Spurengase zu erkennen:
gerade bei beiden Maxima von Chlornitrat befinden sich auch beim Ozonverlauf zwei
außergewöhnliche relative Maxima.

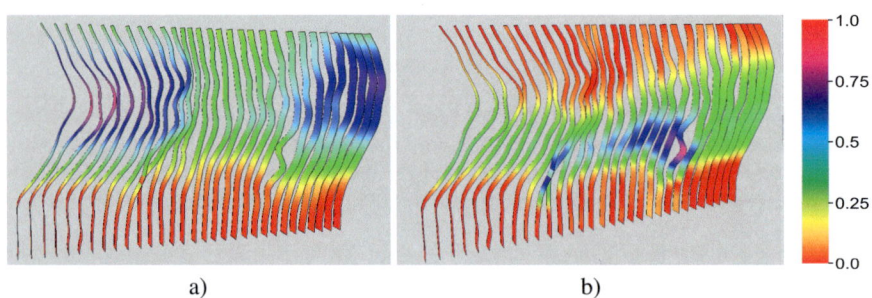

a)   b)

Abbildung 3.9: Parallele Profile: 3D-Darstellung des von Ozon (Profile) mit Farbüberlagerung von Ozon (a) und Chlornitrat (b)

In Abbildung 3.9 sind die einzelnen Profile mit einer relativ geringen Breite abgebildet.
Wird wie in Abbildung 3.10 die Breite weiter erhöht und die Berandung ausgeblendet, so

ergibt sich optisch ein ähnlicher Profilverlauf wie beim Vergleichsbild (Abbildung 3.2). Durch die leichte Schrägstellung der Szene und durch den Verlauf der Profilgeometrie bildet sich ein recht harmonischer Übergang zwischen den Profilen, was Abbildung 3.10 a) verdeutlicht. Die Maxima des Spurengases bleiben durch die Form der Profile deutlicher erkennbar und der optische Eindruck ist meist angenehmer, als wenn die Profile ohne jegliche Dehnung, d.h ausschließlich über die Farbe abgebildet werden (Abb. 3.10 b). Für den Betrachter kann der Eindruck entstehen, nicht einzelne Profile, sondern ein einzelnes Bild zu sehen.

Dem Benutzer werden mehrere unterschiedliche Farbskalen angeboten, die er interaktiv auswählen kann. Wird dieselbe Farbskala verwendet wie bei Abbildung 3.2, so ergibt sich der Farbverlauf von Abbildung 3.11. Aufgrund der geringeren Anzahl angebotener Farben sind die Maxima hier nicht ganz so deutlich ausgeprägt wie in Abbildung 3.10.

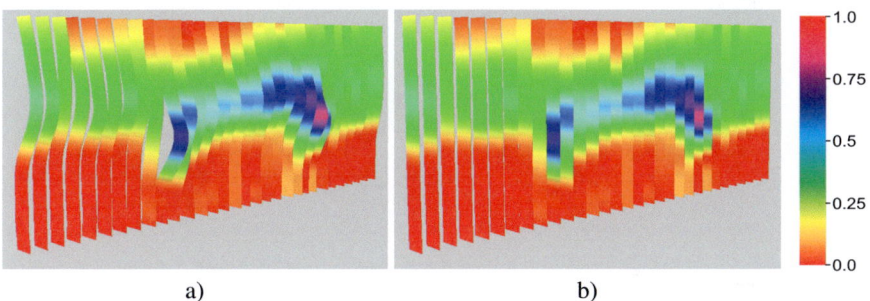

a)   b)

Abbildung 3.10: Parallele Profile: Annäherung der Profildarstellung an ein Verlaufsbild wie Abbildung 3.2. a) mit und b) ohne jegliche Dehnung der Profile

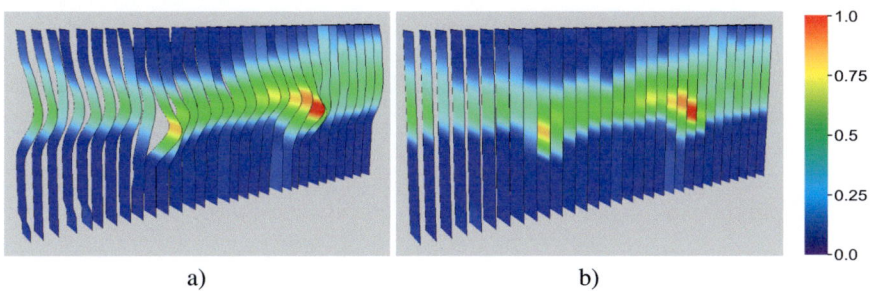

a)   b)

Abbildung 3.11: Parallele Profile: Annäherung der Profildarstellung an ein Verlaufsbild wie Abbildung 3.2 mit angepasster Farbskala. a) mit und b) ohne jegliche Dehnung der Profile

Abbildung 3.12 zeigt die Möglichkeiten der Parallelen Profile, durch Überlagerung mehrere Spurengasverläufe gleichzeitig darstellen zu können. Dabei wird Chlornitrat über die Farbe abgebildet, die Spurengase Ozon (vorne), HNO_3 (Mitte) und N_2O_5 (hinten) liefern die Profilverläufe über die Flächen. Ebenso wie bei der Überlagerung von Ozon mit Chlornitrat lassen sich im mittleren Bereich der Überlagerung von HNO_3 und Chlornitrat (mittlerer Profilverlauf) Korrelationen feststellen.

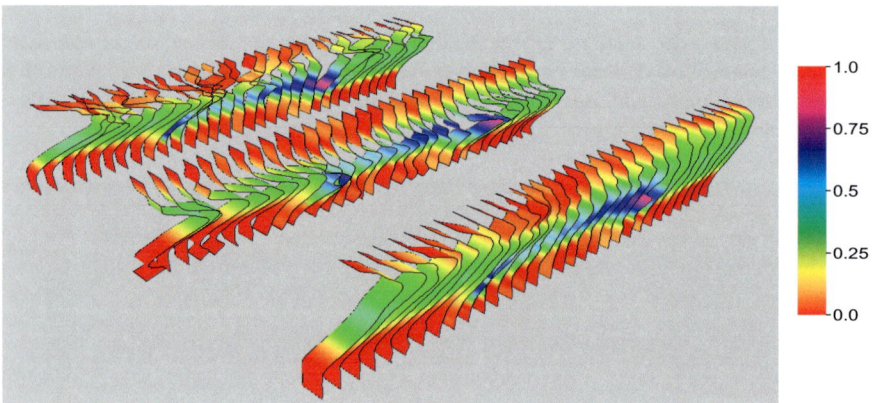

Abbildung 3.12: Parallele Profile: Gleichzeitige Darstellung mehrerer Spurengase. Chlornitrat (Farbe) überlagert die Profilverläufe von Ozon (vorne), HNO_3 (Mitte) und N_2O_5 (hinten).

Schließlich ist es mit Hilfe des Basis-Visualisierers (siehe Abschnitt 2.3.1.6) möglich, alle Profile an ihrem Ursprungsort auf der Weltkarte darzustellen (Georeferenzierung). Dadurch können die Orte der Korrelationen sicher zugeordnet werden. Abbildung 3.13 zeigt die einzelnen Profile der Überlagerung von Ozon (Profile) und Chlornitrat (Farbe) aus Abbildung 3.12 an ihrem Ursprungsort. Im Vordergrund ist das Profil mit der auffälligsten Korrelation zu erkennen.

3.4 Fazit

Mit Parallelen Profilen können auf einfache und sehr schnelle Weise Profilverläufe einzelner und mehrerer Spurengase abgebildet werden. Durch zusammenschieben und dehnen der Profile können die auffälligen und interessanten Bereich von Teilorbits sehr gut identifiziert und interpretiert werden. Korrelationen zwischen einzelnen Spurengasverläufen können sehr schnell und einfach erkannt werden. Durch sehr kurze Antwortzeiten wird

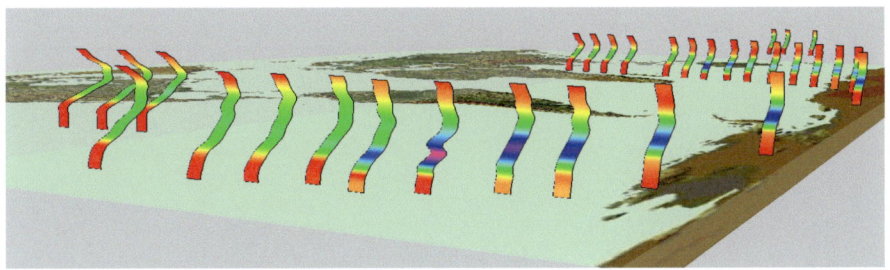

Abbildung 3.13: Parallele Profile: Darstellung von Spurengasprofilen am Messort (Georeferenzierung).

dem Benutzer somit ein Werkzeug in die Hand gegeben, welches die sehr aufwändige Erzeugung von Verlaufsbildern ersetzen kann, vor allem, wenn es darum geht, einen schnellen Überblick über die Qualität von Profilverläufen zu erhalten.

Einziger Nachteil der neuen Methode der Parallelen Profile ist, dass durch die Höhenprofildarstellung ein etwas ungenauer Eindruck der realen, korrekten Position der auffälligen Werte im Diagramm entstehen kann, da die Profile relativ zu ihrem lokalen Koordinatenursprung aufgetragen sind, deren Maxima durch die Dehnung allerdings in einiger Entfernung von der lokalen Ordinatenachse liegen. Der Betrachter muss zur exakten Lokalisierung der Extremwertbereiche deren Verschiebung zur Ordinatenachse hin gedanklich oder interaktiv mit dem gleichzeitigen Verlust der Profildehnung vornehmen oder sich die genaue Position durch ein virtuelles Koordinatensystem anzeigen lassen.

4 Erweiterung von Visualisierungen durch Bewegungsanimationen

Durch den Einsatz von Animationen eröffnen sich dem Betrachter von Visualisierungen neue Möglichkeiten, Zusammenhänge zwischen einzelnen Parametern zu erkennen (s. Abschnitt 1.2.7.1). In der vorliegenden Arbeit werden ausschließlich solche Animationen betrachtet, welche sich durch den Benutzer auf einfachste Weise interaktiv erzeugen und steuern lassen, was eine der Anforderungen an die Visualisierung ist (siehe Kap. 1.1.4).

Grundsätzlich sollen und dürfen dabei keine Werte verändert werden, damit eindeutige wissenschatliche Zusammenhänge identifiziert werden können. Deshalb werden hierbei keine Approximationen oder Interpolationen durchgeführt, welche zwar die Visualisierung optisch verbessern und in den meisten Fällen vervollständigen, die aber wegen ihrer immer bestehenden Ungenauigkeit dem Grundsatz der Wertetreue entgegenstehen. Zudem bezieht sich eine Approximation oder Interpolation der Daten auf die Datenaufbereitung und nicht auf die Animation als solche, da eine Animation selbst prinzipiell ohne Rücksicht auf Inhalte jeden beliebigen gültigen Datensatz darstellen kann.

Grundsätzlich gilt jedoch: eine Animation kann nur so gut sein wie die ihr zugrunde liegenden Daten. Längere Animationen lassen sich nur durch große Datenmengen realisieren und qualitative Änderungen der Parameterwerte sind um so besser erkennbar, desto stärker sich Form und/oder Farbe der Visualisierungselemente im Verlauf der Animation ändern.

4.1 Animationsarten

Für die Bewegung beliebiger und vor allem multidimensionaler Datensätze sind zahlreiche Möglichkeiten denkbar. Prinzipiell lassen sich folgende Arten von Animationen unterscheiden:

1. Einfache Bewegungen im Raum,
2. Animationen zur Darstellung von räumlichen und/oder zeitlichen Änderungen,
3. eine Kombination aus beiden Arten.

Generell handelt es sich um Änderungen, welche ebenso manuell bzw. interaktiv am Bildschirm ausgeführt werden können. Um jedoch eine aufwändige Interaktion zu vermeiden, welche dazu meist zu langsam erfolgt, werden die Änderungen automatisiert durchgeführt. Dabei hängt auch hier der Erfolg einer Animation vom Datensatz sowie von ihrer Art und Geschwindigkeit ab. Für eine fließende Bewegung sind 24-25 Bilder pro Sekunde erforderlich, was bei kleineren Datenmengen meist problemlos erreicht werden kann. Bei großen Datenmengen „ruckelt" die Animation, da der Zeitaufwand zur Darstellung der Änderung zu groß wird.

4.1.1 Bewegungen im Raum

Die einfachste Art der Animation ist die Bewegung einzelner Elemente oder der gesamten Szene im Raum (Abbildung 4.1 a) und b). Der Bedarf an dieser Animationsart ergibt sich sehr schnell, wenn entweder viele Elemente in der Szene platziert sind und somit einzelne Elemente von anderen verdeckt werden oder wenn die Elemente ihre Parameterdaten nicht nur in eine Richtung abbilden (z.B. Stick Figures, Data Jacks oder Glyphen). Ebenso werden animierte Bewegungen im Raum benötigt, wenn Visualisierungselemente eine eigene Rotation zur Abbildung eines Parameterwerts durchführen können (Stick Figures).

Weitere Aspekte sind die bessere geografische Zuordnungsmöglichkeit der Elemente durch das Mitrotieren der Weltkarte sowie die Überbrückung der Grenzen des zugrunde liegenden Grafiksystems, indem die außerhalb der sichtbaren Grenzen der Szene liegenden Elemente durch Rotation teilweise bis vollständig eingeblendet werden können.

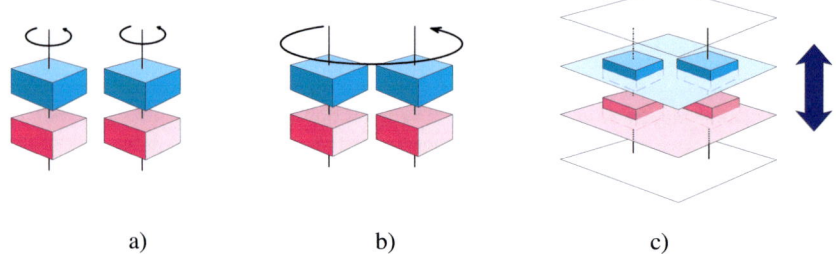

a)   b)   c)

Abbildung 4.1: Basisanimationen: a) Rotieren von Elementgruppen, b) rotieren der gesamten Szene und c) darstellen einzelner Ebenen.

Räumlich animierte Bewegungen zeigen ihre Stärken vor allem im 3D-Raum, da dort die Visualisierungselemente von allen Seiten betrachtet werden können. Im 2D-Raum liegen sämtliche Elemente in einer oder mehreren Ebenen parallel zur X-Y-Ebene. Dort ist in den meisten Fällen nur eine Drehung der Visualisierungselemente sinnvoll. Die Drehung der gesamten Szene führt nur selten zu einer Verbesserung der Erkennbarkeit der Daten (z.B. Kiviatgraphen).

Eine etwas komplexere Animation ist die ausschließliche Darstellung aller Visualisierungselemente einer bestimmten Höhe, da hierbei die nicht auf der aktuell angezeigten Höhenebene liegenden Elemente gleichzeitig ausgeblendet werden müssen (Abbildung 4.1 c). Hierzu muss die vertikal orientierte Datenstruktur (siehe Kapitel 6.1) um horizontale Strukturen erweitert werden. Werden nun sämtliche Höhenebenen mit ihren zugeordneten Elementen nacheinander ein- bzw. ausgeblendet, so entsteht der Eindruck einer räumlichen Bewegung einzelner Elemente, die sich mit zunehmender – oder in ungekehrter Richtung entsprechend abnehmender – Höhe in ihrer Form oder Farbe ändern. Dadurch lassen sich relativ gut Profilverläufe ablesen. Das „Abarbeiten" eines einzelnen Datensatzes lässt sich besonders erfolgreich im 2D-Bereich anwenden, da dort keine Höhe direkt[1] repräsentiert wird. Zur Animation zeitlicher Änderungen im 2D-Raum können die zu visualisierenden Daten so aufbereitet werden, dass jede Höhe einem bestimmten Zeitpunkt entspricht.

4.1.2   Darstellung von zeitlichen Änderungen

Die wohl wirkungsvollste Animation der Profile wird realisiert durch Größen- oder Farbänderungen der einzelnen Visualisierungselemente. Dabei werden entweder die Elemente vollständig durch andere – zeitlich folgende – Elemente ersetzt oder die Parameterwerte der einzelnen Elemente werden mit den entsprechenden zeitlich folgenden Werten neu gesetzt und angezeigt.

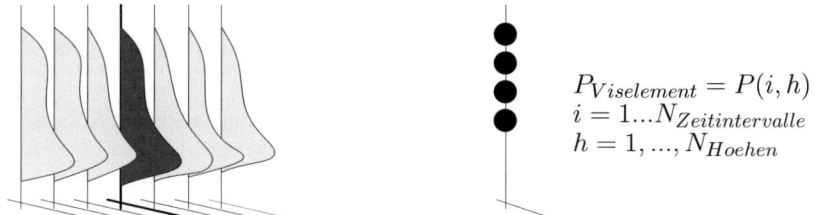

$$P_{Viselement} = P(i, h)$$
$$i = 1...N_{Zeitintervalle}$$
$$h = 1, ..., N_{Hoehen}$$

Abbildung 4.2: Animationsverfahren für Form- und Farbenänderung.
Links: Anzeige nur eines Profils (dunkelgrau) an einem geografischen Ort, wobei die restlichen Profile am selben Ort ausgeblendet sind (hellgrau). Rechts: Setzen mehrerer Parameterwerte für ein Teilelement ($P_{Viselement}$), welches dadurch die Form oder Farbe ändert.

Der erste Fall, die Verwendung von „Ersatzelementen", führt zu einer Vervielfachung sowohl der Elemente innerhalb der Szene als auch des erforderlichen verfügbaren Speichers im Computer, wobei jeweils nur ein Datensatz pro Zeiteinheit sichtbar und die übrigen Datensätze ausgeblendet sind (Abbildung 4.2 links). Eine solche Lösung lässt sich in den meisten Fällen mit relativ geringem Aufwand in ein vorhandenes System integrieren. Viel Rechenzeit wird dabei in die Generierung der Visualisieungselemente und den Aufbau der Datenstrukturen investiert. Ein späteres Ersetzen der Elemente kann dann jedoch schneller vonstatten gehen.

---

[1]Genau genommen handelt es sich um die Draufsicht aus Z-Richtung auf sämtliche Elemente. Zur besseren Unterscheidung und Zuordnung der Daten ist deren Aufteilung in einzelne Ebenen unerlässlich.

Der zweite Fall, das Neusetzen der Parameterwerte, führt zu einer aufwändigen Aufbereitung der Datensätze in der Form, dass für jedes Zeitintervall und jedes Teilelement Parameterwerte zusammengeführt werden müssen, welche dann nacheinander auf die Teilelemente angewandt werden (Abbildung 4.2 rechts). Die Datenaufbereitung ist dabei zwar
aufgrund der Zusammenfassung der Werte aufwändiger, sie benötigt jedoch weit weniger
Speicherplatz, da sich eine Erweiterung lediglich auf die von den Visualisierungselementen referenzierten Parameterwerte erstreckt, bei denen es sich nur um einfache Fließkommazahlen handelt und nicht um ganze Elemente (inklusive Volumen- und Flächen). Die
Ablaufgeschwindigkeit der Animation ist dabei meist etwas langsamer, da die Teilelemente neu mit Werten belegt und – bei Änderung der Gestalt – entsprechend skaliert werden
müssen. Im Anhang (Kapitel A) wird die Vorgehensweise und der Algorithmus für die
Aufbereitung der Daten beschrieben.

4.1.3   Kombinationen

Neben den beiden hauptsächlich verwendeten Animationsarten sind unterschiedliche
Kombinationen denk- und durchführbar. Vor allem im 3D-Raum wird dem Betrachter
dadurch eine erweiterte Sicht auf die abgebildeten Daten ermöglicht:

1. Die einfachste Kombination ist die gleichzeitige Darstellung zeitlicher Änderungen
   der Elemente sowie deren Drehung um die eigene Achse bzw. der gesamten Szene.

2. Eine weitere Kombination ist das ebenenweise Darstellen der Visualisierungselemente mit gleichzeitiger Drehung der Elemente oder der gesamten Szene.

3. Als dritte Kombination bietet sich das ebenenweise Ändern von Form und Farbe der
   Elemente an.

Alle drei vorgeschlagenen Kombinationen können mit dem im Rahmen der vorliegenden
Arbeit entwickelten Visualisierungssystem durch den Benutzer auf einfachste Weise realisiert werden, u.a. deshalb, weil es sich im Basisvisualisierer um die Rotation unterschiedlicher Koordinatensysteme bzw. um das ausschließliche Ein- und Ausblenden einzelner
Gitterebenen handelt (siehe Kapitel 6), welches durch das System gleichzeitig[2] abgearbeitet wird.

4.2   Animationen im 2D-Raum

Die in den Abschnitten 1.2.1 bis 1.2.6 vorgestellten 2D- und 3D-Diagrammtechniken zur
Visualsierung multidimensionaler Satellitendaten können beträchtlich aufgewertet werden, wenn sich die Abbildungen für den Betrachter sichtbar ändern. Durch die Änderung

---

[2]Gleichzeitig im Sinne von „durch den Benutzer wahrnehmbar". Durch das System werden die
Aktionen jedoch sequenziell abgearbeitet.

können Parameterveläufe nachvollzogen werden, für die ansonsten eine große Anzahl einzelner Bilder erzeugt werden müssen. Für ausgewählte 2D-Diagrammtechniken wurden in der vorliegenden Arbeit Animationen entwickelt. Sie werden in den folgenden Abschnitten vorgestellt.

4.2.1   Scatterplot

Als einfaches Beispiel für die Verwendung einer Animation zur Darstellung von räumlichen und/oder zeitlichen Änderungen kann ein zweidimensionaler Scatterplot um die Fähigkeit erweitert werden, die Werte ausschließlich einer virtuellen oder realen Z-Ebene darzustellen. Grundlage bildet hier ein dreidimensionaler Datensatz, der entweder für jede Höhe einzelne Parameterwerte oder für eine bestimmte Höhe die Parameterwerte zu unterschiedlichen Zeitpunkten enthält.

Abbildung 4.3 zeigt die farbliche Änderung von Ozon über die Höhe für einen großen Datensatz einer Spurengasberechnung auf der gesamten Erde. Die Geolokationen sind durch Quadrate mit fester Größe repräsentiert, die entstandenen Streifen in den Scatterplots entstehen durch die Flugbahn des Satelliten ENVISAT sowie der Messbereiche des MIPAS-Instruments. Es sind neun von fünfzig interessierenden Höhen abgebildet.

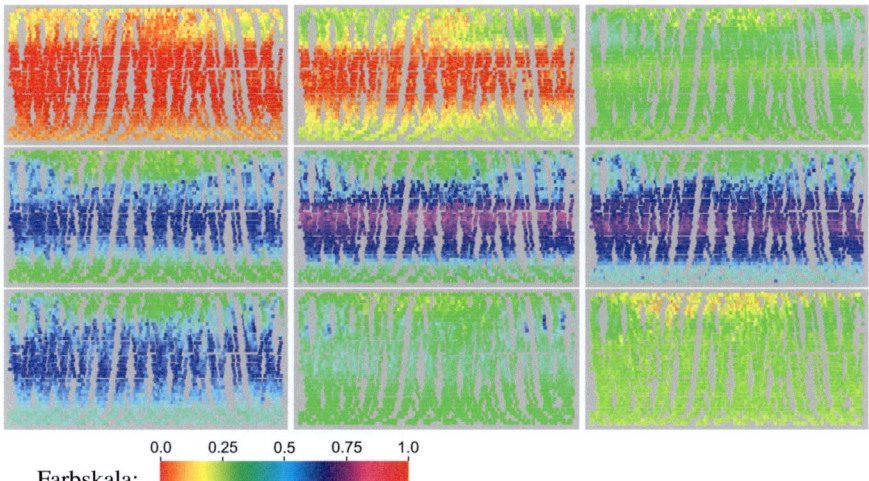

Farbskala: 0.0   0.25   0.5   0.75   1.0

Abbildung 4.3: Animation von Scatterplots: Verlauf von O_3 über der Höhe für Daten vom Dezember 2002. Höhen: obere Reihe 14, 18 und 22 km, mittlere Reihe 26, 30 und 34 km, untere Reihe 38, 42 und 46 km.

Die Bilder werden bei der Animation von links oben nach rechts unten durchlaufen. Werden die Bilder in einem wählbaren Zeitabstand nacheinander abgebildet, so lassen sich wie bei einem Film die Wert- und entsprechend die Farbänderungen in Form von „wandernden" Farbbereichen sehr gut nachverfolgen. Sehr gut ist zu erkennen, dass die Ozonkonzentration in geringeren Höhen an den Polen höher ist. Ab ungefähr 20 km ist überall auf der Erde eine ähnliche Ozonkonzentration zu erkennen und in Höhen über 20 km sind die Konzentrationen an den Polen niedriger als am Äquator. Besonders interessant ist derjenige Nordpolarbereich, der in weiten Teilen Kanada, Grönland und Nordeuropa überdeckt, wo in sämtlichen Höhen geringere Ozonkonzentrationen gemessen wurden als in anderen Gebieten der selben Breitengrade.

Die Abbildung zweier unterschiedlicher Parameter lässt sich durch einen Scatterplot dadurch bewerkstelligen, dass der erste Parameterwert über die Größe der Elemente und der zweite Parameterwert über die aus einer Farbtabelle entnommene Farbe abgebildet wird.

Abbildung 4.4 verdeutlicht die geografische Verteilung des für den Beispielfall zugrunde liegenden Datensatzes, der zur Veranschaulichung der Animation geladen wurde. Es handelt sich um einen größeren Datensatz aus der MIPAS/ENVISAT-Datenbank für die Spurengase HNO_4 und $ClONO_2$, überwiegend gemessen zwischen Februar und März 2004. Entlang der Küste Westafrikas bis Europa liegen zusätzlich einige Daten von 2003 vor. Der betrachtete geografische Bereich erstreckt sich für die Animation von -60°westlicher bis 180°östlicher Länge und von -40°südlicher bis 90°nördlicher Breite (blaues Rechteck).

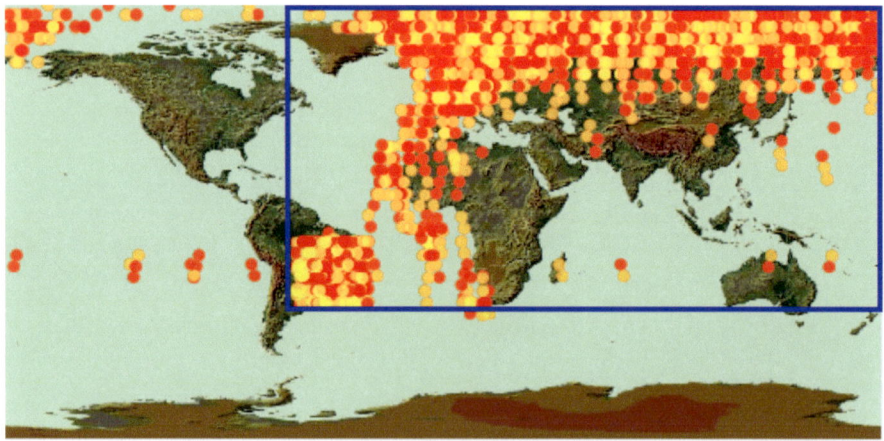

Abbildung 4.4: Animation von Scatterplots: Beispieldatensatz für die zwei Spurengase HNO_4 (gelb) und $ClONO_2$ (rot).

In Abbildung 4.5 sind die Daten des Scatterplots für einzelne Höhenebenen zu sehen. Dabei wird HNO_4 auf die Größe der Visualisierungselemente abgebildet, die hier in Form von Quadraten vorliegen und $ClONO_2$ durch Farben einer Farbskala. Durch die große Datendichte kommt es an mehreren Stellen zu Überlagerungen, was für die Darstellung von Spurengasverläufen oftmals ein erwünschter Nebeneffekt bedeutet.

Sehr gut ist in den Bildern zu sehen, dass $ClONO_2$ vorwiegend im Nordpolargebiet und bei 20 bis 25 km seine Maxima besitzt. HNO_4 dagegen besitzt seine Maxima zwischen 25 und 35 km, wobei die Maxima eher in mittleren geografischen Bereichen zu finden sind. Über 35 km fällt die Konzentration von $ClONO_2$ stark ab (rot).

Analog zu einfachen Scatterplots können auch Scatterplotmatrizen durch Abbilden einzelner Höhen animiert werden, was in der vorliegenden Arbeit realisiert wurde.

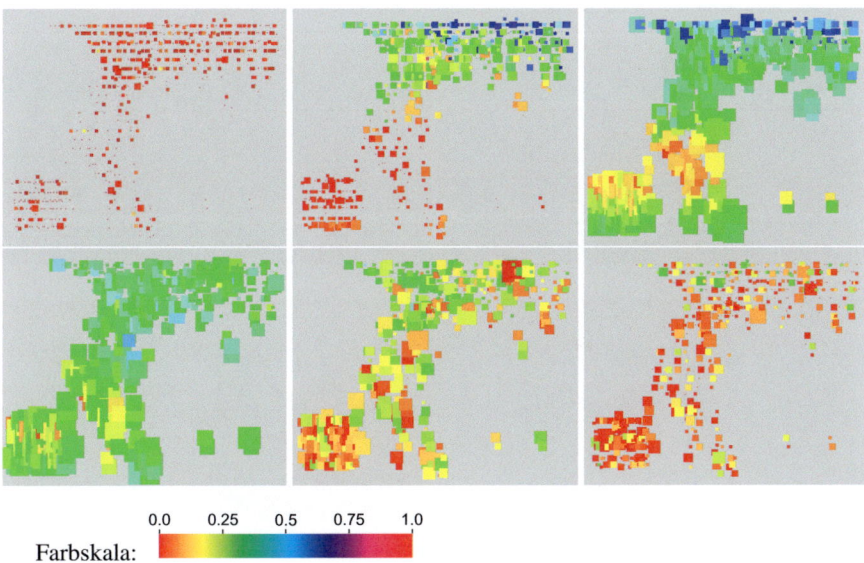

Farbskala: 0.0   0.25   0.5   0.75   1.0

Abbildung 4.5: Animation von Scatterplots: Abbildung von Farben und Größen über einzelne Höhenebenen (oben: Ebene 10, 20, 25. Unten: Ebene 30, 35, 40).

4.2.2   Stick Figures

Stick Figures wurden bisher stets als statische Elemente eingesetzt. Allerdings ergibt sich für den Betrachter ein vollkommen neuer Eindruck von Stick-Figure-Diagrammen, wenn die Stick Figures animiert werden. Dabei können sie nicht nur ihre Farbe wechseln, sondern die sich ändernden Richtungen der Extremitäten bei sich ändernden Werten vermitteln einen sehr dynamischen Eindruck. Die durch die Stick Figures aufgebauten visuellen

Strukturen ändern sich dabei teilweise vollständig, obwohl die Figuren ihren geometrischen Ort beibehalten. Sämtliche neue Varianten, welche in Kapitel 2.5 vorgestellt wurden, sind auch im 2D-Raum realisiert worden und tragen durch ihren variablen Einsatz zu einer verbesserten Darstellung bei – nicht nur bei einer Animation.

Generell lassen sich Stick-Figure-Strukturen vom Betrachter nur nach einer Eingewöhnungsphase sicher interpretieren. Allerdings bieten die Stick Figures als Visualisierungselement auch im zweidimensionalen Raum eine große Bandbreite an Variationsmöglichkeiten, wodurch die Eingewöhnungsphase beträchtlich verkürzt werden kann. Eine wesentliche Unterstützung findet durch den Einsatz von Farben statt. Dabei bieten sich zwei Möglichkeiten der Darstellung an: die Verwendung einer Farbe pro Teilelement und die Überlagerung der Teilelemente mit Farbwerten aus einer Farbtabelle.

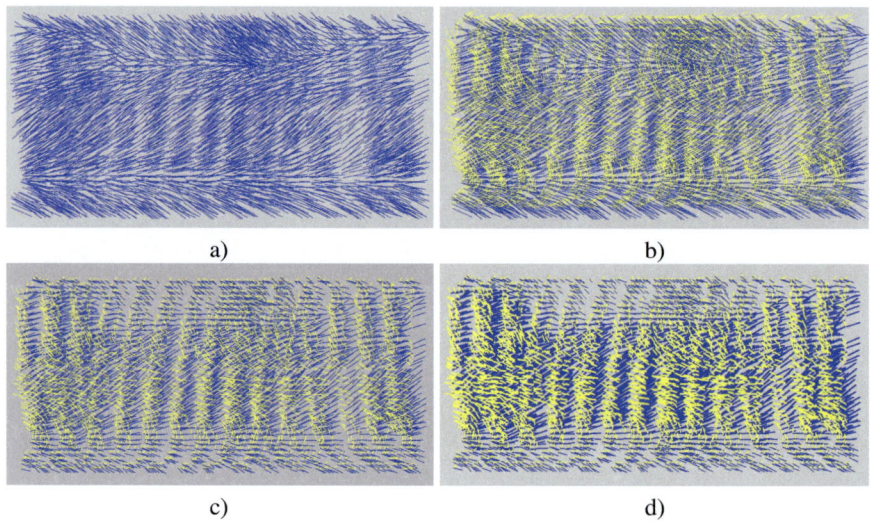

a)   b)

c)   d)

Abbildung 4.6: Animation von Stick Figures: Grundsätzliche Variationen für die Darstellung von Stick Figures für die 2D-Animation. a) ausschließlich Basiskörper (Variante **A** (Angle)), b) Basiskörper und eine Extremität, c) zusätzliche Wahl von Variante **A+L** (Angle + Length), d) Variante **A+L+T** (Angle + Length + Thickness). Gewählte Höhe: 26 km (vgl. Abbildung 4.3)

Abbildung 4.6 zeigt den identischen Datensatz wie bei den animierten Scatterplots aus Abbildung 4.3 für Ozon und die Höhe von 26 km. Abgebildet ist links oben lediglich der Basiskörper mit der Stick-Figure-Variante **A** (Angle). Daneben wird neben dem Basiskörper zusätzlich der linke Arm angezeigt (gelb), was zu einer neuen Textur führt. Unten links wurde zusätzlich die Variante **A+L** (Angle + Length) und daneben die Variante **A+L+T** (Angle + Length + Thickness) gewählt.

Es wird deutlich, dass durch Nutzung unterschiedlicher Varianten und Farben entsprechend aussagekräftige Strukturen bzw. Texturen erhalten werden können. In allen vier Fällen ist der Abfall der Ozonkonzentration in Richtung der Polkappen durch entsprechende Änderung der Orientierung der Teilelemente deutlich zu erkennen, wobei der zusätzliche Einsatz eines zweiten Teilelements oder der parameterabhängigen Dicke und Länge der Elemente zur Verstärkung des Gesamteindrucks führen kann. Die Grenzen der Erkennbarkeit werden allerdings bereits beim Einsatz eines dritten Teilelements erreicht.

Weit effektiver ist der Einsatz von Farbüberlagerungen bei Stick Figures (Abbildung 4.7). Dabei werden zur Verstärkung der entstehenden Struktur den Teilelementen wertabhängige Farben zugewiesen.

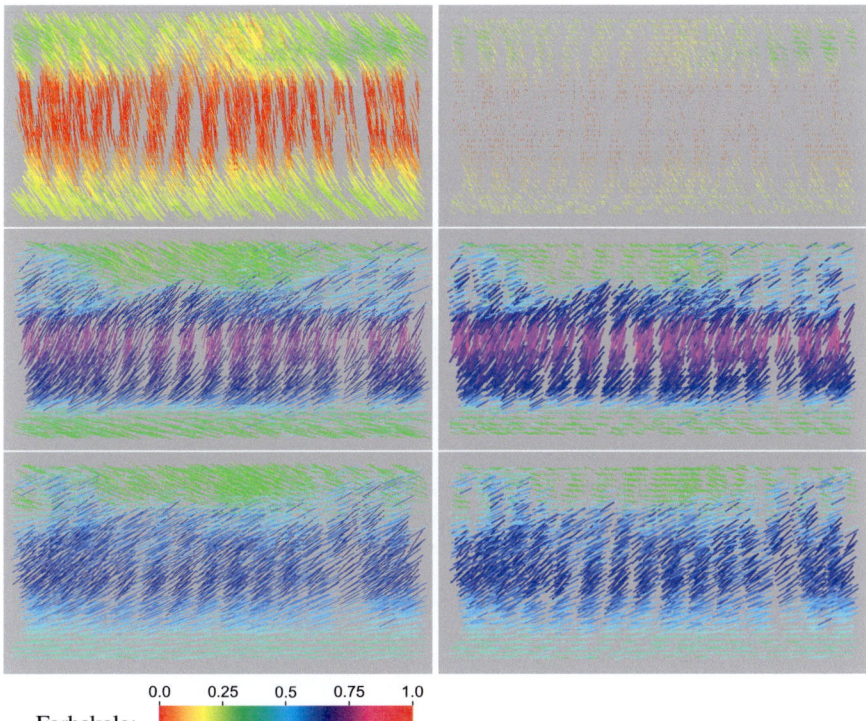

Farbskala:

Abbildung 4.7: Animation von Stick Figures: Überlagerung wertabhängiger Farben bei Variante **A** (Angle, linke Seite) und Variante **A+L+T** (Angle + Length + Thickness). Datensatz wie in Abbildung 4.3 und 4.6. Höhen: 18 (oben), 30 (Mitte) und 38 km (unten).

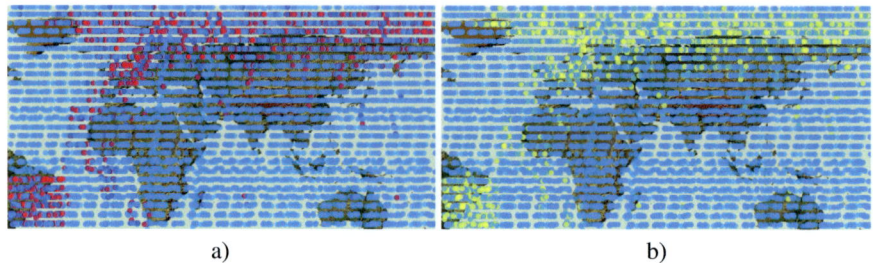

a)   b)

Abbildung 4.8: Animation von Stick Figures: Datensatz für die 2D-Animation, a) die Spurengase O_3 (blau) und $ClONO_2$ (rot), b) die Spurengase O_3 (blau) und HNO_4 (gelb).

Im einfachsten Fall, d.h. Darstellung eines einzigen Gases durch ein einziges Teilelement, können so Ergebnisse wie beim Scatterplot erzielt werden. Abbildung 4.7 zeigt auf der linken Seite die Farbüberlagerung für die Variante **A** (Angle), rechts daneben die Variante **A+L+T** (Angle + Length + Thickness). Wie bei den Scatterplot-Animationsbildern ist auch hier deutlich der Ozonverlauf in Richtung der Polkappen zu erkennen. Teilweise werden die Verläufe durch die Orientierung des Basiskörpers zusätzlich verstärkt.

Da für Stick Figures wie für Scatterplots im zweidimensionalen Raum sehr große Datenmengen ohne größere Probleme dargestellt werden können (s. Anhang B), wurde für die Animation für mehrere Spurengase ein Datensatz aus der Datenbank geladen, der sämtliche berechnete Ozonprofile für den September 2002 enthält. Die Ozonprofile wurden dem bereits in Abschnitt 4.2.1 verwendeten Datensatz für $ClONO_2$ und HNO_4 hinzugefügt.

Abbildung 4.8 zeigt den resultierenden Datensatz. Ozon, welches über den gesamten Bereich vorliegt, ist durch blaue Punkte, Chlornitrat ($ClONO_2$) durch rote Punkte und Peroxosalpetersäure (HNO_4) durch gelbe Punkte repräsentiert. Der betrachtete geografische Bereich erstreckt sich ebenso wie beim Datensatz für die Scatterplot-Animation von -60° westlicher bis 180° östlicher Länge und von -40° südlicher bis 90° nördlicher Breite (siehe Abbildung 4.4).

Abbildung 4.9 zeigt die Änderung der Stick Figures mit zunehmender Höhe für die gewählten Spurengase. Hierbei repräsentiert der Basiskörper O_3 (blau), wogegen $ClONO_2$ (gelb) auf den rechten und HNO_4 auf den linken Arm des Stick-Figure-Elements abgebildet ist (siehe auch Abschnitt 2.5.1). Die gewählte Stick-Figure-Variante ist **A+L+T** (*Angle + Length + Thickness*). Gerade in der zweidimensionalen Ansicht und bei Animationen sind winkelabhängige Stick-Figure-Varianten von Vorteil, da durch die Drehung dynamische Bewegungen in der entstehenden Textur besser erkennbar sind. Die Bewegung des gesamten Stick-Figure-Elements erinnert an die Anzeige von Analogmessgeräten mit runden Skalen.

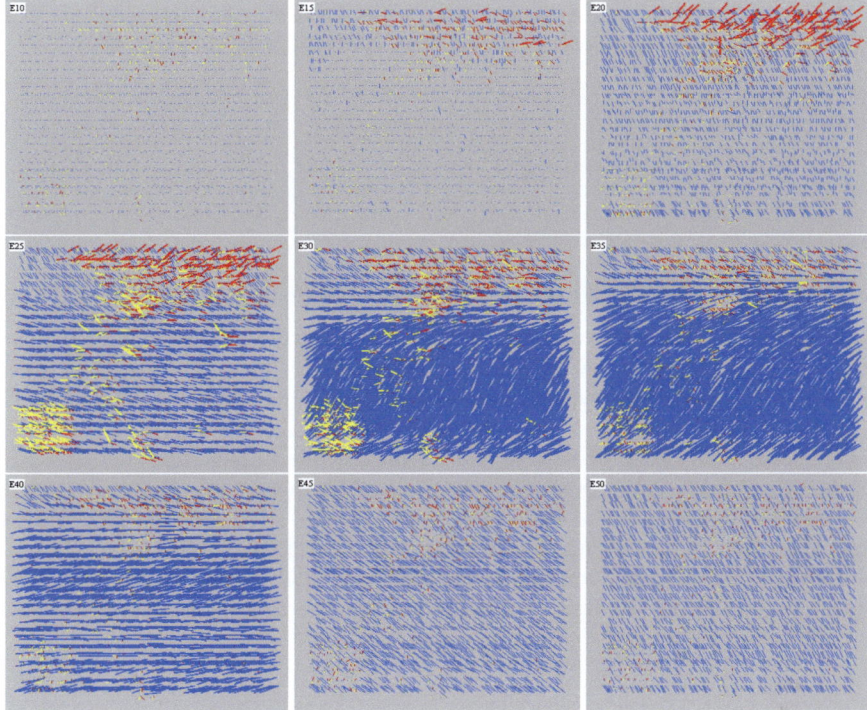

Abbildung 4.9: Animation von Stick Figures: O_3 (blau) ist dem Basiskörper, $ClONO_2$ (gelb) dem rechten und HNO_4 dem linken Arm des Stick-Figure-Elements zugeordnet.
Höhen: obere Reihe 10, 15, und 20 km, mittlere Reihe 25, 30 und 35 km, untere Reihe 40, 45 und 50 km.

Durch die Drehung der Basiselemente um bis zu 180° (Maximaler Spurengaswert) über alle Höhen kann der aktuelle Wert durch die Neigung der Elemente eingeschätzt werden. Ab Höhen von ca. 18 km sind Änderungen der Ozonkonzentration deutlich zu erkennen.

Bereits bei der statischen Bildfolge in Abbildung 4.9 ist gut zu erkennen, dass die Maxima der drei Gase in unterschiedlichen Höhen vorliegen. Während HNO_4 bei 20 bis 25 km Höhe Maximalwerte annimmt, sind diejenigen von $ClONO_2$ erst bei 25-30 km deutlich zu erkennen. Die Maxima von O_3 werden überwiegend durch die Drehung des Basiskörpers repräsentiert, was vor allem in Höhen von 30-40 km deutlich sichtbar ist. An der Struktur ist hier sehr gut zu erkennen, dass die absoluten Maxima im Polargebiet deutlich niedriger sind als in den südlicheren Gebieten.

In Abbildung 4.10 werden zum Vergleich die selben Profile als Profilgruppen innerhalb eines schmalen Breitengradbereichs (0° bis 4°) Abbildung 4.9 gegenübergestellt.

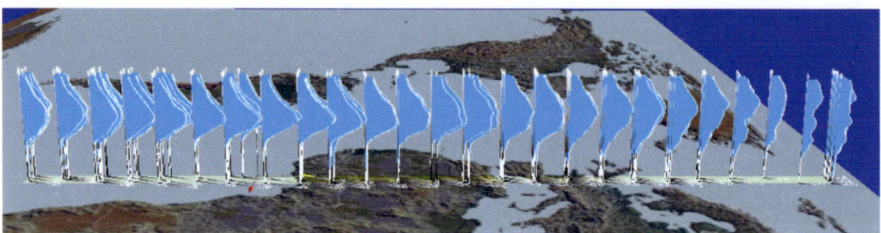

Abbildung 4.10: Animation von Stick Figures: Gegenüberstellung des Profilverlaufs von O_3 in Nord-Süd-Richtung zwischen dem 0. und 4. Breitengrad mit Hilfe von Profilgruppen (siehe Abschnitt 2.9).

Die Animation von Stick Figures bietet für einzelne Spurengasverläufe eine sehr gute Alternative zu Scatterplotanimationen. Der großen Variabilität beim Einsatz der unterschiedlichen Stick-Figure-Varianten steht die Begrenzung der Anzahl der darstellbaren Spurengase bei der Animation gegenüber. Bei mehr als zwei Gasen geht schnell die Übersicht und damit die Identifizierbarkeit der Spurengasverläufe verloren. Vor allem die Wahl einzelner Gase für Varianten mit parameterabhängigen Längen und Dicken sowie die Verwendung der Farbüberlagerung führt zu sehr guten Ergebnissen.

4.2.3 Kiviatgraph

Besonders Kiviatgraphen gewinnen beträchtlich an Aussagekraft, wenn die abgebildeten Daten animiert werden. Die in der vorliegenden Arbeit entwickelten Kiviatgraphwerkzeuge sind auf die Darstellung von Geolokationen ausgerichtet, wobei entweder viele Geolokationen für ein Spurengas oder eine Geolokation mit mehreren Spurengasen visualisiert werden können. Im ersten Fall werden die Geolokationen und im zweiten Fall die Spurengase als Achsen verwendet.

Abbildung 4.11 a) zeigt auf einer transparenten Weltkugel den Verlauf des Orbits Nr. 8278, welcher als Datensatz für einen animierten Kiviatgraphen ausgewählt wurde. Die interessierenden Bereiche sind rot markiert. Abbildung 4.11 b) präsentiert den zugehörigen Kiviatgraphen als Übersichtsbild. Kreisförmig sind die Geolokationen mit ihren eindeutigen Namen (rot) im Uhrzeigersinn aufgetragen, beginnend im Osten. Blau gefärbt sind die einzelnen Koordinatenlinien. Die interessierenden Bereiche sind hier ungefähr der erste (Polargebiet bis Mittelmeer) sowie der dritte Viertelkreis (Südafrika bis Neuseeland auf der Hinterseite der Weltkugel in Abbildung 4.11 a). Insgesamt besitzt der Datensatz sechzig Höhen im Bereich von 0 bis 120 km. Gut zu erkennen ist im Kiviatgraphen der Verlauf von Ozon für die Höhenebene bei 13 km.

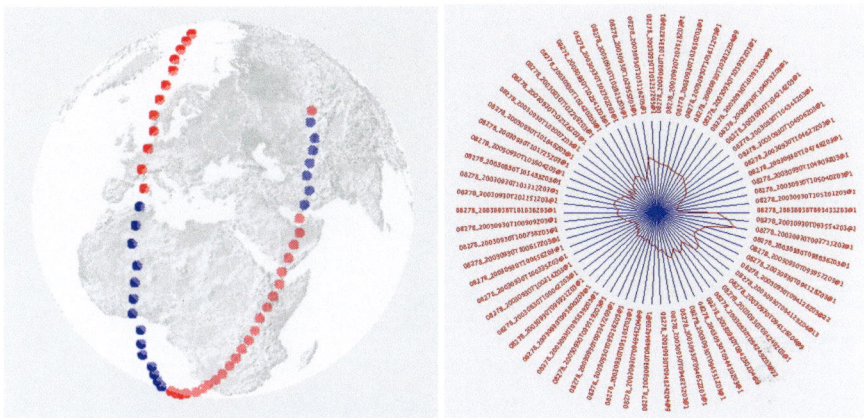

Abbildung 4.11: Animation von Kiviatgraphen: Geografischer Verlauf des Orbits Nr. 8278 (links) und Abbildung aller Geolokationen des Orbits für das Spurengas *Ozon* mittels Kiviatgraph (rechts).

Ein manuelles Durchlaufen der einzelnen Höhenebenen ergibt für die Höhen 17, 24, 40 und 47 die in Abbildung 4.12 dargestellten Kurven. Dabei wurde für eine bessere Identifizierbarkeit der Werte in den Abbildungen eine Ausschnittsvergrößerung vorgenommen.

Das Durchlaufen der einzelnen Höhen lässt recht gut die unterschiedlichen Profilverläufe für die einzelnen Geolokationen erkennen. Vor allem Auffälligkeiten können leicht identifiziert werden. Allerdings ist eine klare Zuordnung der Auffälligkeiten abhängig von der Geschwindigkeit der Animation. Für den Betrachter ist es bei höherer Geschwindigkeit meist schwierig, die Verläufe sicher zu interpretieren. Zwar kann die Animation beliebig oft auch mit unterschiedlichen Geschwindigkeiten wiederholt werden, doch da die Kurve neben der Läsmallnge auch ihren Verlauf bzw. ihre Form teilweise stark ändert, ist die vorgestellte Art der Animation häufig nicht ausreichend, klare Aussagen über Spurengasprofilverläufe zu treffen.

Deshalb kann ein weiteres Feature der Kiviat-Applikation genutzt werden: die so genannte Höhenkurven-Verfolgung (*Level Tracing*), welches in der vorliegenden Arbeit entwickelt wurde. Dabei werden die gerade angezeigten Kurven nicht gelöscht, sondern bleiben sichtbar und erzeugen ein zusammenhängendes Höhenlinienmuster, das Aussagen über Profilverläufe zulässt.

In Abbildung 4.13 sind links die Spuren der untersten zwanzig und rechts sämtliche Höhenebenen der Geolokationen zu sehen. Gut zu erkennen ist der unstetige Verlauf der Profile im ersten (rechts unten) und dritten Viertelkreis (links oben) aufgrund dichter liegender Linien im mittleren Radienbereich des Kiviatgraphen. Die Überlagerungen einzelner Kurven sind ein Indiz für starke Gradienten der Spurengaskonzentration zwischen

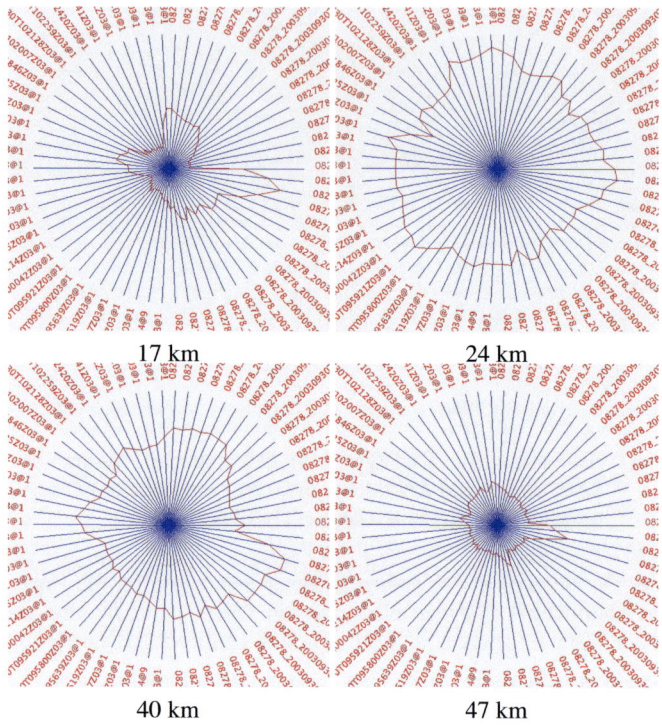

Abbildung 4.12: Animation von Kiviatgraphen: Konzentration des Spurengases *Ozon* in unterschiedlichen Höhen.

zwei aufeinanderfolgenden Geolokationen. Deutlich wird das für die drei Geolokationen zu Beginn des ersten Viertelkreises, was bereits gut in 4.13 a) zu erkennen ist.

Demgegenüber sind die Überlagerungen an der Horizontalen Achse (gemeinsame Grenze des ersten und letzten Viertelkreises) zwar ebenso deutlich sichtbar, sie rühren jedoch von Geolokationen her, die für eine klare Aussage über Spurengasänderungen allzu weit voneinander entfernt liegen und ausschließlich aus diagrammtechnischen Gründen nebeneinander dargestellt werden. Die Profile der anderen Viertelkreise besitzen dagegen bis zu den Rändern einen relativ gleichmäßigen Verlauf. Die zugehörigen Profile, welche den Sachverhalt bestätigen, zeigt Abbildung 4.14.

Eine weitere Verwendung des Kiviatgraphen ist dessen Einsatz zur Darstellung mehrerer Spurengase für mehrere Geolokationen. In Abbildung 4.15 ist einmal das einfache Abbilden einer einzelnen Höhe zu sehen sowie das *Level Tracing*. In allen drei Bildern werden jeweils die Geolokationen durch unterschiedliche Farben repräsentiert. Sehr gut sind im

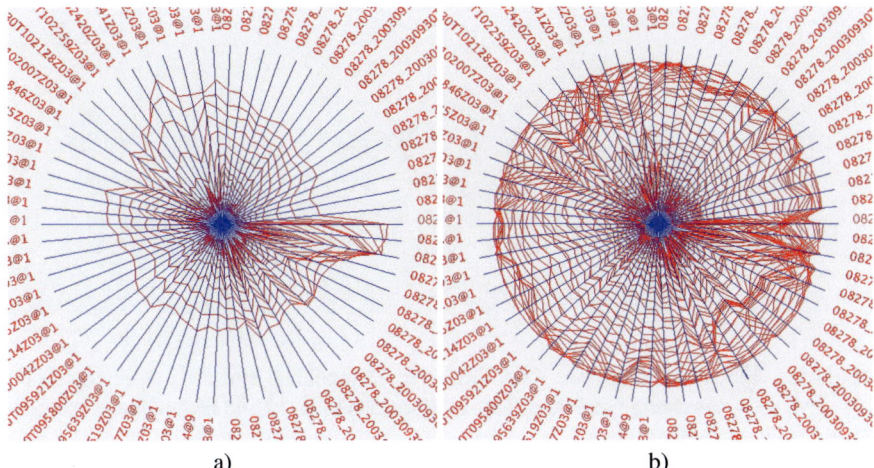

a)   b)

Abbildung 4.13: Animation von Kiviatgraphen: *Level Tracing* der unteren zwanzig (links)
und sämtlicher Höhenebenen (rechts).

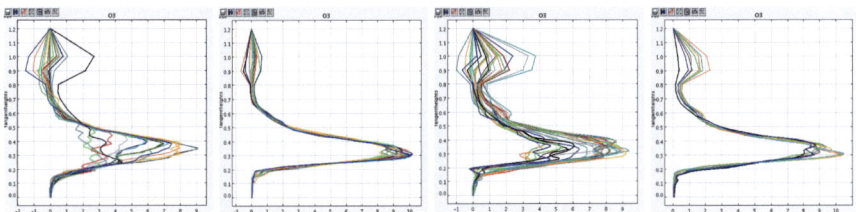

Abbildung 4.14: Animation von Kiviatgraphen: Höhenprofile der einzelnen Viertelkreise
des Kiviatgraphen aus Abbildung 4.13.

linken Bild die einzelnen Parameterwerte für die Spurengase zu erkennen. Problematisch
allerdings ist, dass die Geolokationen bei geringen Farbunterschieden schwer zu unterscheiden sind. Deshalb können die Farben vom Benutzer interaktiv ausgewählt werden.

Das *Level Tracing* wiederum ermöglicht dem Betrachter, die Entwicklung der Spurengase
über der Höhe leichter nachzuvollziehen. Das mittlere Bild in Abbildung 4.15 zeigt das
Level Tracing für sämtliche Höhen. Hier sind die Profilverläufe für einzelne Gase gut,
für manche allerdings nur schwer zu erkennen. Mehr Aufschluss bietet die Animation für
die unteren zwanzig Höhen. Hier kann sehr gut erkannt werden, dass die Konzentrationen
einiger Gase mit zunehmender Höhe abnehmen (*F-11*, *F12*, *SF6*, *HNO₃*, usw.) und andere
Gase in geringer Höhe geringe Konzentrationen besitzen (N_2O_5).

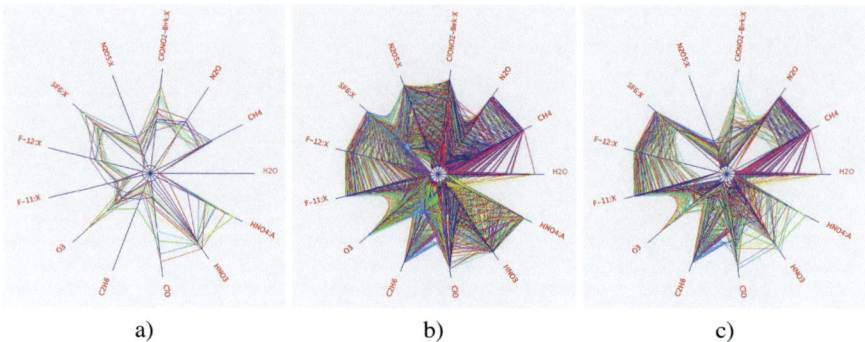

a)   b)   c)

Abbildung 4.15: Animation von Kiviatgraphen: Darstellung einzelner Spurengase für
              mehrere Geolokationen. a) einzelne Höhe, b) alle Höhen und c) die ers-
              ten 20 Höhen.

Analog zu den vorgestellten Spurengasdarstellungen und Animationen mit Kiviatgraphen
lassen sich auch zeitliche Veränderungen einzelner Spurengase an bestimmten geografischen Orten visualisieren und animieren. Hierzu muss dann der zugrunde liegende Datensatz entsprechend aufbereitet werden.

4.3   Animationen im 3D-Raum

Für eine Animation im 3D-Raum bieten sich sämtliche in Kapitel 4 beschriebenen Arten von Animationen an. Neben räumlichen Animationen (Rotation der Szene oder der Elemente) unterstützen zeitliche Animationen – oder auch Kombinationen von räumlichen und zeitlichen Animationen – den Betrachter bei der Identifikation von Änderungen einzelner Spurengaskonzentrationen.

4.3.1   Räumliche Animation

Die einfachste räumliche Animation ist die Rotation der gesamten Szene, was vor allem für ein wiederholtes Betrachten von allen Seiten interessant ist (siehe hierzu Abb. 4.1 a). Dabei dient eine beliebige Achse als Drehachse, um welche die Szene gedreht werden kann. Der anschaulichste Fall ist dabei die Drehung um die Z-Achse. Zwar können sämtliche Elemente aus unterschiedlichen Richtungen betrachtet werden, jedoch gehen dabei – durch Verdecken der jeweils hinteren Profile – für das menschliche Auge Details verloren, welche für eine Bewertung der Profile erforderlich sind.

Die Details können durch Drehung der einzelnen Elemente bzw. Profile besser erkannt werden. Die Profile selbst werden durch Rotation für den Betrachter besser erkenn- und einschätzbar, da sie ihren räumlichen Bezug durch ihre Eigenrotation nicht verlieren. Vor allem bei Visualisierungstechniken für viele Parameter (z.B. Stick Figures, Balkendiagramme und Glyphen) können mit Hilfe einer Animation die einzelnen Profile besser unterschieden werden.

Eine weitere interessante Variante bietet die Animation der Darstellung einzelner Höhen. Dabei werden ausschließlich die Elemente angezeigt, welche sich in einer gemeinsamen Höhenebene befinden. Hier kann oft ein guter Eindruck vom Verlauf eines Spurengasprofiles vermittelt werden. Voraussetzung für eine ausdrucksstarke Animation ist ein möglichst konstanter Abstand der einzelnen Höhen, was allerdings je nach Spurengas bei den vorliegenden MIPAS/ENVISAT-Daten nur in bestimmten Höhenbereichen der Fall ist.

Sehr häufig werden bei der Datensuche größere Ergebnismengen gefunden, welche teilweise zu dichten Ansammlungen der Visualisierungselemente führen. Abbildung 4.16 zeigt einen noch relativ kleinen Datensatz für die Spurengase *Ozon* (grauer Basiskörper) und *F11* (grüne Extremität) über Europa. Durch die dichte Darstellung sind vor allem für die verdeckten Elemente kaum klare Aussagen möglich. Gerade hier bietet sich das separate Anzeigen einzelner Höhenebenen an.

Abbildung 4.17 zeigt mittels Stick Figures als Visualisierungselement eine Sequenz mehrerer einzelner Höhenebenen, die ungefähr den gleichen Abstand zueinander besitzen. Gut ist hierbei die Drehung der einzelnen Teilelemente mit zunehmender Höhe zu erkennen. Sie gibt Aufschluss über die Form der einzelnen Profile.

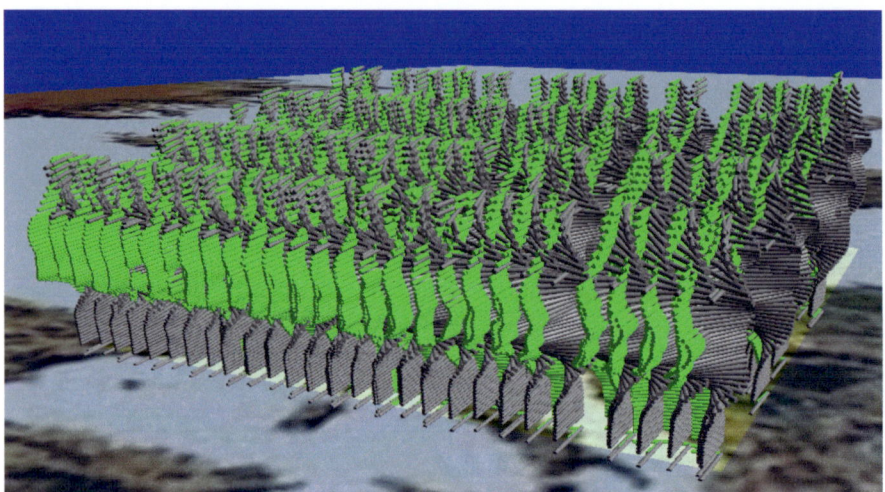

Abbildung 4.16: Datensatz für *Ozon* (grau) und *F11* (grün) über Europa zur Veranschaulichung des ebenenweisen Darstellens größerer Datensätze.

4.3.2 Zeitliche Animation

Eine zeitliche Animation lässt sich am besten durch die Änderung von Form und/oder Farbe der repräsentierenden Visualisierungslemente bzw. deren Teilelemente realisieren. Aufbauend auf Abschnitt 4.1.2 wurden für unterschiedliche Zeitspannen Daten geladen, aufbereitet und visualisiert. Grundsätzlich beeinflussen folgende Faktoren eine aussagekräftige zeitliche Animation:

1. Die Länge der gewählten Zeitintervalle, in denen die Spurengase der Geolokationen gemessen bzw. berechnet wurden. Je nach Dauer des betrachteten Gesamtzeitraums ist es erforderlich, die Zeitintervalle für die vorgeschaltete Datenaufbereitung sorgfältig zu wählen. Zu große Zeitintervalle führen unweigerlich zu Lücken im darzustellenden Datensatz, zu kleine Zeitintervalle verursachen ein großes Datenvolumen. Beides ist die Ursache für eine unbefriedigende Animation.

2. Die Größe des geografischen Bereichs, in dem sich die Geolokationen befinden. Etwas einfacher als bei der Wahl der optimalen Zeitintervallgrößen gestaltet sich die Wahl des geografischen Bereichs, da hier das entstehende Datenvolumen proportional zur Fläche des gewählten Bereichs ist.

3. Die Anzahl der X- und Y-Intervalle des zugrunde liegenden 2D-Gitters (siehe Anhang A). Damit Änderungen von Spurengasen und deren Profilen klarer erkannt werden können, müssen die sich ändernden Elemente an demselben Ort verbleiben.

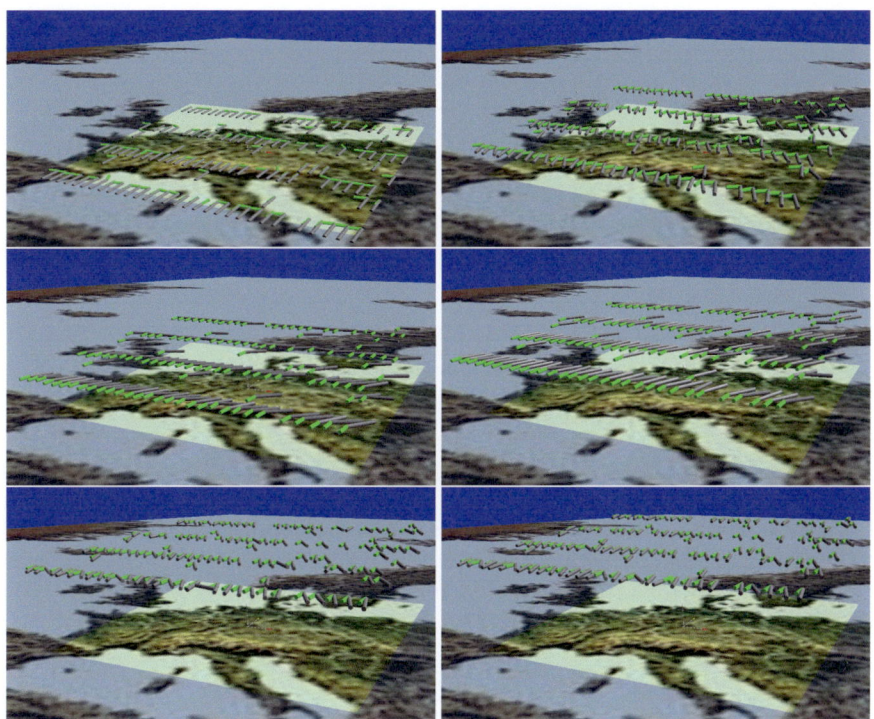

Abbildung 4.17: Animation durch separates Anzeigen einzelner Höhenebenen.

Hierzu werden die Geolokationen einem geografischen, zweidimensionalen Gitter zugewiesen. Die dadurch entstehende Ungenauigkeit kann je nach gewählten X- und Y-Intervallen bei den zugrunde liegenden MIPAS/ENVISAT-Daten vernachlässigbar sein, da sie näherungsweise an gitterorientierten Orten erzeugt wurden (siehe Abschnitt 1.1.3). Die Anzahl der Intervalle wirkt sich direkt auf das entstehende Datenvolumen aus.

Abbildung 4.18 stellt zwei grundsätzliche Darstellungsweisen gegenüber, Lücken entweder als solche anzuzeigen (a) oder sie durch interpolierte oder approximierte Werte aufzufüllen (b). Erstere repräsentiert den realen Datensatz mit einer möglicherweise unbefriedigenden Animation, wobei die Lücken durch Elemente mit minimal darstellbaren Parameterwerten gekennzeichnet sind. Die zweite Möglichkeit vermittelt dem Betrachter die Illusion, dass zu jedem Zeitpunkt an jedem Ort die angezeigten Profilwerte auch existieren. Beide Fälle sind vom Benutzer vor der Datenaufbereitung interaktiv wählbar.

a)   b)

Abbildung 4.18: Animation zeitlicher Änderungen: Abbildung von Nullwerten (Lücken).
a) schematische Darstellung fehlender Profilwerte, b) interpolierte Profilwerte zur Verbesserung des Animationseindrucks.

Als einfachste Interpolation der Werte wird auf eine Kopie der gerade angezeigten Profile
oder – für das erste Zeitintervall – auf das als nächstes angezeigte Profil des geografischen
Orts zurückgegriffen. Die gewählte Interpolation ist sicherlich nicht die optimale Wahl, sie
soll lediglich die Möglichkeiten aufzeigen, fehlende Werte zu ersetzen. Das entsprechende
Applikationsmodul kann jedoch leicht für komplexere und genauere Interpolations- und
Approximationsverfahren erweitert werden.

4.3.3 Fazit

Der Einsatz von Animationen für die Visualisierung von multidimensionalen Daten bietet
dem Betrachter viele neue Möglichkeiten, Zusammenhänge zwischen einzelnen Spurengasen bzw. deren Verteilungen zu erkennen. Häufig sind Änderungen von Profilen erst
durch Animationen erkennbar, da ansonsten viele Einzelbilder erforderlich sind, denselben Zusammenhang abzubilden.

Dem verstärkten Einsatz der Animation stehen allerdings oftmals Hardware- und Softwa-
regrenzen gegenüber, da für eine Animation in der Regel sehr große Datenmengen verarbeitet und dargestellt werden müssen. Das bedeutet, dass aussagekräftige Animationen
durch Bewegung von Elementen nur mit leistungsstarken Computern realisiert werden
können. Glücklicherweise kann durch neue Computergenerationen dieses Manko in der
Zukunft teilweise aufgehoben werden.

In der Praxis ergaben sich für sämtliche Animationsarten im 3D-Raum folgende Erfahrungen, Grenzen und Randbedingungen:

- Je größer und vollständiger die Datenmengen sind, desto wirkungsvoller ist eine
  Animation. Das steht allerdings im Widerspruch zur Möglichkeit, große Datenmengen in einer für den Betrachter annehmbaren Zeit auf dem Bildschirm darstellen zu

können. Für den 3D-Raum müssen selbst für eine geringe Anzahl von Basisdaten zum Teil sehr große Visualisierungsdatenmengen verarbeitet werden.

- Die Verwendung mehrerer parallel gehaltener Datensätze zur Animation mit Farbe und Form ist zwar aus Leistungs- und Laufzeitgründen für das reine Darstellen interessant, kann allerdings bei der Realisierung mit Java3D häufig dazu führen, dass aufgrund des enormen Speicherplatzbedarfs für reine 3D-Volumenelemente die verwaltbare Datenmenge für eine sinnvolle Animation nicht ausreicht. Bessere Erfolge können durch die Verwendung von Volumenelementen erzielt werden, welche aus einzelnen Flächen aufgebaut sind. Dort ist zwar der Speicherplatzbedarf um einiges geringer, jedoch auch hier sind die Speichergrenzen relativ schnell erreicht, handelt es sich in den meisten Fällen leicht um mehrere tausend Geolokationen mit jeweils 40 bis 60 Messhöhen, die verwaltet werden müssen.

- Der enorme Speicherplatzbedarf der Java3D-Anwendungen führt primär dazu, dass bei einer großen Datenmenge die gesamte Szene nur noch schlecht interaktiv bedienbar ist (rotieren, verschieben und zoomen). Hier führte überraschenderweise die Verwendung der einfachen Animationsarten (drehen der Szene oder der Visualisierungselemente) bei geeigneter Konfiguration der Abbildungsintervalle zu einer Beschleunigung der Rotation. Ursache hierbei ist, dass die Bewegungen, die der Benutzer mit der Maus ausführt, gleich mehrere Ereignisse (*Events*) direkt hintereinander auslösen, welche von der Grafikeinheit sequenziell abgearbeitet werden müssen. Durch die Animationskomponente findet das Auslösen der Ereignisse gezielt in vorgegebenen Abständen statt, in denen die Szene wieder aktualisiert werden kann. Eine Milderung der Problematik kann durch einen größeren Speicherplatz und vor allem durch noch schnellere Grafikkarten erreicht werden.

- Die Änderung von Form oder Farbe der einzelnen Teilelemente durch Anwendung unterschiedlicher Parameterwerte erfordert eine aufwändige Aufbereitung der Daten, bevor sie am Bildschirm dargestellt werden können. Allerdings beträgt der Zeitaufwand für die Datenaufbereitung oftmals nur ein Bruchteil des Zeitaufwands zur Erzeugung der dreidimensionalen Visualisierungselemente und der gesamten Szene.

- Animationen haben bei stark unvollständigen Daten für den Betrachter nur geringen Nutzen. Hier kann es vorkommen, dass je nach Aufbereitung der Daten für einzelne Animationssequenzen nur wenige Daten zur Verfügung stehen. Dadurch kommt es zu eigentlich unerwünschtem „Flackern" der Animation, da bei fehlenden Werten (Nullwerte) keine Elemente abgebildet werden. Abhilfe kann die Verwendung von interpolierten Daten auf Kosten der Korrektheit des Datensatzes schaffen.

- Einzelne Visualisierungselemente können prinzipiell eine beliebige Menge von Parametern darstellen (Bar Chart, Glyphen und Profilgruppen). Die Datenaufbereitung für eine zeitliche Animation führt zu sehr vielen Parameterwerten pro Element und Höhe (siehe Anhang A). Standardmäßig werden nun die Elemente so generiert, dass pro Parameterwert ein Teilelement (Quader, Teilkreisfläche, etc.) erzeugt wird. So kann es leicht vorkommen, dass für eine längere Animation mehrere tausend Teilelemente erzeugt werden, was jedoch nicht gewünscht ist, da dann unnötigerweise ein sehr großer Speicherplatzverbrauch entsteht. Andere Visualisierungselemente besitzen zwar eine genau festgelegte maximale Anzahl von Teilelementen (Stick Figure, Data Jack, etc.), doch auch dort ist es meist nicht erwünscht, mehr Teilelemente als erforderlich zu erzeugen. Deshalb wurde die Möglichkeit der Wahl der zu erzeugenden Teilelemente für den Benutzer in die Applikation integriert.

In der Praxis hat sich gezeigt, dass es in vielen Fällen sinnvoll und für den Betrachter hilfreich ist, wenn die Visualisierung multidimensionaler Datensätze durch Animation aufgewertet wird. Umfangreiche räumliche und zeitlich Änderungen können nur mit Hilfe von Animationen sinnvoll dargestellt werden, da ansonsten eine große Anzahl von Einzelbildern generiert und separat betrachtet werden müssen. Die beim Menschen ohnehin sehr gut ausgeprägte Fähigkeit, durch Auge und Gehirn immense Mengen an Bildinformationen verarbeiten zu können, kann durch von Animationen erzeugten dynamischen Bildfolgen zusätzlich genutzt werden.

Zwar müssen gerade bei der Erzeugung von zeitlichen Animationen große Datenmengen vor der Visualisierung aufbereitet werden, jedoch wird der zusätzliche Aufwand durch den durch die Bewegung der Szene oder der Elemente verursachten Informationsgewinn mehr als ausgeglichen.

5 Bewertung der unterschiedlichen Visualisierungselemente

Die Bewertung der einzelnen Visualisierungselemente zur Realisierung des vorgestellten Konzepts hängt sehr stark vom Ziel des Benutzers ab, welche Informationen er dargestellt haben möchte. Steht eine schnelle Übersicht über Spurengasverläufe einzelner Orbits im Mittelpunkt, so können prinzipiell sämtliche Darstellungsmethoden gewählt werden. Das ändert sich jedoch, wenn entweder die Zahl der gleichzeitig zu betrachtenden Spurengase steigt oder wenn viele Orbits oder große Zeiträume betrachtet werden sollen. Dann muss wegen des enormen Speicherbedarfs oft auf eine 3D-Darstellung verzichtet werden.

Schließlich gibt es noch subjektive Kriterien wie die Fähigkeit des Benutzers, räumliche Szenen korrekt zu interpretieren oder die interaktive Handhabung der 3D-Szenen mit allen ihren Vorzügen zu beherrschen. Die subjektiven Kriterien werden allerdings in der vorliegenden Bewertung bewusst außer Acht gelassen.

Alle Visualisierungselemente der in der vorliegenden Arbeit entwickelten Visualisierungsmethode wurden anhand zahlreicher Evaluationstests auf ihre Eignung entsprechend den Anforderungen aus Abschnitt 1.1.4 detailliert untersucht. Schwerpunkte lagen vor allem auf folgenden Gebieten:

- Erkennbarkeit von Profilen und Korrelationen bzw. die Eignung der einzelnen Elemente zur gleichzeitigen Darstellung mehrerer Spurengasprofile und deren Unterscheidbarkeit.

- Speicherplatzbedarf der einzelnen Visualisierungselemente und dessen unmittelbare Auswirkung auf die Leistungsfähigkeit und Benutzungsfreundlichkeit des Systems.

- Leistungsfähigkeit, d.h. Reaktions- und Verarbeitungsgeschwindigkeit des Visualisierungssystems.

- Komfortabilität, d.h. die Möglichkeit, bei den unterschiedlichen Visualisierungselementen interaktiv Attribute modifizieren zu können, um mehr Information aus der jeweiligen Abbildung zu erhalten.

Die zur Evaluation erforderlichen Testdatensätze können entsprechend ihrer Größe in mehrere Gruppen unterteilt werden:

1. Kleine Datensätze enthalten einen einzelnen oder wenige (ca. drei bis fünf) Orbits und werden für einfache und schnelle Beurteilungen der Berechnungsergebnisse verwendet.

2. Mittelgroße Datensätze umfassen fünf bis zehn Orbits, welche insgesamt ca. 380 bis 750 Geolokationen enthalten. Sie können gut eingesetzt werden, um grobe Verläufe einzelner Spurengase über den Globus zu erhalten.

3. Große Datensätze mit ca. 30.000 Spurengasprofilen. Ein solcher Datensatz kann z.B. mit einer Datenbankabfrage über das Nordpolargebiet (Breitengrad > 60°, September 2002) erzeugt werden. Die Abfrage wurde auf diejenigen Geolokationen beschränkt, welche mindestens fünf unterschiedliche Spurengasprofile beinhalten. Der Datensatz besteht aus ca. 2.700 Geolokationen. Die großen Datensätze können im dreidimensionalen Raum eingesetzt werden, um räumliche und zeitliche Verläufe mit Hilfe von Animationen zu visualisieren.

Zur Evaluation wurden zahlreiche unterschiedliche Datensätze aus der Datenbank geladen, welche alle durch das Visualisierungssystem inhaltlich, d.h. bezüglich der darzustellenden Spurengaswerte, problemlos dargestellt werden konnten. Einzelne Spurengaswerte können aufgrund der iterativen Berechnung oder deren Verwendung als so genannte Startprofile negative Werte besitzen. Die negativen Werte werden für einzelne Visualisierungslemente bauartbedingt auf den Wert 0.0 gesetzt (z.B. Glyphen) oder mit einem Minimalwert belegt (z.B. Data Jacks).

Von besonderem Interesse ist die Bewertung der neuen Methode bzw. der Visualisierungselemente im dreidimensionalen Raum, da hier mit komplexen Flächen- und Volumenelementen gearbeitet wird. Die Ergebnisse der Evaluation sollen Hinweise darauf geben, inwieweit die Elementdarstellungen für weitere Visualisierungen eingesetzt werden können und wo die Grenzen ihres Einsatzes liegen.

Im zweidimensionalen Raum hängt die Verarbeitungs- und Interaktionsgeschwindigkeit des Visualisierungssystems in erster Linie von der Leistungsfähigkeit des Computers (Prozessor- und Grafikleistung) ab, da hier die Abbildung auf einfache zweidimensionale Elemente beschränkt ist [Jav06]. Deshalb wird ausschließlich die Verwendung der 3D-Visualisierungselemente betrachtet.

5.1 Erkennbarkeit von Profilen und Korrelationen

Das wesentliche Ziel der Visualisierung räumlich-zeitlicher, meteorologischer, multidimensionaler Datensätze ist die Darstellung und Erkennbarkeit von Zusammenhängen zwischen einzelnen Spurengasen bzw. Spurengasprofilen. Alle in der vorliegenden Arbeit vorgestellten Visualisierungselemente, welche durch die neue Visualisierungsmethode im dreidimensionalen Raum eingesetzt werden, wurden mit Blick auf das angestrebte Ziel neu entwickelt bzw. angepasst.

In Tabelle 5.1 ist die Eignung der unterschiedlichen 3D-Visualisierungselemente bewertet, wie gut sie in der Lage sind, einzelne oder mehrere Parameter bzw. Spurengase für eine beliebige Menge von Geolokationen klar erkennbar darzustellen. Daneben findet die Bewertung der Elemente für die Darstellung von Geolokations-Sequenzen – zeitlich oder räumlich – statt.

Die Erkennbarkeit von Profilverläufen für ein größeres ausgewähltes geografisches Gebiet ist für sämtliche 3D-Methoden aufgrund der Verdeckung von Geolokationen, die sich im Hintergrund befinden, grundsätzlich eingeschränkt. Hier kann entweder durch Element-Filterung oder durch Drehen der Szene eine Verbesserung erzielt werden.

Element	zwei Spurengase	drei Spurengase	vier Spurengase	> vier Spurengase	(Teil-) Orbits
Scatterplot	+++	+	−	−	+++
Stick Figure	+++	+++	++	−	++
Glyphen	+++	o	−	o/+	+
Balkendiagramm	+++	+++	+++	++	+
Data Jack (z/k)	++	+/o	−	- -	+/- -
Profilgruppe (p/r/ü)	+++/+++/+	+++/o/+	+++/o/+	++/o/+	+/–/–
Parallele Profile	+++/+	++/o	+/o	-	+++

Tabelle 5.1: Bewertung der unterschiedlichen 3D-Visualisierungselemente für die Eignung zur Erkennbarkeit einzelner und mehrerer Spurengasprofile, welche gleichzeitig sichtbar sein sollen
Bewertung:
+++ (sehr gut), ++ (gut), + (akzeptabel), o (mäßig), – (weniger gut) - - (schlecht)

Zu beachten ist, dass jede Bewertung von optischen Zusammenhängen grundsätzlich subjektiv erfolgt, d.h. abhängig vom Betrachter und seinen visuellen Fähigkeiten. Ebenso sind die Qualität und Erkennbarkeit der Profile und Parameter vom gegebenen Datensatz sowie der Anordnung und Position der Profile abhängig[1].

Bewertet wurde die Fähigkeit, die Profile gleichzeitig sichtbar zu halten, d.h. verdeckte Profile einer Anordnung führen zur Abwertung. Rücken aufgrund der Darstellung von vielen Profilen (z.B. 10 oder 12 Profile) wieder mehrere Profile gleichzeitig in das Sichtfeld des Betrachters, so kann die Bewertung für die Darstellung von zwei oder drei Spurengasen verbessert werden. Das kann bei Glyphen und Profilgruppen mit konzentrischer Anordnung der Fall sein.

Der Scatterplot eignet sich besonders gut für die gleichzeitige Darstellung von zwei Parametern aufgrund der Verwendung von Kugeln als Geometrieelement, welche durch ihre Einfachheit leicht erkannt und abgegrenzt werden können. Die Abbildung des zweiten Parameters über Farbwerte führt in allen Fällen zu sehr guten Ergebnissen. Die zusätzliche Abbildung des zweiten Parameters über die Ausdehnung der Kugel in X-, Y- oder Z-Richtung kann zu weiteren Verbesserungen führen. Bei drei und mehr Parametern lässt

---

[1]Die Abhängigkeit der Qualität und Erkennbarkeit der Profile und Parameter vom gegebenen Datensatz sowie der Anordnung und Position der Profile gilt vor allem für Glyphen, Balkendiagramme, Profilgruppen und Stick Figures.

die Erkennbarkeit der Profile stark nach. Teilorbits werden für zwei Spurengase sehr gut dargestellt, mehr als zwei Gase lassen sich dabei nur mäßig gut erkennen.

Stick Figures bieten für bis zu vier Spurengasprofile eine sehr gute Erkennbarkeit, bei mehr als vier Profilen wird mindestens eine Extremität verdeckt. Die erforderliche Qualität der Abbildung kann nur mit den geeigneten Stick-Figure-Varianten und optimaler Zuordnung der Parameter auf den Basiskörper und die Extremitäten erzielt werden (siehe Abschnitt 2.5.5). Teilorbits sind für bis zu drei Spurengase noch gut darstellbar. Die Farbüberlagerung führt bei Verwendung des selben Spurengases, welches bereits den Elemente zugeordnet wurde, zu deutlichen Verbesserungen der Erkennbarkeit.

Glyphen bilden zwei Spurengasprofile sehr gut ab, indem beide Profile je einen Halbkreis beanspruchen und so direkt gegenübergestellt werden können. Bei einem dritten Spurengas sind entweder ein Spurengasprofil oder Teile von zwei Profilen verdeckt. Erst die Abbildung von vielen Spurengasen lässt auf der dem Betrachter zugewandten Seite wieder mehr als zwei Profile nebeneinander erscheinen. Die Darstellung von Teilorbits gelingt bei Glyphen nur für wenige Spurengase befriedigend.

Eine Besonderheit stellt das Balkendiagramm dar: es ist neben der parallelen Anordnung der Profilgruppen das einzige Visualisierungelement, welches beliebig viele Spurengasprofile gleichzeitig darstellen kann, wobei die Erkennbarkeit der Profile weniger abhängig von deren Anzahl, jedoch stark abhängig von deren Anordnung ist, d.h. von der Reihenfolge innerhalb des Visualisierungelements. Das quaderförmige und teilweise recht klotzig wirkende Balkendiagramm-Element bietet vor allem bei der Seitenansicht oder von schräg vorne eine sehr gute Erkennbarkeit der einzelnen Profile.

Data Jacks schränken aufgrund ihrer Bauweise die Anzahl der gleichzeitig darstellbaren Profile drastisch ein. Bei mehr als zwei Profilen wird ein Teil eines Profils bereits verdeckt. Die Erkennbarkeit der Profilverläufe ist für zwei Profile sehr gut, für bis zu drei Profile akzeptabel (Zylinder) bzw. mäßig (Konus), für mehr als drei Profile ist der Data Jack weniger gut geeignet. Zwei Spurengasverläufe können für Teilorbits mit zylindrischen Data Jacks noch gut dargestellt werden, während die konische Form für Teilorbits nicht zu empfehlen ist. .

Profilgruppen können für die radiale Anordnung mit Glyphen und für die parallele Anordnung mit flachen Balkendiagrammen verglichen werden. In Tabelle 5.1 sind alle drei Anordnungen (parallel/radial/überlagert) aufgeführt. Die Profilgruppen mit paralleler Anordung führen in allen Fällen zu einer guten bis sehr guten Erkennbarkeit der Profile. Die Flächendarstellung ist dabei der Liniendarstellung meist überlegen. Die Abbildung von Teilorbits ist auch mit paralleler Anordnung nur für wenige Profile sinnvoll.

Die Methode der Parallelen Profile wurde mit dem Ziel entwickelt, Spurengasverläufe entlang von (Teil-)Orbits darzustellen, was für ein einzelnes Gas in hervorragender Weise gelingt. Wird einem Spurengasverlauf ein zweites Spurengas farblich überlagert, so führt das ebenfalls zu einem hervorragenden Ergebnis. Sollen die Verläufe von drei oder vier Gasen gleichzeitig dargestellt werden, so ist es erforderlich, mehrere Profile parallel zueinander mit Farbüberlagerungen zu verwenden, um gute bis sehr gute Ergebnisse zu erzielen. Tabelle 5.1 zeigt die Bewertungen mit und ohne Farbüberlagerung.

Tabelle 5.2 verdeutlicht die Bewertung für die Erkennbarkeit von Korrelationen, eine der elementaren Anforderungen an Visualisierungsmethoden für mehrdimensionale Parametersätze. Die Tabelle ist unterteilt in die Bereiche für die Bewertung für einzelne Geolokationen und für ganze Orbits oder Teilorbits. Für einzelne Geolokationen wird eine Bewertung wie in Tabelle 5.1 vorgenommen, in der letzten Spalte wird die Anzahl der für Korrelationen gleichzeitig deutlich erkennbaren Spurengasprofile angegeben.

	Einzelne Geolokation			(Teil-)Orbits
Element	2 Spurengase	3 Spurengase	>3 Spurengase	($N_{Spurengase}$)
Scatterplot	+++	+	–	2-3
Stick Figures	+++	+++	+/–	2-4
Glyphen	+++	–	+/o	2
Balkendiagramme	+++	+++	++	2-5
Data Jacks	+++	o	- -	2
Profilgruppen (p/r/ü)	+++/+++/+++	+++/–/o	++/o/–	2-5
Parallele Profile	+++/+	++/+	–/–	2-4

Tabelle 5.2: Bewertung der unterschiedlichen 3D-Visualisierungselemente für die Eignung zur Identifikation von Korrelationen bei zwei und mehr Parametern
Bewertung:
+++ (sehr gut), ++ (gut), + (akzeptabel), o (mäßig), – (weniger gut) - - (schlecht)

Hier zeigt sich tendenziell ein ähnliches Ergebnis wie für Tabelle 5.1. Alle Elemente bieten eine gute bis sehr gute Identifizierbarkeit von Korrelationen für zwei Spurengase, wenn nur eine einzelene Geolokation betrachtet wird. Bereits bei mehr als drei Spurengasprofilen können nur mit Stick Figures, Balkendiagrammen und parallel angeordnete Profilgruppen sichere Aussagen getroffen werden. Es ist ersichtlich, dass Korrelationen nur dann erkannt werden können, wenn mit dem Visualisierungselement entsprechend viele Profile sicher unterscheidbar dargestellt werden können.

5.2 Speicherplatzbedarf der 3D-Visualisierungelemente

Ein wesentliches Kriterium für die Eignung der einzelnen Visualisierungelemente für die Visualisierung multidimensionaler Spurengasprofile ist der für die Visualisierung benötigte Platzbedarf an Arbeitsspeicher. Die meisten heutigen Computersysteme verfügen zwar über mehrere GigaByte an Arbeitsspeicher, die zum Start von Java-Programmen erforderliche Virtuelle Maschine von Java muss jedoch mit einem festen maximalen Speicherplatz gestartet werden, d.h. eine dynamische Speicherplatzerweiterung findet über die angegebene Grenze hinaus nicht statt [Jav09]. Das hat zur Folge, dass bei zu großen Datenmengen das Programm zum Abbruch gezwungen wird, wenn der verfügbare Speicherplatz ausgeschöpft ist. Daneben wird je nach Betriebssystem ein unterschiedlich großer Speicherbereich für die Systemsoftware des Computers reserviert, der für Benutzeranwendungen nicht zur Verfügung steht.

Eine zusätzliche zeitkritische Problematik entsteht prinzipiell dann, wenn ca. 90% des beim Programmstart angelegten Speicherplatzes belegt wurden. Dann beginnt der *Garbage Collector*[2] von Java damit, leere Referenzen und nicht mehr benötigte Objekte aus dem Speicher zu entfernen [Jav09]. Zwar arbeitet dieser Prozess bereits vom Start eines Java-Programms ständig im Hintergrund und löscht in regelmäßigen Abständen alle unbenutzten, d.h. von anderen Elementen nicht referenzierten Java-Elemente, jedoch bei akutem Platzmangel wird der Hintergrundprozess in immer stärkerem Maße dazu gezwungen, nach unbenutzten Elementen zu suchen, um das laufende Programm nicht abbrechen zu müssen. Dabei kann es dazu kommen, dass das Suchen und Entfernen der Elemente einen immer größeren Anteil am Java-Gesamtprozess erhält, vor allem dann, wenn es sich wie bei einer Java3D-Szene um sehr komplexe Datenstrukturen handelt.

Je weniger Speicherplatz also benötigt wird, desto eher kann der gewünschte Datensatz angezeigt werden. Ebenso verringert sich die Zeit bis zum vollständigen Aufbau des 3D-Szenegraphen.

Tabelle 5.3 zeigt den Speicherplatzbedarf der einzelnen 3D-Methoden für einen kompletten Orbit (Nr. 4037), wobei 53 Höhenebenen bis 60km für insgesamt acht unterschiedliche Spurengase dargestellt werden. Insgesamt liefert der Orbit 72 Geolokationen und 648 Profile, wobei hier von einem kleineren Datensatz gesprochen werden kann. Die Angaben für den belegten Speicherplatz beziehen auch den für alle Visualisierungselemente konstanten Speicherplatzbedarf des Visualisierungssystems ein, welches die Basisstrukturen der 3D-Szene sowie das Umfeld der Visualisierung (Weltkarte, Koordinatensystem, Steuerungselemente, etc.) zur Verfügung stellt (siehe auch Kapitel 6).

Bereits bei dem relativ kleinen Datensatz wird deutlich, dass der enorme Speicherplatzbedarf der Objekte die Möglichkeit einer komfortablen Visualisierung stark einschränkt. Lediglich die Profilgruppen, die Verwendung von Kugeln beim Scatterplot und die Methode der Parallelen Profile benötigen relativ wenig Speicher, da hier ausschließlich einfache Kugeln bzw. ebene Flächen- und Kurvenelemente in geringer Zahl zum Einsatz kommen.

Für Balkendiagramme wurden die Quader ebenfalls aus Flächenelementen zusammengesetzt, da sich gezeigt hat, dass Quader als Java3D-Volumenelemente ein Mehrfaches an Speicherplatz fordern. Zusätzlich haben die Schattierungsalgorithmen von Java3D in Bezug auf Leistungsfähigkeit mit Volumenquadern weit größere Probleme als mit allen anderen Volumenelementen.

---

[2]Der *Garbage Collector* ist ein von Java standardmäßig zur Verfügung gestellter Prozess zur Speicherplatzverwaltung innerhalb einer Java-Laufzeitumgebung

Element	Speicherplatz [MB]	Geometrie-Typ	$N_{Elemente}$
Scatterplot	70	Kugel	3.816
	100	Quader	
Stick Figure	220	Zylinder	19.080
Glyphen	290	zusammengesetzte Flächenelemente	30.528
Balkendiagramm	400	Quader (Flächenelemente)	30.528
Data Jack	240	Kegel	26.712
	290	Zylinder	
Profilgruppe	50	Flächen- und Kurvenelemente	je 256
Parallele Profile	82	Flächen- und Kurvenelemente	je 256

Tabelle 5.3: Größe des Speicherplatzbedarfs und Anzahl der dargestellten Volumenelemente für die unterschiedlichen Visualisierungelemente

Allein die Zahlen der zweiten Spalte aus Tabelle 5.3 für den erforderlichen Speicherplatz, der proportional zur Anzahl der jeweils erzeugten Geometrieelemente ist, lassen erwarten, dass vor allem Balkendiagramme, Glyphen und Data Jacks in Bezug auf grafische Leistungsfähigkeit weniger geeignet sind, was sich in zahlreichen Praxistests bestätigt hat.

5.3 Leistungsfähigkeit und Interaktionsgeschwindigkeit des Visualisierungssystems für unterschiedliche Visualisierungselemente

Die Leistungsfähigkeit und damit die Interaktionsgeschwindigkeit des Visualisierungssystems ist in erster Linie abhängig von der Komplexität der verwendeten geometrischen Elemente. Von ihnen hängt ab, wie groß der Aufwand für das Grafiksystem des Computers ist, die Elemente auf dem Bildschirm – für Volumen und Flächen schattiert – darzustellen.

Ein weiterer wichtiger Punkt ist die Anzahl der Geometrieelemente für ein Visualisierungselement, da sie direkt ein Maß für die Größe des beanspruchten Arbeitsspeichers des Computers ist. Ein großer Speicherplatzbedarf wiederum führt in der Regel zu einer Verlangsamung des Systems bei interaktiven Aktionen des Benutzers.

So kann direkt aus Abbildung 5.1 und Tabelle 5.3 abgeleitet werden, dass Profilgruppen und Parallele Profile für den identischen Datensatz die schnellsten Reaktionen auf Interaktionen bieten. Der Grund liegt darin, dass nur wenige einfach darzustellende Elemente (Flächen und Linien) verwendet werden. Zwar werden auch Glyphen und Balkendiagramme aus Flächen- und Linienelementen gebildet, jedoch ist die Anzahl der (Teil-)Flächen pro dargestelltem Spurengas dagegen hoch. Zusätzlich wird für jede Höhe ein separates Visualisierungselement erzeugt.

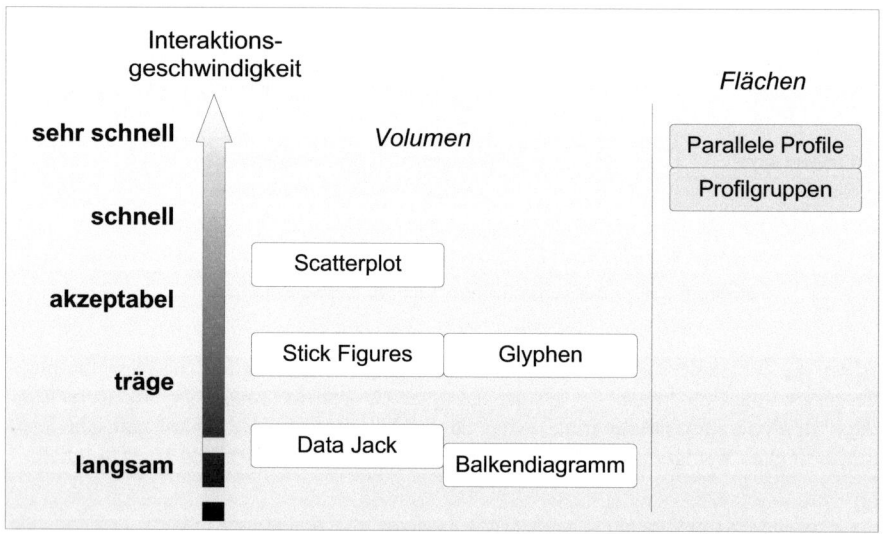

Abbildung 5.1: Interaktionsgeschwindigkeit für einzelne Visualisierungselemente

Für den Einsatz von Volumenelementen lässt nur der Scatterplot ein „zügiges" Arbeiten auch bei mehreren Orbits zu. Data Jacks und Stick Figures verlängern die Antwortzeiten bei Interaktionen für größere Datenmengen teilweise beträchtlich, so dass ein vernünftiges Arbeiten bereits mit mittelgroßen Datensätzen nicht mehr möglich ist. Obwohl Balkendiagramme teilweise sehr gut zur Visualisierung geeignet sind, ist gerade hier die Interaktionsgeschwindigkeit leider recht gering, wodurch die Stärken der Balkendiagramme nicht ausreichend zum Tragen kommen.

5.4 Komfortabilität der Visualisierungselemente

Ein wichtiges Kriterium für den Einsatz einzelner Visualisierungselemente ist die Möglichkeit, durch Änderungen von grafischen und räumlichen Attributen eine Verbesserung der Identifizierbarkeit von Profilverläufen und Korrelationen zu erreichen. Sämtliche Visualisierungselemente bieten die Möglichkeit an, die Farben für jedes Teilelement, d.h. Spurengas, beliebig zu setzen sowie die Größe aller Teilelemente proportional zu verändern. Zusätzlich können bei allen Visualisierungselementen die einzelnen Teilelemente mit einem beliebigen ausgewählten Spurengas belegt werden.

Außer bei Scatterplots ist es bei allen Visualisierungselementen möglich, einzelne Spurengasprofile ausblenden zu können. Balkendiagramme besitzen die Besonderheit, dass die Reihenfolge der Profile beliebig angepasst werden kann und Stick Figures bieten die Möglichkeit, interaktiv zwischen sämtlichen Varianten wählen zu können. Zusätzliche Farbüberlagerungen können bei Scatterplots, Stick Figures und Parallelen Profilen erzeugt werden.

5.5 Fazit

Zahlreiche Praxistests zeigten, dass diejenigen Visualisierungselemente besonders für die Visualisierung von multidimensionalen Daten geeignet sind, die neben interaktiven Variationsmöglichkeiten kurze Antwortzeiten auf Interaktionen bieten und mit denen gleichzeitig mit einfachen Mitteln aussagekräftige Visualisierungen erzeugt werden können.

Als sehr geeignet für die Darstellung von zwei Spurengasen erwiesen sich der Scatterplot und die Profilgruppen. Bei kleinen und mittleren Datenmengen besitzt der Scatterplot aufgrund der räumlichen Ausdehnung der Elemente optische Vorteile gegenüber Profilgruppen. Räumliche Spurengasverteilungen (z.B. das Ozonloch) können mit dem Scatterplot sehr gut und mit noch befriedigenden Antwortzeiten dargestellt werden.

Große Datenmengen sind aufgrund der einfachen Linien- oder Flächendarstellung nur mit Profilgruppen zu bewältigen, welche jedoch keine plastisch wirkenden Abbildungen erzeugen können.

Bei allzu großen Datenmengen bzw. zu großer Datendichte in einem eingegrenzten geografischen Bereich stoßen alle 3D-Darstellungen an ihre Grenzen, da zwangsläufig Überlagerungen einzelner Geolokationen auftreten.

Eine Sonderstellung bilden Stick Figures und Parallele Profile. Stick Figures bieten die größte Variantenvielfalt und die meisten Interaktionsmöglichkeiten aller Visualisierungselemente. Nachteilig ist allerdings der große Speicherplatzbedarf und damit einhergehend sehr langsame Antwortzeiten bereits bei kleineren bis mittelgroßen Datenmengen.

Parallele Profile zeichnen sich besonders für den Einsatz von Visualisierungen von Spurengasverteilungen entlang Orbits aus. Insbesondere durch die schnellen Antwortzeiten und die Möglichkeit der beliebigen Zuordnung einzelner Spurengase zur Farbüberlagerung bildet die Methode der Parallelen Profile eine hervorragende Alternative zu der bisher in der Meteorologie verwendeten aufwändigen Generierung von Spurengasverteilungen, vor allem, wenn schnelle Informationen über Spurengase für ausgewählte Orbits erwünscht sind.

6 Realisierung und Integration der Visualisierungstechniken

Die Entwicklung eines neuen Konzepts zur Visualisierung kontinuierlicher, multidimensionaler, meteorologischer Satellitendaten muss die exemplarische Realisierung des Konzepts beinhalten, um dessen Anwendbarkeit zu zeigen. Da das im Rahmen der vorliegenden Arbeit entwickelte Visualisierungssystem die Auswertung meteorologischer Messdaten in der Praxis unterstützen soll, wurde bereits zu Beginn der Softwareentwicklung besonderen Wert auf Benutzungsfreundlichkeit gelegt.

Die Software wurde mit neuesten Methoden der objektorientierten Softwareentwicklung realisiert. Ein Schwerpunkt lag auf der Modellierung einer modularen Struktur, was eine hohe Wiederverwendbarkeit der einzelnen Programmelemente ermöglicht. Die dazu erforderlichen klar definierten Schnittstellen stellen die Integrationsfähigkeit der Module sicher. Nur so ist es beispielsweise möglich, dass alle dreidimensionalen Visualisierungselemente mit dem selben Visualisierer dargestellt werden können. Damit der Benutzer gleichzeitig unterschiedliche Visualisierungselemente für denselben Datensatz verwenden kann, ist eine detaillierte Kommunikationsschicht notwendig, damit Interaktionen ausschließlich auf den Visualisierer und das verwendete Visualisierungselement wirken, für den Aktionen ausgeführt werden.

Bei der eigentlichen Visualisierung wurde großen Wert darauf gelegt, dass die grafischen bzw. geometrischen Elemente und die durch sie erzeugten Verläufe für den Betrachter möglichst gut erkennbar sind. Dazu wird dem Benutzer des Systems für alle Visualisierungselemente die Möglichkeit geboten, die zugehörigen grafischen Attribute wie Farben, Elementdicken bzw. Strichstärken anpassen sowie einzelne Teilelemente ein- und ausblenden zu können.

In den folgenden Abschnitten werden die Grundlagen der Realisierung des Visualisierungssystems beschrieben. Zuerst findet eine Betrachtung der Struktur der Datensätze statt, welche die Basis für die Visualisierung bilden.

Die Architektur des Systems und die Einbindung in die Software-Bibliothek des Projekts WISA (**W**issenschaftliches **I**nformations-**S**ystem für die **A**tmospärenforschung), die dem System zugrunde liegende objektorientierte Modellierung der Visualisierungselemente, der Visualisierer und der bidirektionalen Kommunikation zwischen beiden sowie die Integration der Animationskomponente werden anschließend betrachtet.

Der Aufbau des 3D-Szenegraphen (Java3D) als Basis für die dreidimensionale Visualisierung bildet den dritten Schwerpunkt des vorliegenden Kapitels. Danach werden die Benutzungsoberflächen für die Basis-Applikation und dem Basis-Visualisierer vorgestellt, welche für die interaktive Visualisierung der Satellitendaten realisiert wurde.

Abschließend werden mehrere durchgeführte Optimierungen vorgestellt, mit deren Hilfe die interaktive Visualisierung beträchtlich beschleunigt werden konnte.

6.1   Struktur der Datensätze

Die in der MIPAS/ENVISAT-Datenbank abgelegten Daten repräsentieren einzelne
Spurengas-Höhenprofile an einem bestimmten Ort (Geolokation, siehe Abschnitt 1.1.3).
Die Datenbankabfrage mit der WISA-Software ergibt eine Liste von Höhenprofilen, wobei für jedes Spurengas ein eigener Datenbankeintrag pro Geolokation vorliegt. Zusätzlich gibt es oftmals unterschiedliche Versionen der Spurengase, die durch die Berechnung
mit unterschiedlichen Versionen der Auswertesoftware oder unterschiedlichen Startprofil-
Konfigurationen erzeugt wurden ([Sti00, SCF+02]).

Alle Profile für eine Geolokation werden in einem so genannten *DataSet2D*-Element zusammengefasst. Abbildung 6.1 zeigt auf der linken Seite ein solches *DataSet2D*-Element
mit zwei Spurengasprofilen. Es besteht aus mehreren *DataSet1D*-Elementen, welche die
Spurengaswerte für eine vorhandene Höhe zusammenfassen. Die *DataSet1D*-Elemente
sind die Voraussetzung für den Einsatz von Visualisierungselementen zur Darstellung
multidimensionaler Datensätze.

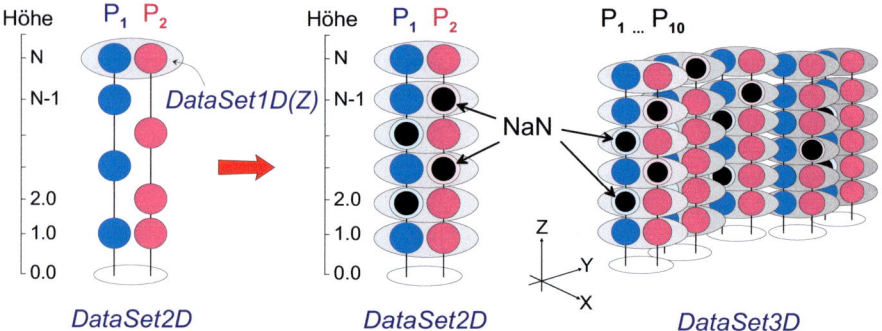

Abbildung 6.1: Struktur der Datensätze: Höhenprofile ($P_i, i = 1..10$) an einem geografischen Ort, zusammengefasst zu *DataSet1D*-, *DataSet2D*- und *DataSet3D*-
Elementen

Allerdings liegen die Messwerte zweier Profile nicht immer in derselben Höhe vor, was
dazu führt, dass die einzelnen *DataSet1D*-Elemente dann eine unterschiedliche Anzahl
von Spurengasen beinhalten. Um die realen Höhenwerte nicht zu ändern, muss dafür ge-
sorgt werden, dass für jede Höhe die *DataSet1D*-Elemente die selbe Anzahl von Spurengaswerten enthält.

Deshalb werden die *DataSet1D*-Elemente in jeder Höhe bei Bedarf mit Nullwerten (NaN[1]) für jedes nicht vorhandene Spurengas aufgefüllt. Diese Vorgehensweise vereinfacht die Zuordnung der Spurengase und steigert zusätzlich die Verarbeitungsgeschwindigkeit, da nicht bei jedem Element ermittelt werden muss, um welches Spurengas es sich in der betreffenden Höhe handelt. Das Auffüllen mit Nullwerten wird durch die mittlere Skizze von Abbildung 6.1 verdeutlicht.

Ein *DataSet2D*-Element besitzt Funktionen zur Ermittlung von Mittelwerten, zur einfachen und erweiterten Normalisierung der Profildaten, zur Reduktion der Daten für ein gegebenes Höhenintervall und schließlich zum Export der Daten in eine Datei.

Schließlich können *DataSet2D*-Elemente zu einem *DataSet3D*-Element zusammengefasst werden. Es bietet neben den Funktionen des *DataSet2D*-Elements die Möglichkeit an, alle Elemente einer vorgegebenen Höhe zu extrahieren sowie eine Sortierung der *DataSet2D*-Elemente nach der Zeit vorzunehmen. In Abbildung 6.1 liegen für das DataSet3D-Element zehn Profile für zwei unterschiedliche Spurengase vor.

Ein *DataSet3D*-Element dient als Basis für eine Visualisierung, d.h. sämtlichen Visualisierungswerkzeugen, die im Rahmen der vorliegenden Arbeit entwickelt wurden, kann ein solcher Datensatz zur Verarbeitung übergeben werden. Die Generierung eines *DataSet3D*-Elements erfolgt durch einen eigenen DataSet-Generator, welcher sehr einfach in jede Java-Applikation integriert werden kann.

6.2 Systemarchitektur

Die im Rahmen der vorliegenden Arbeit entwickelte Visualisierungssoftware wurde in das vorhandene WISA-Softwaresystem integriert [LL97, WIS09]. Das Projekt WISA stellt die Datenbank und – darauf aufbauend – ein Verwaltungs- und Informationssystem für die MIPAS/ENVISAT-Daten des IMK (Institut für Meteorologie und Klimaforschung) zur Verfügung. Das Projekt WISA wurde zwischen 1997 und 2006 im Institut für Angewandte Informatik (IAI) des Karlsruher Instituts für Technologie (KIT) durchgeführt.

Die im Projekt WISA entwickelte Software erlaubt es auf komfortable Weise, vorverarbeitete Messdaten (Infrarotspektren) sowie Spurengasprofile in der MIPAS/ENVISAT-Datenbank zu suchen und sie zur weiteren Verarbeitung zur Verfügung zu stellen. Bereits vorhandene 2D-Visualisierungswerkzeuge und -komponenten wurden verwendet, die meisten Visualisierungs-Applikationen wurden jedoch neu entwickelt und in das WISA-Umfeld integriert.

---

[1]NaN (engl. *Not a Number*, "keine Zahl"). Es handelt sich hierbei um einen speziellen Wert bestimmter Darstellungen von Gleitkommazahlen auf dem Rechner, der als Ergebnis einer ungültigen Rechenoperation zurückgegeben wird (IEEE 754 bzw. IEC 559). NaN-Werte werden häufig beim Programmieren verwendet, um explizit auszudrücken, dass eine Gleitkommavariable keinen Wert besitzt.

Das Besondere an der neu entwickelten Software ist die gemeinsame Verwendung jeweils eines einzigen Visualisierers für den 2D- bzw. 3D-Raum für beliebige Visualisierungselemente. Dabei ist ein hoher Kommunikationsaufwand zwischen den Visualisierungselementen und den Visualisierern erforderlich, um deren Neutralität zu gewährleisten. Durch die Anforderung, auch große Datenmengen visualisieren zu können, mussten geeignete Wege gefunden werden, den erforderlichen Kommunikationsaufwand zu minimieren. Das Ergebnis schlägt sich direkt im zu Grunde liegenden Datenmodell nieder, welches dadurch eine höhere Komplexität erhält.

Ein weiterer Schwerpunkt ist die Sicherstellung der Unabhängigkeit einzelner Visualisierer-Instanzen voneinander, um mehrere Visualisierer parallel für Vergleiche von Spurengasprofilen mit unterschiedlicher Darstellungsform verwenden zu können.

Die entwickelte Software ist nach dem Baukastenprizip aufgebaut [Fai85, Geh03, Beh05, Sch02], d.h. viele Komponenten lassen sich mit anderen kombinieren oder können in andere leicht integriert werden. In den meisten Modellierungssprachen werden solche Module Pakete (*Packages*) genannt.

Abbildung 6.2 veranschaulicht die Integration. Neben mehreren Basispaketen der WISA-Software gibt es die Pakete *apps* (Applikationsmodule), *util* (Hilfsklassen) und *event* (Kommunikationsklassen). Die genannten Pakete wurden durch Klassen bzw. Unterpakete für die Visualisierung erweitert.

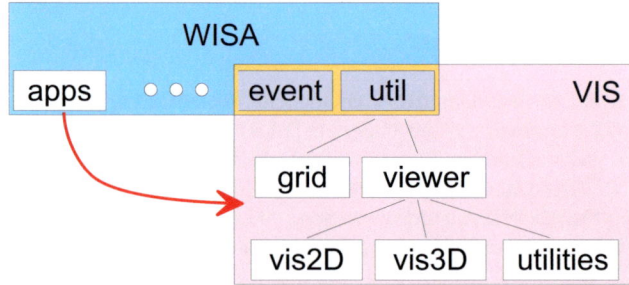

Abbildung 6.2: Systemarchitektur: Integration der Visualisierungskomponente in die WISA-Software.

Dadurch besitzen sämtliche Klassen der WISA-Software Zugriff auf die Visualisierungsklassen, womit jede Applikation eigene Visualisierer verwenden kann. Realisiert wurde die Verwendung und Integration der 2D- und 3D-Visualisierer mit der Applikationsklasse, welche Profile in der Datenbank sucht und auf dem Bildschirm darstellt (*Profile Retrieval Tool*, siehe Abschnitt D.1). Von dort aus können sämtliche Visualisierungsmethoden auf denselben Datensatz angewandt werden.

Neben Hilfsklassen wie Koordinatensysteme, Gitter, Weltkarte, usw. wurden sowohl eigenständige Visualisierungskomponenten als auch „neutrale" Basis-Visualisierer realisiert. Letztere entstanden aus dem Umstand, dass sämtliche Elementtypen prinzipiell auf dieselbe Art und Weise in die Struktur der Visualisierung eingebunden werden und zusätzlich für jeden Visualisierer identische Grundfunktionalitäten vorhanden sein sollen.

Um nun nicht viele sich kaum unterscheidende Visualisierer warten zu müssen, wurden zwei Basis-Visualisierer entwickelt, die mit unterschiedlichen Elementtypen gestartet werden können. Die Herausforderung bestand darin, beim parallelen Start mehrerer Basis-Visualisierer mit denselben Elementtypen die Elemente ausschließlich in Abhängigkeit vom gestarteten Visualisierer handhaben zu können. Die hierfür erforderliche komplexere Kommunikation zwischen den beteiligten Klassen wird nachfolgend näher erläutert.

Allen Visualisierern gemeinsam ist die Übergabe eines vorgegebenen Datensatz-Typs beim Start bzw. zum Setzen der darzustellenden Daten (DataSet3D), um die Referenzierung zu den Basisdaten zu halten sowie ein Menge von elementabhängigen Gitterobjekten, um die Daten darzustellen.

Da sich die Philosophie der Grafikerzeugung im 2D- und 3D-Raum bei der gewählten objektorientierten Programmiersprache Java gravierend unterscheiden [Jav09, Jav06, Jav02], wurden zwei Basis-Visualisierer mit ähnlichem Aufbau und Funktionsumfang entwickelt. Das Datenmodell selbst ist für den 2D- und 3D-Raum identisch modelliert.

Der Applikation liegt ein Datenmodell zugrunde, welches es ermöglicht, neue Visualisierungselemente und -werkzeuge mit geringem Aufwand zu integrieren. Abbildung 6.3 zeigt das zugehörige UML-Diagramm ([Oes01, OMG09, Bur97]) für die Klassen der 3D-Visualisierung. Die Klassen für die Visualisierung im 2D-Raum sind nach dem selben Prinzip aufgebaut.

Das Datenmodell wurde für Abb. 6.3 stark auf die wesentlichen Klassen und Schnittstellen (*Interfaces*) reduziert, um die relevanten Sachverhalte zu verdeutlichen. Dabei lag der Fokus auf der Einbettung der Stick-Figure-Klasse. Sämtliche Visualisierungselemente (Glyph, 3D-Profiles, Data Jack, etc.) sind auf dieselbe Weise im Datenmodell integriert.

Das abgebildete Modell ist in drei Bereiche unterteilt, die durch UML-Paket-Symbole (*Packages*, siehe Abbildung 6.2) repräsentiert werden:

1. Das Paket *WISA.util.viewer* (gelb) beinhaltet alle allgemeinen Klassen und Schnittstellen, die für die Visualisierung erforderlich sind,

2. das Paket *WISA.util.viewer.vis3D* (grau) ist dem ersten Paket *WISA.util.viewer* hierarchisch untergeordnet und stellt die speziell für den dreidimensionalen Raum notwendigen Klassen zur Verfügung. Zum Verständnis der Software-Struktur genügen die drei Klassen *StickFigure3D*, *GridStickFigure3D* sowie *BaseVisElement3DViewer*, die dem Paket *WISA.util.viewer.vis3D* angehören,

3. das Paket *WISA.util.grid* (grün) enthält alle für den Aufbau und die Verwaltung eines Gitters benötigten Klassen und Schnittstellen.

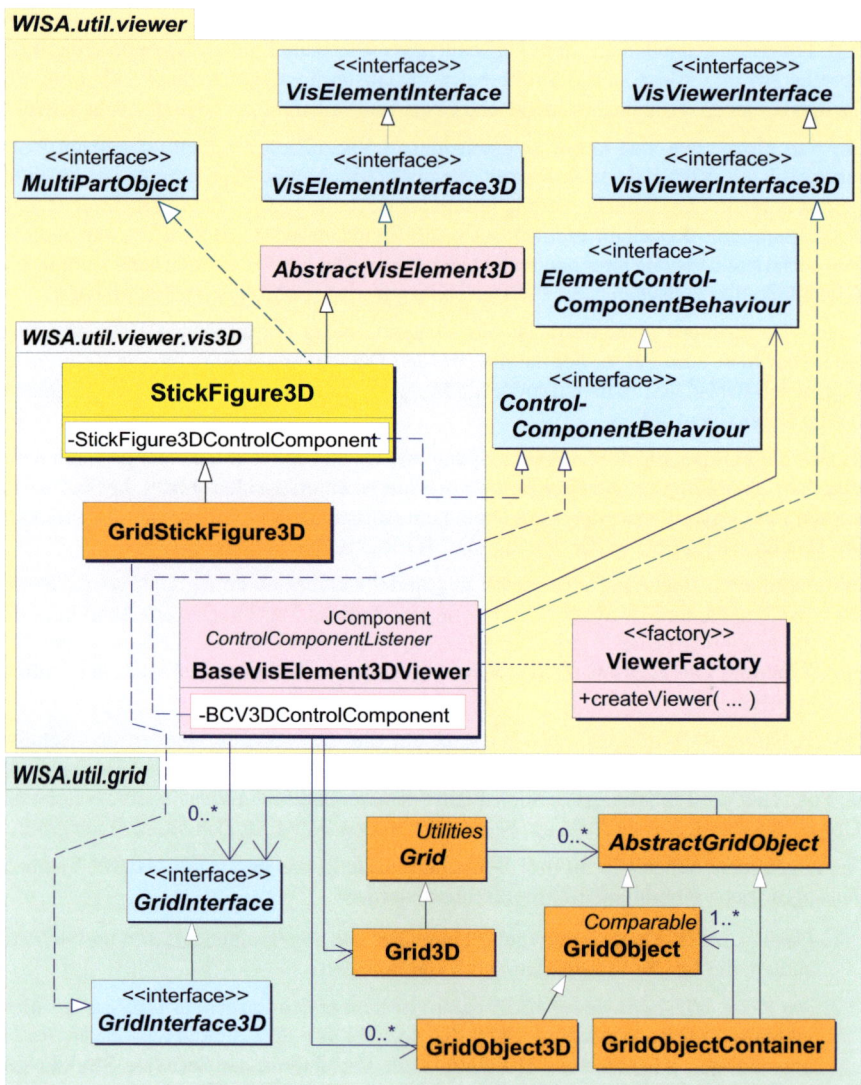

Abbildung 6.3: UML-Datenmodell für ein Visualisierungselement am Beispiel der Stick-
Figure-Klasse (gelb).

Zusätzlich wurden alle Klassen und Schnittstellen zur besseren Zuordnung mit Farben belegt. Sämtliche Schnittstellen wurden hellblau, alle gitterbezogenen Klassen dunkelorange, die für die eigentliche Visualisierung verantwortlichen Klassen magenta eingefärbt. Lediglich zur Hervorhebung wurde der Klasse *StickFigure3D*, die exemplarisch für alle Visualisierungselemente (DataJack, Glyphen, etc.) steht, die Farbe Gelb zugewiesen. Weiterhin wurden einige Klassen weggelassen, die der Kommunikation zwischen Basis-Visualisierer und den Visualisierungselementen dienen, da sie in Abschnitt 6.2.5 detailliert behandelt werden.

6.2.1 Struktur der Visualisierungselemente

Sämtliche Visualisierungselemente müssen von der abstrakten[2] Klasse *AbstractVisElement3D* erben, um dasselbe Verhalten und dieselben Attribute abzubilden. Die abstrakte Klasse *AbstractVisElement3D* implementiert allgemeine sowie 3D-spezifische Funktionen, welche in den Schnittstellen *VisElementInterface* bzw. *VisElementInterface3D* definiert sind. Daneben handelt es sich bei der Klasse *StickFigure* um ein Element, welches aus mehreren Teilelementen besteht. Die Teilelemente sollen aus- und einblendbar sein, weshalb die entsprechenden Klassen der Visualisierungselemente – hier *StickFigure3D* – zusätzlich die Schnittstelle *MultiPartObject* implementieren müssen, welches die Operationen[3] für das An- und Abhängen der Extremitäten definiert.

6.2.2 Einbindung der Visualisierungselemente in ein Gitter

Soll ein Element in einem Gitter geordnet dargestellt werden, so muss es von dem Gitter „verarbeitet" werden können. Damit jedes beliebige Visualisierungselement verwendet werden kann, ohne dessen Quellcode ändern zu müssen, muss es zuvor „neutralisiert" werden. Das geschieht dadurch, dass eine Klasse erzeugt wird, welche von der zu integrierenden Klasse erbt und somit Zugriff zu allen öffentlichen[4] und teilöffentlichen[5] Operatio-

---

[2]Eine abstrakte Klasse ist dadurch definiert, dass sie sowohl ausführbare Operationen besitzt als auch reine Deklarationen von Operationen, welche von ableitenden Klassen implementiert werden müssen. Eine abstrakte Klasse kann nicht instanziert werden, sondern ausschließlich deren abgeleitete Klassen.

[3]In der objektorientierten Modellierung werden die Funktionen, welche eine Klasse zur Verfügung stellt, Operationen oder auch Methoden genannt.

[4]In der objektorientierten Modellierung und Programmierung wird von öffentlichen Attributen und Operationen gesprochen, wenn sie das Sichtbarkeitsattribut *public* besitzen. Instanzen der Klassen können nur über öffentliche Operationen angesprochen werden und nur öffentliche Attribute können durch direkten Zugriff geändert werden.

[5]Neben dem öffentlichen Sichtbarkeitsattribut gibt es noch die Sichtbarkeitsattribute *protected* und *private*. Während *protected* den Zugriff für alle anderen Klassen des selben Pakets (*package*) erlaubt, werden Operationen und Attribute nur intern definiert und sind nach außen nicht sichtbar, wenn sie *private* deklariert werden.

nen und Attributen hat (*GridStickFigure3D*). Das Gitter selbst benötigt Klassen, welche einen bestimmten gitterspezifischen Operationenumfang besitzen (abstrakte Klasse *AbstractGridObject* bzw. alle von ihr abgeleiteten Klassen) und u.a. die Gitterpositionen und -koordinaten halten.

Da einem Gitterpunkt mehrere Gitterobjekte als Elemente zugeordnet werden können, muss eine Speicherung von mehr als einem Element an dem Gitterpunkt erfolgen. Hierfür dient die Klasse *GridObjectContainer*, welche die *GridObject*-Instanzen speichert und sie nach deren Abstand zum zugehörigen Gitterpunkt sortiert. Beim Zugriff auf die Elemente eines solchen Gitterpunktes wird standardmäßig dasjenige Element mit dem geringsten Abstand zum Gitterpunkt ausgewählt. Damit ein Gitter sowohl *GridObjectContainer*- als auch *GridObject*-Instanzen referenzieren kann, wurde die gemeinsame Oberklasse *AbstractGridObject* modelliert.

Jede *GridObject*-Instanz verweist – über ihre Oberklasse *AbstractGridObject* – auf eine beliebige Klasse, welche die in der Schnittstelle *GridInterface* definierten Operationen implementiert. In Abb. 6.3 wird der Zusammenhang durch den durchgezogenen Pfeil von der Klasse *AbstractGridObject* zur Schnittstelle *GridInterface* sowie dem gestrichelten Pfeil von der Klasse *GridStickFigure3D* zur Schnittstelle *GridInterface3D* verdeutlicht.

Der Basis-Visualisierer selbst wiederum besitzt eine Referenz auf ein dreidimensionales Gitter (*Grid3D*) sowie auf viele 3D-spezifischen Gitterobjekte (*GridObject3D*). Die Referenz zu vielen Instanzen beliebiger Klassen, welche die Schnittstelle *GridInterface* implementieren, ist durch die Referenz von *AbstractGridObject* zu *GridInterface* zwar nicht zwingend erforderlich, sie wurde ausschließlich aus Gründen der Leistungssteigerung des Visualisierungssystems zusätzlich modelliert.

6.2.3   Struktur des Basis-Visualisierers

BaseVisElement3DViewer stellt die Basisklasse für die Visualisierung der einzelnen Elementtypen dar. Eine Ankopplung des Basis-Visualisierers kann leicht an jede vorhandene Java-Applikation über die Klasse *ViewerFactory* oder auch direkt durch Einbindung der Klasse *BaseVisElement3DViewer* selbst erfolgen. Die Klasse *BaseVisElement3DViewer* stellt dafür zwei Komponenten zur Verfügung: Die Komponente zur Darstellung der Elemente sowie eine Steuerungskomponente (*BCV3DControlComponent*) für die interaktive Benutzung des Visualisierers.

Die Kommunikation zwischen der Steuerungskomponente und der Darstellungskomponente erfolgt über deren interne Referenzierung, da die Steuerungskomponente als innere Klasse deklariert wurde. Dadurch, dass pro Visualisierer-Instanz genau eine Steuerungskomponente benötigt wird, können beliebig viele Visualisierer parallel gestartet und benutzt werden. Somit sind direkte Vergleiche einzelner Visualisierungen mit verschiedenen oder gleichen Visualisierungselementen problemlos möglich.

6.2.4 Datenhaltung beim parallelen Betrieb mehrerer Basis-Visualisierer

Wird ein Basis-Visualisierer mit Gitterobjekten (und damit dem darzustellenden Element-typ) gestartet, so müssen neben dem Basis-Visualisierer selbst auch die Elemente grafisch manipulierbar sein. Damit der Basis-Visualisierer für beliebige Elementtypen einsetzbar ist, muss die jeweilige Elementklasse (z.B. *StickFigure3D*) selbst ein elementabhängiges Steuerelement dem Basis-Visualisierer zur Verfügung stellen. Das Steuerelement wird vom Basis-Visualisierer in dessen Steuerkompomponente integriert und auf dem Bild-schirm dargestellt.

Im einfachsten Fall können Attribute und Referenzen einer Elementklasse als einfache Klassenvariablen gehalten werden. Da sich jedoch Java – und im Besonderen Java3D bei Volumenelementen und großen Datenmengen – als sehr ressourcenbeanspruchend heraus-gestellt hat, ist es aus Speicher- und Laufzeitgründen nicht empfehlenswert, den Weg der Datenhaltung in Klassenvariablen zu beschreiten.

Ein weiterer einfacher Weg ist, die Attribute und Referenzen einer Elementklasse statisch (*static*) zu deklarieren. Damit werden sie für jede Java-Klasse einmalig im Arbeitsspeicher abgelegt, worauf nun wiederum sämtliche ihrer Instanzen in der Java-Laufzeitumgebung global zugreifen können [Jav09, Fla97]. Das hat für die Visualisierungselemente zur Fol-ge, dass gemeinsame Informationen über Farbe, Strichstärke etc. für sämtliche Instanzen gleich sind. Wird nun nur ein einziger Basis-Visualisierer gestartet, so können effizient sämtliche Elemente mit denselben Attributwerten dargestellt werden.

Wird jedoch ein zweiter Basis-Visualisierer gestartet, so gelten auch für die durch ihn dar-gestellten Elemente die Attributwerte des anderen Basis-Visualisierers. Bei interaktiven Änderungen in einem Basis-Visualisierer werden somit sämtliche Instanzen einer Visua-lisierungsklasse – also auch diejenigen des zweiten Basis-Visualisierer – immer gleich-zeitig geändert. Da eine gleichzeitige Änderung unerwünscht ist, müssen die Attribute abhängig vom zugrunde liegenden Visualisierer gehalten werden. Die Modellierung einer elementabhängigen Datenhaltung kann als eine erweiterte Variante des in der Datenmo-dellierung bekannten Singleton-Entwurfsmusters (*Singleton Pattern*) betrachtet werden [GHJV95, Bal99].

Die Visualisiererabhängigkeit kann dadurch erreicht werden, dass in den Klassen der ein-zelnen Visualisierungselemente hinterlegt wird, für welchen Basis-Visualisierer seine At-tribute und Referenzen gelten. Das geschieht mit einer internen elementspezifischen Klas-se, welche von einer für alle Visualisierungselemente gemeinsame Datenhaltungsklasse abgeleitet wird.

6.2.5 Kommunikation zwischen Basis-Visualisierer und Elementen

Zur Beschreibung der Kommunikation zwischen Basis-Visualisierer und Visualisierungselementen zeigt Abbildung 6.4 ein detaillierteres UML-Klassendiagramm, welches den
Zusammenhang zwischen den beiden Klassen verdeutlicht. Es handelt sich um einen Ausschnitt von Abbildung 6.3, jedoch mit der zusätzlichen Detaillierung der für die Kommunikation erforderlichen Klassen und Referenzen.

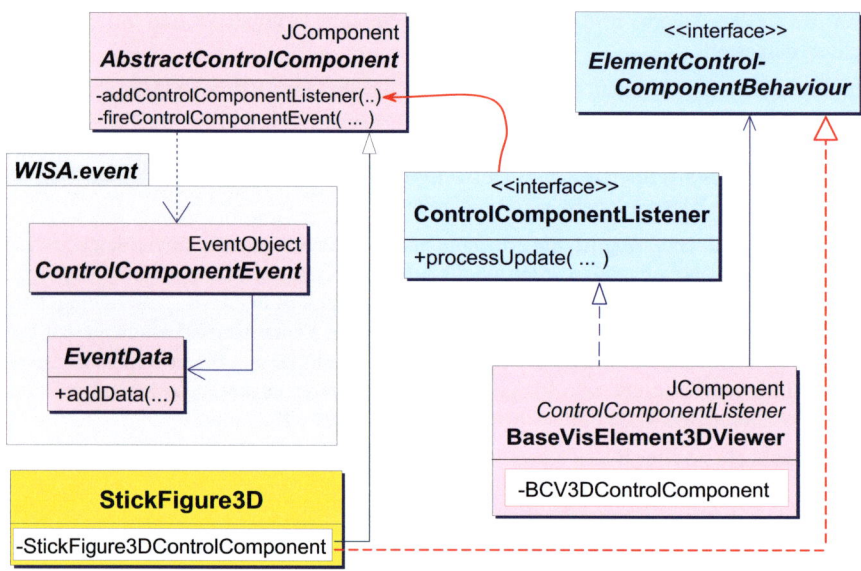

Abbildung 6.4: UML-Datenmodell für die Kommunikation eines Visualisierungselements
(hier: *Stick Figure*) mit dem Basis-Visualisierer.

Da bei UML ([Oes01, OMG09, Bur97]) innere Klassen lediglich durch Angabe des Namens abgebildet und keine Vererbungen und Referenzen der inneren Klassen dargestellt
werden, wurde für die vorliegende Arbeit die UML-Darstellung dahingehend erweitert,
dass innere Klassen als eigene Rechtecke erscheinen.

Aus dem Modell ist ersichtlich, dass die für die Darstellung relevante Klasse *StickFigu-
re3D* eine innere Klasse *StickFigure3DControlComponent* enthält, welche von der allgemeinen Vorgabeklasse *AbstractControlComponent* erbt. Bei der Vorgabeklasse handelt es
sich um eine Erweiterung der in einer grafischen Benutzeroberfläche darstellbaren Java-
Klasse *JComponent* [Gea00]. Eine ihrer Operationen (*addControlComponentListener()*)
dient zur Verknüpfung zwischen Sender und Empfänger von so genannten Botschaften

oder Ereignissen (*Event*), welche die Basis der Kommunikation bilden. Eine andere Operation sendet Botschaften, welche beim interaktiven Betätigen von grafischen Schaltelementen ausgelöst und versendet werden. Das Auslösen der Botschaften wird bei der Softwareentwicklung „feuern" genannt, wodurch sich der Name der Operation *fireControlComponentEvent( )* herleitet.

Die Kommunikation basiert auf dem gängigen Listener-Prinzip von Java [Jav09][Fla97]. Abbildung 6.4 zeigt die Funktionsweise auf Klassenmodellebene: Einer Element-Steuerkomponente (hier *StickFigure3DControlComponent*) können – bedingt durch das Erben von der Klasse *AbstractControlComponent* – so genannte *Listener* hinzugefügt werden. Die Funktion eines *Listener* ist, während der Ausführung eines Programms bestimmte Ereignisse zu empfangen und eine daraus folgende Aktion auszulösen (z.B. Benutzereingaben über Maus und Tastatur). Die *Listener* arbeiten bei Java für den Benutzer unbemerkt in einem eigenen Unterprozess ab.

Im vorliegenden Fall ist der Basis-Visualisierer ein solcher *Listener*, da er u.a. die Schnittstelle *ControlComponentListener* implementiert. Dadurch kann er einer Element-Steuerkomponente hinzugefügt werden (siehe roter durchgezogener Pfeil in Abbildung 6.4). Gleichzeitig erhält der Basis-Visualisierer einen Zugriff auf die Element-Steuerkomponente beim Setzen der Daten in Form einer Referenz auf eine Instanz einer Klasse, welche die Schnittstelle *ElementControlComponentBehaviour*) implementiert. Aus dem Modell ist ersichtlich, dass die Element-Steuerkomponente *StickFigure3DControlComponent* gerade solch eine Klasse darstellt (roter, gestrichelter Implementierungs-Pfeil in Abbildung 6.4). Somit ist der Kommunikationskreis geschlossen und Ereignisse können ausgetauscht werden.

Die ausgelösten und weitergereichten Botschaften bzw. Ereignisse (*ControlComponentEvent* des Pakets *WISA.event*) werden lokal erzeugt, was durch den gestrichelten Pfeil zwischen *AbstractControlComponent* und *ControlComponentEvent* verdeutlicht wird. Einer Botschaft kann zusätzlich ein Datenelement angehängt werden (*EventData*), das mit beliebig vielen einzelnen Datentripeln gefüllt werden kann, welche aus den eigentlichen Daten selbst, dem Typ bzw. Klasse der Daten sowie deren Beschreibung bestehen.

6.2.6   Integration der Animationskomponente

Um Animationen durchführen zu können, müssen Klassen und Schnittstellen modelliert werden, welche die Animation auf die gesamte Szene, auf einzelne Profile oder aber auf einzelne Visualsierungselemente anwenden. Es wird eine Komponente benötigt, welche die Interaktivität für den Benutzer sicherstellt, sowie eine Kommunikationsklasse, welche die Verbindung zwischen der Interaktionskomponente und dem Basisvisualisierer aufbaut und hält. Abbildung 6.5 zeigt das Modell für die Integration der Animationsklassen. Die Schnittstelle *AnimationListener* dient als Basis für eine Kommunikationsklasse, welche auf Ereignisse (*AnimationEvent*, in der Abbildung nicht aufgeführt) reagiert, die durch den

Benutzer über die Animationskomponente (*Animation3DComponent*) ausgelöst wurden. Damit eine Animation Elemente verändern kann, indem sie z.B. deren Werte für einzelne Extremitäten neu setzt, müssen die Visualisierungselemente die Schnittstelle *Animation-Interface* implementieren. Deren Instanzen werden vom Basisvisualisierer verwaltet.

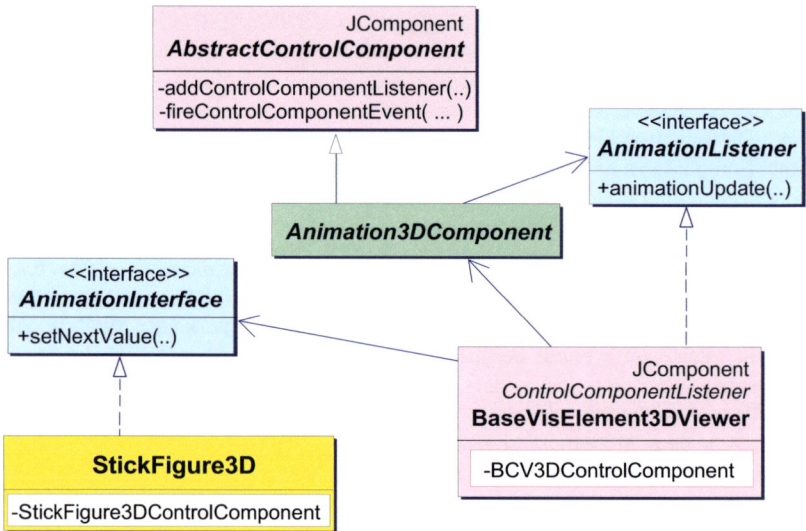

Abbildung 6.5: UML-Datenmodell für die Integration der Animationskomponente am Beispiel der Stick-Figure-Klasse.

Die Integration der Animationskomponente im 2D-Bereich ist analog aufgebaut, die einzelnen Funktionen tragen jedoch der unterschiedlichen Art der Grafikerzeugung mit Java2D Rechnung.

6.3 Aufbau des Java3D-Szenegraphen des Basis-Visualisierers

Zur räumlichen Darstellung unter Verwendung der Fähigkeiten eines 3D-Grafiksystems wie Java3D bzw. OpenGL ist es erforderlich, eine eigene, individuelle Struktur eines so genannten Szenegraphen zu erzeugen. Der Szenegraph enthält neben den sichtbaren Geometrieelementen unterschiedliche Strukturelemente, welche eine interaktive Benutzung der abgebildeten Szene ermöglichen. Je nach erforderlichem Komfort bzgl. Änderbarkeit der Elemente oder deren Positionen und Orientierungen ergibt sich ein entsprechend komplexes Gebilde. Details über die Funktionsweisen und Aufgaben eines Java3D-Szenegraphen und seiner einzelnen Strukturelemente finden sich in Abschnitt B.

Den Szenegraphen, welcher der vorliegenden Arbeit zu Grunde liegt, zeigt Abbildung 6.6. Auf die Abbildung des rechten Teils des Java3D-Szenegraphen (siehe Abschnitt B.2.2 bzw. Abbildung B.1) kann verzichtet werden, da er strukturell für jeden beliebigen Szenegraphen identisch ist.

Direkt an die *Locale*-Instanz wurde eine Basis-*BranchGroup* als Wurzelelement angehängt, welche sämtliche Mausaktionen, Beleuchtungen sowie den Hintergrund enthält. Neben diesen für das Szenenumfeld und der Benutzerinteraktion erforderlichen Elementen repräsentiert eine *TransformGroup* (*MainTransformGroup*) die Haupttransformation der Applikation (Basisvisualisierer).

Prinzipiell wird bei Interaktionen die gesamte Szene um den Koordinatenursprung gedreht bzw. gezoomt, welcher durch die Transformationsmatrix der Haupt-*TransformGroup* gegeben ist. Bei annähernder Gleichverteilung aller abgebildeten Geolokationen liegt der geometrische Schwerpunkt in der Nähe des Koordinatenursprungs. Liegen jedoch Daten konzentriert an einem Rand der Darstellung, also relativ weit vom Ursprung entfernt, so lässt sich die Szene für den Benutzer nur relativ mühsam interaktiv drehen, wenn der Fokus der Betrachtung auf genau den weit vom Usrprung entfernten Elementen liegen soll.

Deshalb kann die gesamte Szene beliebig zu verschoben werden, um das genannte Komfort-Defizit bei der Benutzerinteraktion zu beseitigen. Da sämtliche Mausbewegungen auf die Haupt-*TransformGroup* wirken, wird durch eine weitere *TransformGroup* die gesamte Szene relativ zum absoluten Koordinatensystem verschoben (*GeosAndSurrogateTG*).

Ein angehängter *Switch* (*GeosAndSurrogateSwitch*) enthält sämtliche Geometrieelemente in Form von gebündelten, strukturell den Geolokationen nachgebildeten Elementen sowie eine ebensolche Anzahl von Surrogaten, die in Form einfacher, transparenter Zylinder vorliegen. Die Surrogate werden angeboten, um bei großen Datenmengen eine beschleunigte Interaktion zu ermöglichen, indem beim Drehen der Szene lediglich ein einfacher Zylinder pro Geolokation und nicht deren viele detaillierten Basiselemente dargestellt werden.

Da ein *Switch* das einfache Ein- und Ausblenden einzelner Elemente ermöglicht, sind sämtliche Hilfselemente wie Koordinatensystem, Weltkarte, Erdkugel sowie Gitter-Representationen einem separaten *Switch* zugeordnet (*UtilitiesSwitch*). Durch die Separierung in einzelne Switch-Elemente werden die rein zur Darstellung des Szenenumfelds erforderlichen Elemente von den eigentlichen Daten (Basiselementen) getrennt.

Die Surrogate werden in einer übergeordneten *TransformGroup* zusammengefasst, um sie bezüglich der Strukturhierarchie analog zu den Geolokations-Elementen behandeln zu können. Eine beliebige Menge an Elementen, die vorhanden sein können, wird in Abbildung 6.6 durch einen dicken grauen Pfeil und durch das Zeichen „*" im Namen sowohl für die Geolokations-Elemente als auch für deren Surrogate dargestellt.

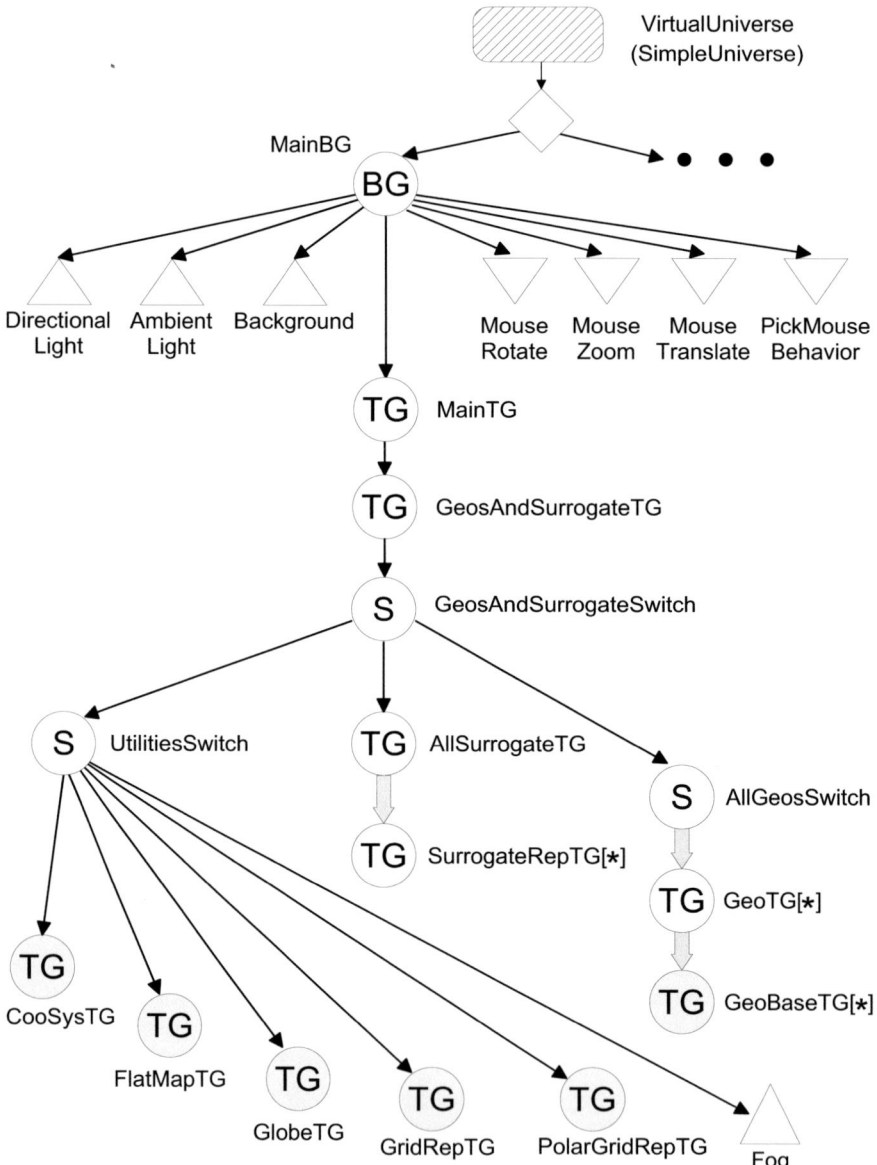

Abbildung 6.6: Szenegraph des Basis-Element-Viewers.

Die grau hinterlegten *TransformGroup*-Symbole verdeutlichen, dass die darzustellende Geometrie als eigene Komponenten mit eigener Hierarchie (*Groups*, *Nodes*, *Appearances*, Geometrie, etc.) an die jeweilige *TransformGroup* angehängt sind.

6.4 Benutzungsoberflächen

Bei der Realisierung der Benutzungsoberflächen wurde besonderen Wert auf Kompaktheit, Variierbarkeit, Erweiterbarkeit und Benutzerfreundlichkeit gelegt, damit die Vielzahl unterschiedlicher Funktionalitäten durch den Benutzer mit möglichst wenig Aufwand verwendet werden können.

Ausgangspunkt für eine Visualisierung der MIPAS/ENVISAT-Daten ist die Basis-Applikation zur Suche nach Spurengasprofilen in der Datenbank (Abbildung 6.7). Sie war bereits mit Grundfunktionalität (Suche und Darstellung der Suchergebnisse) vorhanden und wurde für die Visualisierung stark erweitert.

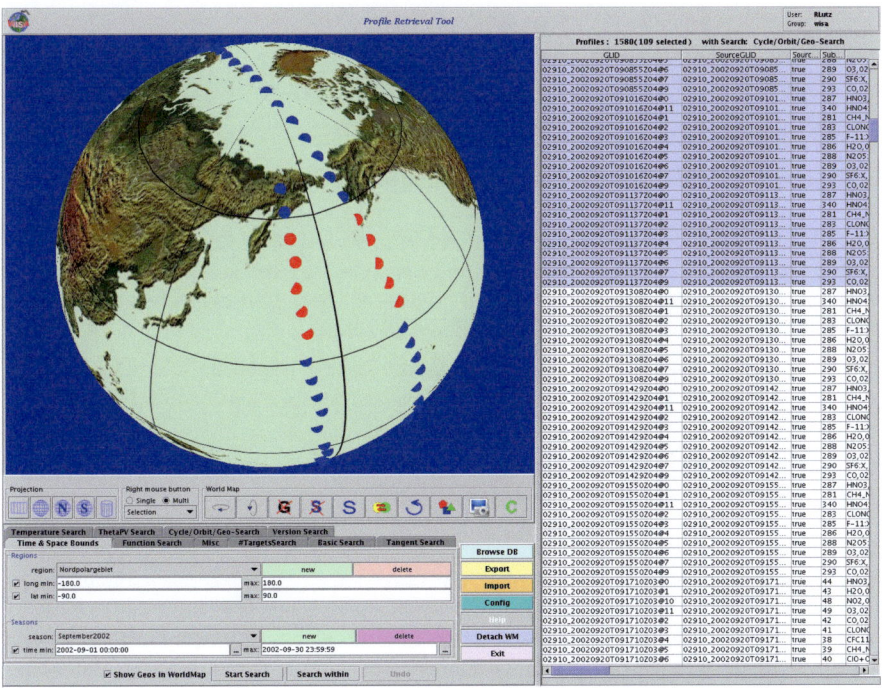

Abbildung 6.7: Grafische Benutzungsoberfläche der Basis-Applikation

Die gefundenen Profile werden sowohl auf einer Weltkarte oder einem Globus sowie in einer Tabelle angezeigt und können in beiden Bereichen selektiert werden. Für eine Visualisierung ausgewählter Profile kann durch ein Untermenü der Basis-Visualisierer mit dem gewünschten 2D- oder 3D-Visualisierungselement ausgewählt werden.

Die Visualisierung der Profilverläufe findet anschließend durch den Basis-Visualisierer statt. In Abbildung 6.8 ist der Basis-Visualisierer zu sehen, der die in Abbildung 6.7 selektierten Profile (rot) mit Hilfe der Stick-Figure-Elemente auf dem Globus darstellt.

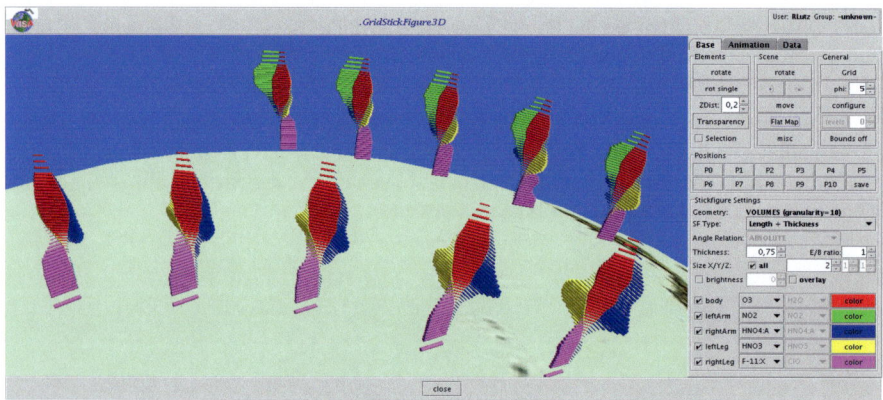

Abbildung 6.8: Grafische Benutzungsoberfläche des Basis-Visualisierers

Dem Benutzer wird es nun ermöglicht, durch eine Vielzahl von Konfigurationsmöglichkeiten, eine für ihn optimale Visualisierung der Spurengasverläufe zu erreichen. Höhe und Breite beider Benutzungsoberflächen können auf dem Bildschirm beliebig gewählt werden, um Bilder beliebiger Größe generieren zu können.

In Anhang D wird der schematische Aufbau der beiden Benutzungsoberflächen sowie einzelne Instanzen (Abbildungen) weiterer Visualisierungsmodule detailliert beschrieben.

6.5 Optimierungsbetrachtungen

Bei der Realisierung der zugrunde liegenden 3D-Software wurde frühzeitig klar, dass neben einem enormen Speicherplatzbedarf von Java3D auch die Reaktionsgeschwindigkeit der Software auf Benutzerinteraktionen bei Volumenelementen bereits für mittlere Datenmengen stark zu wünschen übrig lässt. Hieraus ergaben sich im Laufe der Entwicklung einige Designänderungen sowohl im Datenmodell als auch in der Struktur der Datensätze bzw. des Szenegraphen. Die wesentlichen Optimierungen werden im vorliegenden Abschnitt vorgestellt.

Evaluiert wurde anhand eines Datensatzes für drei Orbits (Nr. 4037-4039). Die Orbits besitzen nach der Aufbereitung (siehe Anhang A) je acht Spurengasprofile. Insgesamt ergeben sich 217 Geolokationen für 49 Höhenschichten (0-50km). Damit werden 10633 Basiselemente dargestellt. Jedes Basiselement besteht aus einer unterschiedlichen Anzahl von Geometrieelementen. So müssen für ein Strichmännchen 53.165, für Data Jacks 74.431 und für Bar Charts im vorliegenden Fall 85.064 Geometrieelemente erzeugt und dargestellt werden.

Aus rein visualisierungstechnischer Sicht stellen mehr als 50.000 Elemente bereits recht große Datenmengen dar, der Benutzer (Meteorologe) möchte allerdings gerne viele dutzend Orbits gleichzeitig dargestellt haben.

Im folgenden sind die wichtigsten Optimierungen aufgeführt, die zu einer beträchtlichen Verbesserung des Systemverhaltens führten:

- **Geometrien**

  Im Repertoire von Java3D stehen verschiedene Geometrien zur Verfügung, welche zur Visualisierung verwendet werden können. Sie sind grundsätzlich in zwei Kategorien unterscheidbar: Primitivobjekte und Volumenobjekte. Zu Ersteren zählen Linienkonstrukte und Flächen, zu Letzteren Volumenobjekte wie Quader, Zylinder und Kugel. Aufgrund des erhöhten Speicherverbrauchs beim Einsatz von Volumenelementen ist bei der Realisierung mancher Visualisierungselemente auf solche Objekte verzichtet worden. Die sichtbaren Konstrukte wurden dann aus Primitivelementen aufgebaut. Beispielsweise wurden die einzelnen Quader der Bar Charts (s. Kapitel 2.8) nicht durch das Primitivelement *Box* dargestellt, sondern aus sechs einfachen Flächen und zwölf Konturlinien aufgebaut. Das führte zu einer Reduktion des Speicherplatzbedarfs um ca. 45%.

  Bei Java3D ist es möglich, einzelne Geometrieelemente (Primitive, aber auch *Shape3D*-Objekte) mehreren Gruppenelementen zur Verfügung zu stellen. Das hat zum Ziel, dass u. U. nur relativ wenige Geometrieelemente erzeugt werden müssen. Die Zugriffsteilung (Sharing) ist allerdings ausschließlich unter Verwendung der beiden Klassen *javax.media.j3d.Link* und *javax.media.j3d.SharedGroup* möglich. Hierbei muss zwischen dem Geometrieelement und der positionierenden *TransformGroup* je eine *Link-* und eine *SharedGroup*-Instanz zwischengeschaltet werden.

  Zwar konnte dadurch eine Speicherplatzreduktion von ca. 25% erreicht werden, die Reaktionsgeschwindigkeit bei Benutzerinteraktionen wurde demgegenüber allerdings deutlich verlangsamt, was auf die zusätzliche Strukturhierarchie der Szene zurückzuführen ist.

  Der Anteil der Geometrie am Gesamtspeicherbedarf beträgt ca. 65%, abhängig von der Art der Primitive. Der restliche Teil entfällt im wesentlichen auf die Strukturelemente der Szene (*TransformGroups*, *BranchGroups*, etc.). Allein für einen Zylinder mit 10 dessen Form approximierenden, ebenen Seitenflächen werden insgesamt 60 Eckpunkte benötigt, wobei zur schnelleren Verarbeitung (Rendering) die Eckpunkte exklusiv für je eine Fläche zur Verfügung stehen. Für drei Orbits mit 60 Höhen ergeben sich bei Stick Figures als Basiselement rund 60*5*50.000=15 Mio. Eckpunkte. Hinzu kommen pro Eckpunkt ein Normalenvektor und ein Farbwert mit je drei Fließkommazahlen.

- **Appearances**
  Hier bestehen große Optimierungsmöglichkeiten, da für jedes Spurengas genau eine Farbe verwendet wird. Eine *Appearance*, welche Farben und Linienattribute enthält, stellt ihre Daten lediglich zum Auslesen zur Verfügung, d.h. sie muss nicht vollständig in jedes Element integriert werden, welches seine Informationen aus der *Appearance* erhält. Das bedeutet, dass es ausreicht, maximal so viele *Appearance*-Instanzen zu erzeugen, wie Spurengase vorhanden sind. Als Resultat konnte eine deutliche Erhöhung der Reaktionszeit auf Änderungen von Farbe oder Linienattributen erreicht werden.

- **TransformGroups**
  Da eine TransformGroup und alle ihre Kindelemente gemeinsam verschoben, rotiert und skaliert werden können, ist darauf zu achten, dass nicht die Gemetrieelemente selbst, sondern ausschließlich deren Eltern-TransformGroup manipuliert wird. Ebenso gilt das für alle Zweige des Szenegraphen.

  Muss daneben die neue Position oder Orientierung einer Transformation oft berechnet werden, so ist im Einzelfall zu untersuchen, ob nicht strukturelle Änderungen des Szenegraphen wirkungsvoller sind als die stete Neuberechnung der Transformationsmatrix für viele Elemente.

- **Struktur**
  Als trivialste Struktur kann pro Basiselement eine positionierende TransformGroup als Kindelement an die Haupt-BranchGroup angehängt werden. Parallel müssen Referenzen auf die Basiselemente in unterschiedlichen Containern (*Array*, *HashMap*, *HashSet*, etc.) gehalten werden, um den Zugriff auf die Elemente zu beschleunigen. Das hat allerdings Konsequenzen auf die Reaktionszeit, wenn lediglich einzelne Elemente oder alle Elemente einer Geolokation betroffen sind. Ebenso sollen einzelne Höhenschichten ein- und ausgeblendet werden können, wobei beim Wechsel von einer Höhenschicht zur nächsten jeweils alle Elemente betrachtet werden müssen ("liegen die Elemente in der selben Schicht?").

  Zwar kann das durch die Verwendung einer Vielzahl von Referenz-Containern erfolgen, strukturell klarer und für viele Aktionen am leistungsfähigsten ist allerdings eine Geolokations-orientierte Gruppierung der Elemente.

  In der Softwareapplikation der vorliegenden Arbeit ist es möglich, direkt von der ebenen Darstellung (Weltkarte) auf die räumlich polare Darstellung (Weltkugel) hin und her zu wechseln. Hierzu müssten die Transformationsmatrizen für sämtliche Basiselemente von kartesischen zu polaren und von polaren zu kartesischen Koordinaten umgesetzt werden. Die Neuberechnung alleine verursacht einen relativ geringen

Aufwand, das Setzen der Matrix inklusive Positionierung und Neudarstellung der Elemente auf dem Bildschirm geht dagegen verhältnismäßig langsam vonstatten. Gerade hier bietet sich eine Geolokations-orientierte Gruppierung an, da sämtliche Basiselemente einer Geolokation dieselben X- und Y-Koordinaten besitzen und sich lediglich in der Z-Koordinate unterscheiden.

- **Switches**
  Wie bereits beschrieben, können ausschließlich *BranchGroups* während der Laufzeit in den Szenegraphen eingehängt bzw. daraus entfernt werden. Mit jeder der beiden Aktionen ist eine erneute zeitaufwändige Konsistenzprüfung der Szenegraphen bzw. des Szenegraph-Zweiges erforderlich. Sollen viele Elemente aus einem Szenegraph-Zweig entfernt werden – im vorliegenden Fall sollen Elemente ein- und ausgeblendet werden, die ein bestimmtes Spurengas repräsentieren – so erhöht sich die Wartezeit für den Benutzer zum Teil dramatisch.

  Hier bietet sich die Verwendung eines Switch-Objetkts an: sämtliche Elemente, welche ein- oder ausgeblendet werden sollen, werden einem Switch zugeordnet. Eine einfache Zuweisung von logischen Werten zur Sichtbarkeit der einzelnen Elemente über die dem Switch zugeordnete *BitSet*-Instanz (*java.util.BitSet*) veranlasst den Renderer, lediglich die sichtbaren Elemente darzustellen. Der Aufwand beschränkt sich daher lediglich auf die Auswahl der darzustellenden Elemente sowie dem Rendering, d.h. dem Neuzeichnen des Bildschirminhalts.

- **Surrogate**
  Wird eine Szene am Bildschirm durch den Benutzer interaktiv rotiert oder verschoben, so versucht der Renderer, sämtliche sichtbaren Elemente in Echtzeit darzustellen. Bei geringen und mittleren Datenmengen – ja nach Hardware-Ausstattung bis ca. 50 Geolokationen bzw. 2.500 Basiselemente – lässt sich die Applikation befriedigend bedienen. Um auch größere Datenmengen schnell im Raum positionieren zu können, bietet es sich an, ein einfaches Geometrie-Primitiv als Surrogat zu verwenden, welches jeweils eine Geolokation repräsentiert. Dafür bietet sich beispielsweise ein Zylinder an, welcher die gleichen geometrischen Daten wie die entsprechende Geolokation erhält (Position, Höhe, Durchmesser). Die Surrogate müssen beim Klicken der für die räumliche Bewegung zuständigen Maustaste anstelle der realen Geolokationen dargestellt werden, wofür sich wiederum ein *Switch*-Element zum Umschalten der Szene anbietet.

- **Auslagerung der Visualisierer in eigene Systemprozesse**
  Ein grundsätzliches Speicherplatzproblem ergibt sich bei der Verwendung von Java: die für die Ausführung eines Java-Programms erforderliche so genannte virtuelle Maschine (VM), d.h. die Laufzeitumgebung von Java, wird mit der Angabe des beim Start anzulegenden (minimalen) und des maximalen Arbeitsspeichers gestartet.

Danach sind sämtliche Elemente nur innerhalb der virtuellen Maschine verfügbar[6] und der Speicher kann nachträglich nicht erweitert werden. Das hat zur Folge, dass bei zu großen Datenmengen das Programm zum Abbruch gezwungen wird, wenn der verfügbare Speicherplatz ausgeschöpft ist.

Zwar verfügen die meisten heutigen Computersysteme über mehrere GigaByte an Arbeitsspeicher, jedoch reicht auch der gegebene Arbeitsspeicher beim parallelen Betrieb mehrerer Basis-Visualisierer schnell nicht mehr aus. Auch im Laufe der Entwicklung des Visualisierungssystems traten vermehrt die genannten Speicherplatzprobleme auf.

Als eine sehr gute Lösung erwies sich die Separierung jedes Basis-Visualisierers in einen eigenen Betriebssystemprozess. Dadurch kann für jeden Visualisierer ein eigener Speicheplatzbedarf angegeben werden.

Die Grenzen liegen dann bei der Fähigkeit des Betriebssystems, mehrere parallele Visualisierer so zu verwalten, dass für den Benutzer der gewünschte Visualisierer in möglichst kurzer Zeit in den Bildschirmvordergrund geladen wird. Beim Erreichen der Arbeitsspeichergrenzen beginnt das Betriebssystem, nicht aktiv benutzte Applikationen in den Hintergrund zu legen bzw. auf einen temporären Speicher auszulagern. Das Aktivieren einer passiven Applikation führt dann zu deren Laden in den Arbeitsspeicher und dem Auslagern einer nun passiven Applikation.

Die Basis-Visualisierer werden nach Auswahl der darzustellenden Profile von der Basis-Applikation (s. Anhang D.1) als eigener Betriebssystemprozess gestartet. Dazu werden die Datensätze von der Applikation binär zwischengespeichert und anschließend vom Basis-Visualisierer eingelesen und visualisiert.

Durch den Start der Basis-Visualisierer in einem eigenen Prozess konnten die meisten Speicherplatzprobleme drastisch reduziert werden. Grenzen des Verfahrens liegen darin, dass für den einzelnen Prozess sichergestellt werden muss, dass die auch für ihn anzugebende Speichergröße ausreicht. Zu deren Bestimmung wird eine vom jeweiligen Visualisierungselement und von der Datenmenge abhängige Abschätzung vor dem Start des Prozesses durchgeführt und bei Überschreitung vorgegebener Grenzen wird der Benutzter durch das System gewarnt.

[6]Hierbei handelt es sich um den Standardfall. Durch gezielte Programmierung können Java-Elemente serialisiert und im Binärformat geschrieben und gelesen werden. Damit lassen sich einzelne, auch komplexe Elemente auslagern, was allerdings auf Kosten der Laufzeit des Programms geht.

7 Zusammenfassung und Ausblick

In der vorliegenden Arbeit wurde ein neues Konzept für die Visualisierung kontinuierlicher, multidimensionaler Satellitendaten entwickelt und anhand von Daten des MIPAS-Instruments experimentell erprobt. Im Einzelnen wurden folgende Teilziele verfolgt:

- Erarbeitung eines neuen Konzepts zur Visualisierung von multidimensionalen Spurengasprofilen von MIPAS/ENVISAT-Satellitendaten durch eine neue Darstellungsmethode in Form von Geometrieelementen basierend auf unterschiedlichen 2D-Diagrammarten im 2D- und 3D-Raum ohne Manipulation der Datenwerte.

- Die Sicherstellung der Fähigkeit zur Visualisierung jedes beliebigen Datensatzes, welcher dem vorgegebenen Datenformat entspricht sowie die Gewährleistung, dass das Softwareprodukt beliebige Profile der MIPAS/ENVISAT-Datenbank finden, auslesen und visualisieren kann.

- 3D-Abbildung von räumlichen und zeitlichen Profilverläufen zur verbesserten Identifizierbarkeit mehrerer gleichzeitig dargestellter Spurengase unter Nutzung diverser visualisierungstechnischer Hilfsmittel

- Optimierung der Identifizierbarkeit von Spurengasverläufen und -korrelationen durch hohe Benutzer-Interaktivität in Form von individueller Anpassung der dargestellten Elemente der 3D-Szene

- Unterstützung der Identifizierbarkeit und Aufwertung der Visualisierung durch Verwendung von Animation sowohl bei 2D- als auch bei 3D-Visualisierungen

- Entwicklung einer Methode zur schnellen Erstellung von Profilverläufen entlang überflogener Messstrecken (Orbits und Teilorbits) zur Beschleunigung der Beurteilung der Qualität der Berechnungsergebnisse (Profilverläufe, interessante Bereiche, Ausreißer, etc.)

- Entwicklung einer leistungsfähigen, komponentenbasierten und plattformunabhängigen Visualisierungs-Software zur Darstellung von Ergebnisprofilen mit den entwickelten Methoden und Konzepte und zur beschleunigten Darstellung der Berechnungsergebnisse des MIPAS/ENVISAT-Mission

Dazu wurde in Kapitel 1 der Entwicklungsstand bezüglich der Darstellung multidimensionaler Datensätze aufgezeigt, vorhandene Ansätze detailliert beschrieben sowie grundlegende Visualisierungstechniken vorgestellt.

Kapitel 2 präsentiert ein neues Konzept zur 2D- und 3D-Visualisierung multidimensionaler Daten, wobei neben den für eine qualitativ hochwertige Visualisierung erforderlichen Hilfsmitteln der Visualisierung das Konzept der räumlichen Darstellung von Basis-Geometrieelementen für multidimensionale Datensätze vorgestellt wird.

In Kapitel 3 wird eine neue Methode der Profilverlaufsdarstellung entlang Orbits bzw. Teilorbits des ENVISAT-Satelliten vorgestellt, welche durch deren sehr schnelle Erzeugung die bisher aufwändige Generierung von Verlaufskarten für die schnelle Beurteilung der Berechnungsqualität der Ergebnisse überflüssig macht.

Die Möglichkeiten, welche sich durch die Erweiterung einer Visualisierung durch Bewegungsanimationen erschließen, werden in Kapitel 4 vorgestellt.

Kapitel 5 widmet sich der Bewertung der entwickelten und evaluierten Methoden und Konzepte hinsichtlich Handhabung durch den Benutzer, Ressourcenbedarf bei unterschiedlichen Datenmengen sowie Eignung für bestimmte Visualisierungsanforderungen wie Identifizierbarkeit von Profilverläufen und -korrelationen.

Die Realisierung und Evaluierung der vorgestellten Konzepte und Methoden erfolgte durch die Entwicklung einer leistungsfähigen 2D- und 3D-Visualisierungssoftware. Die Systemarchitektur, das zugrunde liegende Datenmodell, die Struktur der Datensätze sowie der 3D-Szenenaufbau werden in Kapitel 6 erläutert.

Die wesentlichen Ergebnisse der Arbeit sind:

- Ableitung eines Konzeptes für die Visualisierung kontinuierlicher, multidimensionaler, meteorologischer Satellitendaten. Das neue Konzept beinhaltet die Überführung von bisher nur im zweidimensionalen Bereich für die gleichzeitige Darstellung mehrerer Parameter verwendeten Diagrammarten in den dreidimensionalen Bereich unter Nutzung der spezifischen Eigenschaften der gegebenen Satellitendaten. Mehrere Methoden bzw. Visualisierungsarten konnten erfolgreich durch das neue Konzept realisiert werden.

  Die vom Messsystem MIPAS des Umweltsatelliten ENVISAT stammenden Datensätze liegen als eine Ansammlung mehrerer Spurengasprofile an einzelnen geografischen Positionen vor. Die Profile beinhalten Spurengaswerte in unterschiedlichen Höhen. Im Rahmen des neuen Konzeptes werden für jede geografische Position die vorhandenen Spurengaswerte für einzelne Höhen zusammengefasst, wodurch sich ein höhenabhängiger Datensatz ergibt. Der Datensatz kann nun mit unterschiedlichen Visualisierungsarten im 3D-Raum dargestellt werden. Für jede Visualisierungsart wurde ein grafisches Visualisierungselement entwickelt, welches mit einen neutralen Basis-Visualisierer abgebildet und dessen Aussehen durch den Benutzer interaktiv gesteuert werden kann.

  Aufgrund der höhenorientierten Anordnung der Elemente ergeben sich neuartige räumliche Strukturen, die mehrere Spurengasprofile gleichzeitig für viele Datensätze in einer 3D-Szene ohne Manipulation der Daten (Approximation, Interpolation, etc.) als Profilverläufe darstellen können.

- Das Teilziel, beliebige Profildatensätze des MIPAS/ENVISAT-Experiments laden und anzeigen zu können, wurde leicht erreicht, alle in der Datenbank vorhandenen Datensätze konnten problemlos geladen und auf unterschiedliche Weisen visualisiert werden. Allerdings müssen die Datenmengen dabei je nach Visualisierungsart begrenzt werden.

- Die grafische Darstellung der geladenen und angezeigten Datensätze können mit Hilfe mehrerer unterschiedlcher Hilfsmittel wie Weltkarte, Globus, Gitter etc. durch den Benutzer interaktiv so weit optimiert werden, dass die Lösung wichtiger Aufgabenstellungen (z.b. das Erkennen von Korrelationen zwischen Spurengasverläufen) ermöglicht wird. Die Optimierung beinhaltet die Positionierung der angezeigten 3D-Szene sowie der Geolokationen, die individuelle Farbgebung aller Geomtrieelemente, die Anpassung von Abständen zwischen Visualisierungslelementen und vieles mehr. So lassen sich in fast allen Fällen aussagekräftige Abbildungen für mehrere gleichzeitig dargestellte Spurengasverläufe erreichen.

- Die Nutzung von Animationen wurden für mehrere Diagrammarten im zweidimensionalen und für sämtliche Visualisierungselemente des neuen Konzepts im dreidimensionalen Raum realisiert. Es konnte gezeigt werden, dass sich mit Hilfe von Animationen räumliche und zeitliche Änderungen auch über die zweidimensionalen Diagrammarten gut darstellen lassen. Im dreidimensionalen Raum stellt die Nutzung der unterschiedlichen Animationsarten neben der Verbesserung der Identifizierbarkeit von Profilverläufen und Korrelationen eine zusätzliche Hilfe bei räumlichen Interaktionen des Benutzers dar. In vielen Fällen konnte ein enormer Informationszuwachs verzeichnet werden. Zeitliche und räumliche Änderungen von Profilverläufen können damit gut sichtbar gemacht werden.

- Durch die Entwicklung der Methode der Parallelen Profile konnte ein Werkzeug vorgestellt werden, welches mehrere Spurengasprofile entlang eines oder mehrerer Orbits in sehr kurzer Zeit auf dem Bildschirm darstellen kann. Die Methode hat sich als sehr leistungsfähig für die Aufgabenstellung gezeigt und ermöglicht ein schnelles Erkennen von Spurengasverläufen und Korrelationen.

- Zur Evaluation des Konzepts und der Methode der Parallelen Profile wurde ein leistungsfähiges, objektorientiertes Visualisierungssystem entwickelt. Es basiert auf einzelnen Komponenten, die leicht in beliebige andere Programme der selben Programmiersprache (Java) integriert werden können. Durch die Plattformunabhängigkeit ist das System auf mehreren Betriebssystemplattformen lauffähig. Es bietet eine große Anzahl von Interaktionsmöglichkeiten für den Benutzer, eine erfolgreiche Visualisierung durchzuführen. Die zu Grunde liegende, komponentenbasierte Softwareentwicklung ermöglicht es, weitere Visualisierungelemente auf einfachste Weise in die vorhandene Software zu integrieren.

Insgesamt konnten mit allen Visualisierungselementen gute bis sehr gute Ergebnisse erzielt werden. Dabei sind die rein subjektiven Eindrücke des Betrachters zu beachten sowie dessen individuelle Fähigkeit, dreidimensionale Szenen auf dem Bildschirm interpretieren zu können. Dazu muss die Möglichkeit einer hohen Interaktivität mit dem Visualisierungssystem gegeben sein, um das bei allen Darstellungen vorhandene Problem der Überdeckung von hintereinander liegenden Elementen zufriedenstellend zu lösen.

Einzelne Visualisierungselemente stellten sich sofort für einzelne Benutzer als geeignet für die Aufgabenstellung dar, während andere Elemente in Praxistests nicht richtig überzeugen konnten. Gründe waren neben der subjektiven Wahrnehmung der Abbildungen auch eine nicht zufriedenstellende Handhabung der Elemente in Bezug auf Interaktionsmöglichkeiten und teilweise zu lange Antwortzeiten bei Interaktionen.

Hier zeigte sich ein bisher noch existierender, gravierender Nachteil der 3D-Visualisierungselemente. Während im zweidimensionalen Bereich system- und strukturbedingt keine größeren Probleme bezüglich Leistungsfähigkeit und Antwortzeitverhalten vorlagen, wurden die Interaktionen im dreidimensionalen Raum aufgrund des immensen Speicherplatzbedarfs der 3D-Visualisierungselemente und der 3D-Szene stark beeinträchtigt. So musste die Anzahl der darzustellenden Datensätze teilweise sehr niedrig gehalten werden, um ein akzeptables Antwortzeitverhalten zu erreichen. Auch zahlreiche Optimierungen der Visualisierungssoftware führten für einzelne 3D-Visualisierungselemente zu keinen zufrieden stellenden Ergebnissen für mittlere und große Datenmengen.

Besonders geeignet für den Einsatz im dreidimensionalen Raum sind Scatterplots, welche in Form von Kugeln realisiert werden und deren Elementstärke in X-, Y- und Z-Richtung sowie deren Farbe durch weitere Spurengaswerte belegt werden können. Mit Scatterplots können auch großräumige 3D-Verteilungen für mehrere Orbits dargestellt werden.

Mehrere neue Stick-Figure-Varianten ermöglichen für mittlere Datenmengen neuartige Darstellungen von Spurengasprofilen und Korrelationen im zwei- und dreidimensionalen Raum. Aufgrund der großen Interaktionsmöglichkeiten für den Benutzer eignen sich Stick Figures sehr gut für die Untersuchung von Profilverläufen.

Profilgruppen bieten aufgrund ihrer einfachen geometrischen Repräsentation durch einfache Flächenelemente und daraus resultierendem akzeptablen Speicherplatzbedarfs auch für große Datenmengen gute Ergebnisse.

Glyphen, Data Jacks und Balkendiagramme eignen sich grundsätzlich für die gleichzeitige Darstellung mehrerer Spurengasprofile im dreidimensionalem Raum, sie benötigen allerdings sehr viel Speicherplatz und konnten die Benutzeranforderung einer schnellen und komfortablen Visualisierung nur für kleine Datenmengen (z.B. Teilorbits) erfüllen.

Die neue Methode der Parallelen Profile lieferte stets sehr gute Ergebnisse bei der gleichzeitigen Darstellung von wenigen unterschiedlichen Spurengasen. Vor allem bei der Überlagerung der Profile mit anderen Spurengasen durch Farbüberlagerung entlang von Orbits sowie durch die hohe Interaktionsgeschwindigkeit zeigt die neue Methode ihre besonderen Stärken.

Insgesamt kann festgehalten werden, dass den Benutzern des Visualisierungssystems ein leistungsfähiges Werkzeug in die Hand gegeben wurde, mit dem bei Nutzung der geeigneten Methoden große Zeitersparnisse gegenüber der bisherigen Vorgehensweise zur Visualisierung von Profilverläufen möglich sind. Insbesondere für den Einsatz zur schnellen Untersuchung von Ergebnisdaten und zur Suche nach Korrelationen und Besonderheiten eines Spurengas-Profilverlaufs stellt das Visualisierungssystem eine große Unterstützung und Arbeitserleichterung für Meteorologen des MIPAS/ENVISAT-Umfelds dar.

Ausblick

Die Visualisierung multidimensionaler, kontinuierlicher Satellitendaten erfährt durch die Vorstellung des in der vorliegenden Arbeit entwickelten Konzepts eine neue Qualität durch Verwendung einer 3D-Szene sowie durch die Integration von Animationen.

Die Darstellung der Daten durch unterschiedliche Visualisierungselemente hat sich als gut handhabbar bei kleinen bis mittleren Datenmengen erwiesen. Für größere Datenmengen hatte sich jedoch als wesentliches Problem für den Einsatz der 3D-Visualisierung mit Java3D der Ressourcenverbrauch und die mangelnde Leistungsfähigkeit bei der Verwendung von Visualisierungselementen ergeben, die aus Volumenelementen aufgebaut sind.

Gründe hierfür sind teilweise in der Philosophie und Struktur von Java3D selbst zu suchen als auch in der Tatsache, dass Volumenelemente grundsätzlich durch sehr viele Basiselemente repräsentiert werden müssen. Eine weitere, wenn auch geringere Einbuße der 3D-Leistungsfähigkeit ergibt sich durch Verwendung der einzelnen Graphikbibliotheken (OpenGL bzw. DirectAccess), welche als Zwischenschicht zwischen Software und Grafikkarte eingesetzt werden. Die Graphikbibliotheken sind einerseits durch ihre applikationsunabhängige Verwendbarkeit universell einsetzbar, andererseits führt die Unabhängigkeit zu – wenn auch geringen – Leistungseinbußen. Hier kann eine Optimierung durch aufwändige, direkte Programmierung der Grafikkarte auf Kosten der Flexibilität der Software erreicht werden. Da die Graphikbibliotheken jedoch ebenfalls sehr gut optimiert sind, steht der Aufwand einer Direktprogrammierung in keinem Verhältnis zum zu erwarteten Leistungsgewinn.

Auch die Entwicklung leistungsstärkerer Prozessoren lassen zukünftig – bezogen auf die Zentraleinheit des Computers als auch auf den Grafikprozessor – auf eine Beschleunigung der 3D-Visualisierung hoffen. Jedoch steigt erfahrungsgemäß parallel dazu der Anspruch des Benutzers, die Datenmenge erhöhen zu können.

Insgesamt können die Leistungsprobleme mit anderen Möglichkeiten zumindest reduziert werden. Hierfür bieten sich folgende Untersuchungen an:

- Führt die Nutzung von Prozessorleistung direkt auf der Grafikkarte zu beschleunigter Interaktion bei großen Datenmengen?

  Neuere Aktivitäten in der Forschung weisen darauf hin, dass durch die Verlagerung einfacher, rechenintensiver Prozesse auf die Prozessoreinheit der Grafikkarte (GPU – Graphical Processing Unit) eine beträchtliche Steigerung der Leistungsfähigkeit des Gesamtsystems zu erreichen ist. Eine Untersuchung dieses Ansatzes zum Zwecke der 3D-Visualisierung von Spurengasprofilen mittels Geometrieelementen könnte das Problem der langen Interaktions-Antwortzeiten bei großen Datenmengen zumindest teilweise lösen. Allerdings muss hierbei die Visualisierungsapplikation zumindest teilweise auf die Programmiersprache C++ portiert werden, da dieser Grafikkartenzugriff über Java3D-Klassen noch nicht realisiert ist. Ein Nachteil ist neben dem beträchtlichen Portierungsaufwand die Inkaufnahme des Verlusts der Plattformunabhängigkeit.

- Löst die Entwicklung und Integration eines speziell für Java3D abgestimmten Garbage-Collectors das Problem der Referenzfixierung zwischen nicht mehr benötigten Geometrieelementen und dem zugrunde liegenden Szenegraphen und dessen Strukturelementen?

Bei der aktuellen Java3D-Bibliothek besteht das Problem, dass Strukturelemente mehrfach referenziert werden, wobei die Referenzen beim vorgeschriebenen Löschen der Elemente nicht alle aufgelöst werden. Das führt dazu, dass der bei einer Java-Laufzeitumgebung für das Löschen von Java-Elementen aus dem Arbeitsspeicher verantwortliche *Garbage Collector* die Elemente nicht endgültig löschen kann, solange sie noch referenziert werden. Die Folge davon ist einerseits ein hoher Speicherplatzbedarf und andererseits die Notwendigkeit, für jeden Visualisierer einen eigenen Systemprozess starten zu müssen, damit das zugrundeliegende Betriebssystem nicht überfordert wird.

- Wird eine wesentliche Verbesserung der Leistungsfähigkeit bzw. der Verarbeitungsgeschwindigkeit durch gezieltes Reduzieren der anzuzeigenden Elemente (beim Zoomen etc.) erreicht?

Prinzipiell kann die Leistungsfähigkeit der Java3D-Darstellung dadurch optimiert werden, dass ausschließlich die auf dem Bildschirm sichtbaren Elemente grafisch erzeugt (gerendert) werden. Das macht sich besonders beim visuellen Vergrößern der Szene („Hineinzoomen") bemerkbar, da dadurch immer weniger Elemente sichtbar bleiben. Die vorliegende Visualisierungssoftware muss dafür strukturell so angepasst werden, dass ausschließlich die sichtbaren Elemente vom System erkannt und dargestellt werden.

Anhang

A Datenaufbereitung für form- und farbändernde, zeitliche Animation

Für die Animation der zeitbasierten Form- und Farbenänderung muss ein vollkommen anderer Ansatz gewählt werden als bei Bewegungsanimation, da die Elemente selbst geändert werden. Um die vorhandenen Basis-Visualisierer nicht erweitern zu müssen, was eine schwerwiegende Auswirkung auf die Struktur des gesamten Systems hat, kann die Animation dadurch durchgeführt werden, indem für jedes gegebene Zeitintervall $Z_i(i = 1, ..., N)$ die Parameterwerte in einem Visualisierungselement zusammengefasst werden. Dabei entstehen *DataSet1D*-Elemente (s. Abschnitt 6.1), welche für jedes Spurengas N verschiedene Werte beinhalten.

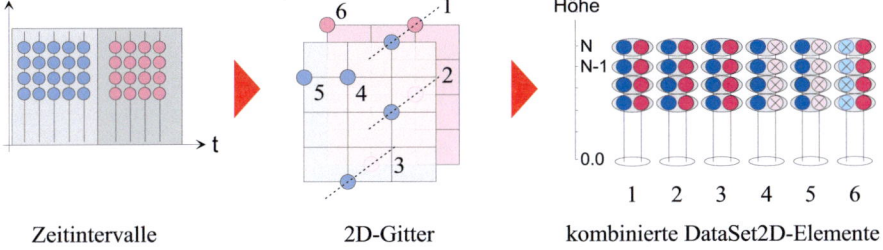

Zeitintervalle   2D-Gitter   kombinierte DataSet2D-Elemente

Abbildung A.1: Zusammenfassung einzelner DataSet2D-Elemente.

Abbildung A.1 zeigt die Vorgehensweise der Datenaufbereitung. Ausgangspunkt sind eine vom Benutzer ausgewählte Anzahl von Geolokationen bzw. deren repräsentierende DataSet2D-Elemente. In einem ersten Schritt werden die DataSet2D-Elemente zeitlich sortiert und in einzelne, vom Benutzer definierbare Zeitintervalle abgelegt. Dabei kann es selbstverständlich vorkommen, dass die Zeitintervalle unterschiedlich stark besetzt sind, was in Abbildung A.1 auf der linken Seite durch fünf bzw. vier DataSet2D-Symbole mit jeweils vier Höhenwerten veranschaulicht wird.

Anschließend werden die DataSet2D-Elemente pro Zeitintervall einem eigenen, ebenso vom Benutzer definierbaren, zweidimensionalen Gitter zugeordnet. Abbildung A.1 verdeutlicht das mit der mittleren Skizze, auf der die Gitter überlagert sind. Im dritten Schritt werden nun alle DataSet2D-Elemente, welche die selben Gitterpunktkoordinaten besitzen, zu einem einzelnen DataSet2D-Element zusammengefasst. In Abbildung A.1 sind das zunächst die Elemente 1, 2 und 3. Die neuen Elemente enthalten nun beide Parameterwerte, welche bei der Animation nacheinander aktiviert und den einzelnen Teilelementen bzw. Extremitäten zugewiesen werden.

Die Elemente 4 bis 6 liegen einzeln auf ihren Gitterpositionen vor, weshalb für die neu erzeugten DataSet2D-Elemente die fehlenden komplementären Parameterwerte auf so genannte Nullwerte gesetzt werden. Die Vervollständigung durch die Nullwerte ist notwendig, um einen fehlerfreien Ablauf der Animation bzw. der Zuordnung zu sichern. Die Gesamtanzahl der Parameter ergibt sich aus der Zahl der vorhandenen Parameter multipliziert mit der Zahl der Zeitintervalle plus drei Werte für Längen- und Breitengrad sowie Höhe bzw. die X-, Y- und Z-Koordinaten. Abbildung A.2 a) bis d) verdeutlichen den Zusammenhang zwischen der Anzahl der Gitterintervalle und dem benötigten Speicherplatz.

Abbildung A.2 a) zeigt den gewählten geografischen Bereich für die geladenen Geolokationen des Spurengases *Ozon*. Sie wurden für den Breitengradbereich von -30° bis 90° und den Längengradbereich von 60° bis 90° aus der MIPAS/ENVISAT-Datenbank geladen[1]. Abb. A.2 b) verdeutlicht den Verlauf der Messzeitpunkte (*TimeStamps*) der Geolokationen. Die Kurve verläuft nahezu linear, einzelne Sprünge weisen auf Lücken im Datenbestand hin. Die Zeitpunkte selbst werden dabei als einfache *LONG*-Werte abgebildet.

Die Originaldaten selbst besitzen genau 60 Retrieval-Höhen im Bereich von 0-120 km und wurden für den Vergleichstest auf Höhen von 60 km reduziert. Daraus resultieren 50 Höhenebenen. Die Anzahl der Geolokationen vor der Datenaufbereitung betrug 5465, d.h. es müssen 273250 Visualisierungselemente für die zeitliche Animation generiert werden.

Durch unterschiedliche Wahl der Zeitintervalle und der Gittergröße, für die jeweils ein Profil pro Gitterpunkt und Zeitintervall dargestellt werden soll, können die Daten drastisch reduziert werden. Der nun erforderliche Speicherplatzbedarf und die Anzahl der letztendlich dargestellten Profile sind in Abbildung A.2 c) abhängig von der Gittergröße grafisch aufgetragen. Die Bereiche in Abbildung A.2 d) veranschaulichen die Grenzen der minimalen und maximalen Anzahl der resultierenden Elemente pro Gitterpunkt.

---

[1]Westliche Längen- und südliche Breitengrade können auf unterschiedliche Weise benannt werden: entweder wird bei der Verwendung von ausschließlich vorzeichenfreien Gradangaben explizit der Zusatz N und S (Nord und Süd) bzw. O und W (Ost und West) angegeben oder es werden alle Breiten- und Längengrade auf ein ebenes Koordinatensystem abgebildet, das mit dem Äquator als X-Achse und dem Nullmeridian als Y-Achse erzeugt wird, wobei die westlichen Breiten- und südlichen Längengrade mit einem negativen Vorzeichen versehen werden.

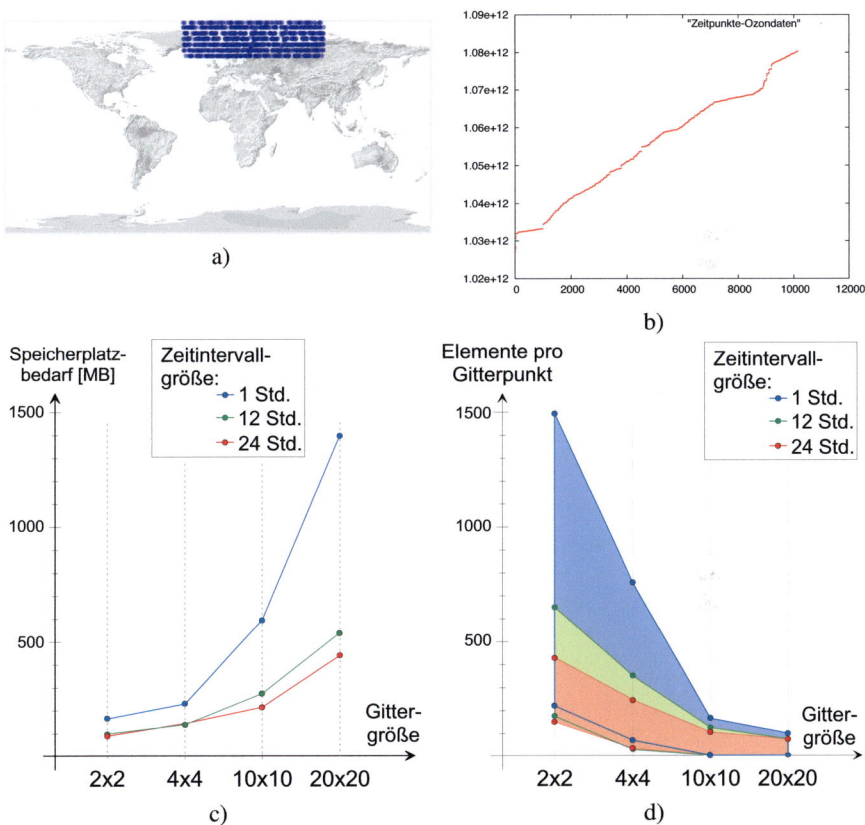

Abbildung A.2: Veranschaulichung des Speicherplatzbedarfs für unterschiedliche Elementmengen und Zeitintervalllängen:
a) geografischer Bereich der gewählten Daten, b) Verlauf der Zeitpunkte (*TimeStamps*), c) Benötigter Speicherplatz und d) Anzahl der nach der Aufbereitung dargestellten Elemente für unterschiedliche Gittergrößen.

B Java2D und Java3D - strukturelle Unterschiede

B.1 Java2D und die Java Foundation Classes

Die Java Foundation Classes (JFC) sind eine Sammlung von APIs (*Application Programming Interfaces*) zur Entwicklung grafischer Benutzeroberflächen. Sie enthalten u. a. die beiden APIs *Abstract Window Toolkit (AWT)* und *2D API* sowie die *Swing*-Komponenten. Sie wurden von Sun Microsystems für die Programmiersprache Java entwickelt [Jav09].

Das *Abstract Window Toolkit* (AWT) stellt die ursprüngliche Werkzeugsammlung von Java zur Erstellung von Benutzeroberflächen dar. Das AWT bildet die Grundlage, auf welcher der Rest der JFC aufbaut. Das 2D-API stellt weitere grafische Funktionen zur Verfügung, die im AWT fehlen und bietet eine Vielzahl von Funktionen für die zweidimensionale Darstellung.

Swing besteht hauptsächlich aus einer Menge von so genannten Lightweigt-Komponenten, die auf dem AWT aufsetzen. Neben einer Vielzahl zusätzlicher Komponenten, die nicht im AWT enthalten waren, bietet *Swing* Lightweigt-Komponenten zum Ersetzen der Heavyweight-Komponenten des AWT [Gea00]. Darüber hinaus enthält *Swing* eine eindrucksvolle Infrastruktur zum Implementieren grafischer Benutzeroberflächen.

Java2D stellt dem Benutzer eine Art Zeichenfläche zur Verfügung. Das Prinzip ist vergleichbar mit dem eines Plotters. Auf der Zeichenfläche befindet sich hierbei ein virtueller Zeichenstift. Vor der eigentlichen Zeichenaktion kann dem Stift eine bestimmte Dicke und Farbe zugewiesen werden, um den nächsten Strich oder die nächste Figur zu zeichnen. Jede Änderung am fertigen Gesamtbild zieht ein komplettes Neuzeichnen der gesamten Zeichenfläche nach sich. Der eigentliche Zeichenvorgang findet durch eine Instanz der *Graphics*-Klasse der jeweiligen Grafikkomponente statt.

Das Neuzeichnen der gesamten Zeichenfläche kann bei sehr großen Datenmengen oder komplexen Geometrien zu Laufzeitproblemen führen. Deshalb ist bei der Implementierung auf laufzeitoptimierten Quellcode zu achten. Dem gegenüber steht ein vergleichsweise sparsamer Speicherplatzbedarf, da nur einfache Grundelemente gezeichnet werden.

Ein für die Genauigkeit der Abbildung großer Nachteil ist, dass die Koordinaten, die den Elementen zugrunde liegen, ausschließlich durch einfache Integer-Werte gegeben sind, d.h. Fließkommazahlen müssen konvertiert bzw. gerundet werden. Das führt dazu, dass kleine Unterschiede in den Koordinatenwerten oftmals nicht in der Zeichnung zu erkennen sind, da beide Werte auf denselben Pixelbereich abgebildet werden. Zwar kann bei Java2D mit variabler Strichstärke gearbeitet werden, jedoch wird das Problem dadurch nicht behoben, sondern lediglich verringert.

B.2   Java3D

Java3D ist eine Klassenbibliothek für Java, welche es ermöglicht, mit Objekten im dreidimensionalen Raum zu arbeiten. Es werden Funktionen der verfügbaren Grafikschnittstelle (*OpenGL* oder *DirectX*) gekapselt und dem Programmierer vordefinierte Objekte zur Verfügung gestellt. Nicht in Java3D implementierte Funktionen von OpenGL oder DirectX können nicht direkt angesprochen werden.

B.2.1   3D-Szenegraph

Java3D kapselt die Funktionalität der zugrundeliegenden OpenGL- bzw. DirectX-Schnittstelle in ein leichter verständliches objektorientiertes Programmkonzept auf Basis eines Szenegraphen [Jav02]. Im Szenegraph wird der logische Aufbau der darzustellenden Objekte auf eine gleichartig aufgebaute, baumartige Struktur abgebildet, die wiederum aus Knoten und Blättern besteht und die im Wesentlichen aus Definitionen von Transformationen und Geometriedaten besteht. Alle Knoten und Blätter sind im Szenegraphen durch Eltern-Kind-Beziehungen miteinander verknüpft. Die so strukturierte Sicht der Szene erlaubt eine komfortable Handhabung der Objekte.

Knoten (*Nodes*) sind meist Gruppenelemente, die wiederum von der abstrakten Klasse *javax.media.j3d.Node* erben. Die Gruppenelemente haben genau ein Vorgängerelement (Parent) und können beliebig viele Unterelemente (Children) aufnehmen.

Daneben sind die Blätter (*Leafs*), die interessanterweise ebenfalls von der abstrakten Klasse *javax.media.j3d.Node* erben und somit gleichzeitig auch eine spezielle Art von Knoten sind, für konkrete Objekte wie Geometrien, Texturen (mit Hilfe der *Appearance*-Klasse) sowie für weitere Hilfselemente (Verhalten, Interaktion, Beleuchtung, etc.) vorgesehen. Sie besitzen keine Kindelemente.

Grundlegender Aufbau einer Szene

Abbildung B.1 zeigt den grundsätzlichen Aufbau eines Szenegraphen bei Java3D [Jav02]. Als oberstes Wurzelelement wird eine so genannte virtuelle Welt (*VirtualUniverse*) verwendet, welche die Szene repräsentiert. Sie verweist auf ein *Locale*-Element, welches die Basiskoordinaten und deren Auflösung enthält.

Ab der Hierarchiestufe des *Locale*-Elements ist ein Java3D-Szenegraph zweigeteilt: auf der linken Seite werden alle beteiligten Geometrie-, Visualisierungs- und Interaktionselemente baumartig an das *Locale*-Elemente angehängt und auf der rechten Seite werden die Elemente zur Organisation der Struktur gehalten sowie die Elemente zur realen Abbildung auf dem Bildschirm in Form von Eltern-Kind-Beziehungen und/oder Referenzen. Dabei symbolisieren die *BranchGroup Nodes* und die *TransformGroup Node* in Abbildung B.1 mehrere zur Organisation erforderliche Java3D-Gruppierungselemente ([Jav02]).

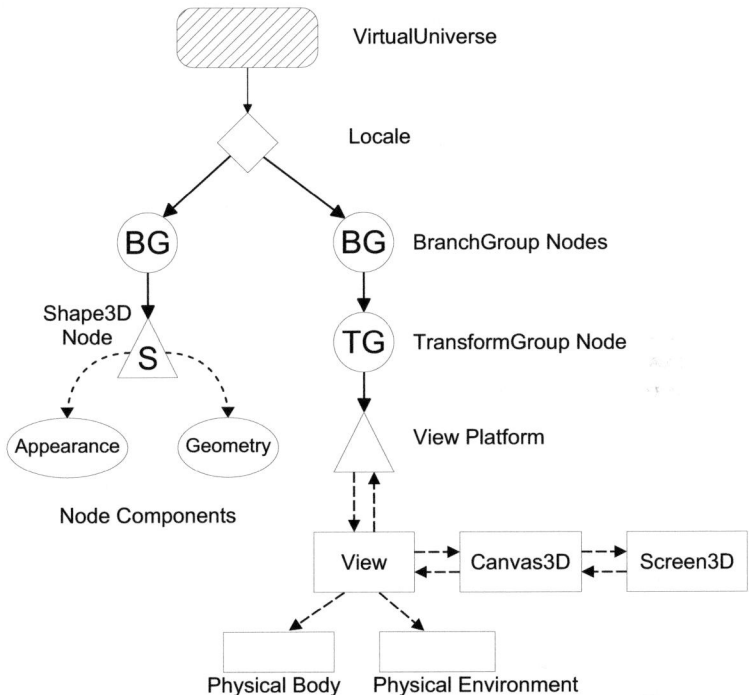

Abbildung B.1: Grundaufbau eines Szenegraphen bei Java3D [Jav02].

Für die meisten Java3D-Applikationen beschränkt sich die Modellierung des Szenegraphen auf die linke Seite des Graphen aus Abbildung B.1. Auch der Aufbau der organisatorischen Objekte (rechte Seite des Graphen) kann vom Entwickler individuell durchgeführt werden, indem sämtliche für einen Szenegraphen erforderlichen Klassen separat mit dedizierten Werten instanziert werden.

In den meisten Fällen genügt allerdings die Erzeugung einer Instanz der Klasse *SimpleUniverse* (abgeleitet von *VirtualUniverse*), welche sowohl eine *Locale*-Instanz mit Standardwerten erzeugt als auch die Initialisierung der rechten Seite des Szenegraphen übernimmt. Zu dessen Aufbau ist lediglich eine Instanz der Klasse *Canvas3D* erforderlich, welche den Szenegraphen auf dem Bildschirm sichtbar macht.

B.2.2 Szenegraph und seine wesentlichen Komponenten

Zur Modellierung eines Szenegraphen stehen eine Vielzahl von Elementen zur Verfügung. Die meisten Elemente können einem der drei folgenden Bereiche zugeordnet werden:

1. allgemeine *Basiselemente*, die entweder für einen Szenegraphen unbedingt erforderlich sind oder die als Hilfselemente eingesetzt werden,

2. *Gruppenelemente* zur Strukturierung des Szenegraphen und

3. diverse *Blattelemente* zur Realisierung der Elementdarstellung auf dem Bildschirm sowie der Interaktion durch den Benutzer.

Abbildung B.2 zeigt die zur grafischen Darstellung eines Szenegraphen erforderlichen Diagrammobjekte, wie sie für die Modellierung des Basis-Visualisierers in Abschnitt 6.2 verwendet wurden. Die Darstellung wurde [Jav02] entnommen und um die drei Gruppenelemente *Transformgroup*, *Branchgroup* und *Switch* als Spezialisierungen einer Java3D-Gruppe sowie um *Shape Node* als besonderes Blattelement erweitert. Im Folgenden werden die wichtigsten Elemente vorgestellt.

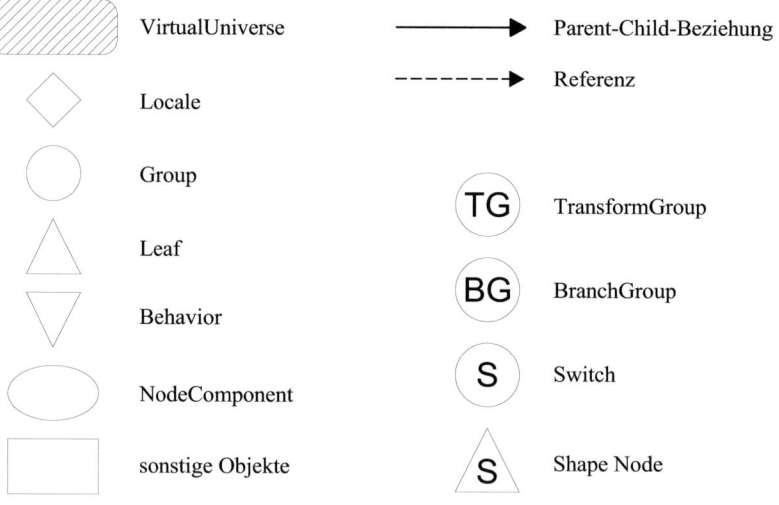

Abbildung B.2: Diagrammobjekte eines Szenegraphen bei Java3D [Jav02].

Allgemeine Basiselemente

Zum Aufbau einer Szene oder eines Szenegraphen werden folgende Elemente benötigt:

- **VirtualUniverse**

  Die Klasse *VirtualUniverse* (*javax.media.j3d.VirtualUniverse*) ist die Basis einer gesamten Szene bzw. für sämtliche Szenegraphen. Eine Applikation kann mehrere *VirtualUniverse*-Instanzen enthalten, welche sich allerdings nicht gegenseitig beeinflussen können. Zur Vereinfachung der Erzeugung einer Szene stellt Java3D die Klasse *SimpleUniverse* zur Verfügung, welche von *VirtualUniverse* abgeleitet ist und die grundlegenden erforderlichen Objekte des *View*-Graphen (rechte Seite in Abbildung B.1) zur Verfügung stellt. Das *VirtualUniverse*-Element wird im Diagramm eines Szenegraphen durch ein abgerundetes Rechteck mit Schraffur dargestellt (Abbildung B.2).

- **Locale**

  Ein *Locale*-Element definiert eine hochauflösende Position innerhalb einer *VirtualUniverse*-Instanz und dient als Container für eine Ansammlung von Sub-Graphen an der *Locale*-Position. Objekte innerhalb eines *Locale*-Elements sind durch doppeltgenaue (*double-precision*) Koordinaten relativ zum *Locale*-Ursprung definiert. Durch die Angabe der Auflösung lassen sich von der atomaren Ebene bis zum Makrokosmos alle Objekte in einem Koordinatensystem berechnen. In Abbildung B.2 wird das *Locale*-Element durch eine Raute repräsentiert.

- **Canvas3D**

  Bei der Klasse *Canvas3D* (*javax.media.j3d.Canvas3D*) handelt es sich um die wesentliche Komponente der grafischen Benutzeroberfläche. Sie wird dazu verwendet, sämtliche sichtbaren Elemente der Szene auf dem Bildschirm darzustellen. Die Integration einer *Canvas3D*-Komponente in eine grafische Applikation gestaltet sich sehr einfach, weil sie von den Java-Swing-Klassen *java.awt.Component* bzw. *java.awt.Canvas* abgeleitet ist. Da es sich bei *Canvas3D* nicht um ein klassisches Strukturelement handelt, wird es als „sonstiges Objekt" durch ein Rechteck in einem Szenegraphendiagramm dargestellt.

- **Appearance**

  Für die Definition des äußeren Erscheinungsbildes einzelner Elemente werden Instanzen der Klasse *javax.media.j3d.Appearance* verwendet. Sie definieren Farbe, Linienart und -stärke sowie Texturen der einzelnen Oberflächen. Die *Appearance*-Instanzen werden von den Geomtrieelementen referenziert. Eine *Appearance* repräsentiert eine *NodeComponent* im Diagramm und wird entsprechend durch eine Ellipse dargestellt.

- **Transform3D**

  Eine Transform3D-Klasse repräsentiert eine 4x4-Transformationsmatrix, welche zur Positionierung einzelner Zweige der Szene oder der Szene selbst verwendet wird. Die inhärente Matrix kann durch Klassenmethoden verschoben, rotiert und skaliert werden. Daneben existieren weitere Klassenmethoden zur Manipulation der Matrix (normalisieren, invertieren, multiplizieren etc.).

- **Vector3d, Vector3f**

  Beide Klassen repräsentieren einen mathematischen Vektor durch x, y und z-Koordinaten in doppelter (*javax.vecmath.Vector3d*) oder einfacher (*javax.vecmath.Vector3f*) Fließkommagenauigkeit. Die Klasse bietet die gängigen Methoden zur Vektorarithmetik an (Skalar- und Vektorprodukt, Länge des Vektors, Winkel zwischen zwei Vektoren etc.). Die *Vector3f*-Klasse wird zur Erzeugung und Darstellung der Geometrie-Elemente verwendet, d.h. jedes Geometrieelement, welches aus Teilflächen aufgebaut werden kann, referenziert beliebig viele *Vector3f*-Instanzen z.B. als Normalenvektoren der einzelnen Teilflächen[1].

  Die Normalenvektoren an den Ecken jeder Teilfläche werden für das Rendering der Elemente benötigt, um ein möglichst reales Aussehen zu erzeugen. So werden beispielsweise für einen Zylinder, der aus zehn senkrechten Teilflächen plus obere und untere Kreisfläche – die wiederum zwei Polygonflächen sind – bestehen soll, insgesamt 60 Normalenvektoren erzeugt[2]. Das begründet u.a. den relativ hohen Speicherbedarf der Volumenelemente.

Gruppen als Strukturelemente

Als wesentliche Strukturelemente werden bei Java3D folgende Klassen verwendet, welche allesamt von der Klasse *javax.media.j3d.Group* erben [Jav02]:

- **TransformGroup**

  Eine *TransformGroup* (*javax.media.j3d.TransformGroup*) ist ein Knoten, der eine räumliche, affine Transformation in Form eines *Transform3D*-Objekts (4x4-Matrix) enthält. Sie kann sämtliche Kind-Elemente relativ zum Ursprung des Eltern-Elements positionieren, orientieren und skalieren. Das bedeutet, dass die Auswirkungen mehrerer untereinander angeordneter *TransformGroups* kumulativ sind.

---

[1]Jedes Geometrieelement wird in Java3D als Körper aus einzelnen, ebenen Teilflächen gebildet, welche die Mantelfläche näherungsweise darstellen.Das plastische Aussehen von Körpern mit gekrümmten Flächen (Kugel, Zylinder, etc.) entsteht beim Rendering der Szene durch das Schattieren des Elements. Hierzu ist die Definition aller Normalenvektoren an den Eckpunkten aller Teilflächen erforderlich.

[2]Jede der zehn senkrechten Teilflächen (Rechteck) besitzt vier, jede Kreisfläche (Polygonfläche mit zehn Ecken) zehn Normalenvektoren.

- **BranchGroup**

  Eine *BranchGroup* (*javax.media.j3d.BranchGroup*) bildet die Spitze eines jeden Szenegraph- und View-Zweiges. *BranchGroups* sind die einzigen Elemente, die einem *VirtualUniverse*-Objekt (bzw. deren *Locale*) zugeordnet und die zur Laufzeit an ein beliebiges Knotenelement angehängt oder davon abgehängt werden können. Soll eine *BranchGroup* im Raum positioniert werden, so muss sie als Kind einer *TransformGroup* zugeordnet werden. Dadurch entstehen in manchen Fällen scheinbar unnötig viele Hierarchiestufen innerhalb eines Szenegraphen.

- **Switch**

  Ein *Switch*-Objekt (*javax.media.j3d.Switch*) steuert, welches seiner Kind-Elemente angezeigt werden sollen. Hierzu werden alle Kind-Elemente nach deren Erzeugung dem *Switch*-Objekt als Elternteil zugeordnet. Damit existiert eine sehr leistungsfähige Möglichkeit, einzelne Elemente oder Zweige optisch aus dem Szenegraphen zu entfernen. Zwar kann zur Laufzeit nur ein *BranchGroup*-Element vollständig aus einem Szenezweig herausgenommen bzw. neu hinzugefügt werden, doch ist der Vorgang bei größeren Datenmengen sehr zeitaufwändig, da jedes Mal eine Konsistenzprüfung bei der Integration einer neuen *BranchGroup* durchgeführt wird. So stellt die Verwendung eines *Switch*-Objekts eine effiziente Methode dar, grafische Objekte interaktiv ein- und auszublenden.

Alle drei Gruppenobjekte werden bei Java3D durch einen einfachen Kreis dargestellt, zur besseren Unterscheidung wurde Abbildung B.2 um drei separate Kreise mit den jeweiligen Anfangsbuchstaben erweitert.

Wesentliche Blattelemente

Bei den Blattelementen handelt es sich in den meisten Fällen um Elemente, die zur eigentlichen Darstellung der Szene auf dem Bildschirm beitragen. Als wesentliche Blattelemente werden bei Java3D folgende Klassen verwendet, welche allesamt von der Klasse *javax.media.j3d.Leaf* erben [Jav02]:

- **Background**

  Für den Hintergrund einer Szene bietet die Klassenbibliothek von Java3D eine separate Klasse an (*javax.media.j3d.Background*), der eine Farbe und/oder ein Bild zugeordnet werden kann. Der Hintergrund wird an das Wurzelelement des Szenegraphen (*BranchGroup*) gehängt. Dabei gibt es einige Beschränkungen für das weitere Zuordnen von Knoten und Blättern an das Wurzelelement [Jav02]).

- **Behavior**

  Einzelne Interaktionen des Benutzers müssen durch spezielle Verhaltensklassen definiert werden. Am wichtigsten sind die Klassen zur Steuerung von Mausaktionen durch den Benutzer. Die Mausaktionen werden durch die abstrakte Klasse

com.sun.j3d.utils.behaviors.mouse.MouseBehavior bzw. von deren direkten Unter-
klassen *MouseRotate*, *MouseTranslate*, *MousWheelZoom* sowie *MouseZoom* realisiert. Bei deren Instanzierung wird als ein Argument die Referenz auf die *TransformGroup*-Instanz verwendet, auf die das gerade aktivierte Mausverhalten wirken
soll. Da *Behavior*-Elemente durch die individuelle Zuordnung zu Gruppenelementen einen großen Einfluss auf die Interaktionsmöglichkeiten haben, werden sie explizit in ein Szenegraphendiagramm aufgenommen und durch ein auf der Spitze
stehendes gleichseitiges Dreieck dargestellt.

- **Shape3D**

  Neben den Primitiv-Volumenelementen spielt die Klasse *javax.media.j3d.Shape3D*
  eine besondere Rolle, enthält sie doch die eigentlichen Geometrieelemente in Form
  von Punkt-, Linien- sowie Drei- und Vierecksfeldern (z.B. *PointArray*, *LineArray*,
  TriangleArray, *QuadArray* des Pakets *javax.media.j3d*). Einem Shape3D-Objekt
  können mehrere Geometrieelemente zugeordnet werden, welche in einer Liste gehalten werden.

  Hinzu kommt eine Referenz auf eine *Appearance*-Instanz, die Informationen über
  die äußere Erscheinung (Farben, Linienstärken und -arten oder Texturen) der *Sha-
  pe3D* hält. Da es mehrere unterschiedliche Blattelelemente gibt, welche alle durch
  ein einfaches gleichseitiges Dreieck dargestellt werden können, wurde Abbildung
  B.2 um ein eigenes Symbol für ein *Shape3D*-Element erweitert.

- **Primitive**

  Die abstrakte Klasse *Primitive* (*com.sun.j3d.utils.geometry.Primitive*) stellt die Basisklasse für alle Java3D-Primitive (Quader (*Box*), einfacher Kegel (*Cone*), Zylinder
  (*Cylinder*) und Kugel (*Sphere*) aus dem Java-Paket *com.sun.j3d.utils.geometry*) dar.
  Standardmäßig teilen sich alle Primitive mit denselben Parametern dieselbe Geo-
  metrie, d.h. die Geometrie wird für denselben Parametersatz (Radius, Höhe bzw.
  Länge, Anzahl der Facetten in X- und Y-Richtung, etc.) nur ein einziges Mal er-
  zeugt und mehrfach referenziert. *Primitive*-Elemente sind wie *Appearances* einfache
  NodeComponent-Elemente und werden ebenso durch eine Ellipse repräsentiert.

Unter dem Begriff bzw. dem Darstellungsobjekt „**sonstige Elemente**" (Rechteck, Abbildung B.2) werden die Elemente zusammengefasst, die zwar für einen Szenegraphen erforderlich sind, die allerdings nicht als separate Klassen vom Entwickler explizit erzeugt
werden müssen, sondern automatisch in jedem Szenegraphen integriert sind. So stellt die
Klasse *ViewPlatform* eine virtuelle Plattform zur Verfügung, auf der der Benutzer steht
und sich bewegt. Ein *View* (Abbildung B.1) fasst alle zur Projektion des aktuellen Bildes
notwendigen Informationen zusammen und dient als so genannter Vermittler zwischen
der realen und virtuellen Welt.

Die Klasse *PhysicalBody* enthält alle Informationen über den Benutzer sowie Kalibrie-
rungsinformationen über den Körper des Benutzers (z.B. die relativen Augen- und Oh-
renpositionen, die Größe, etc.). Daneben enthält *PhysicalEnvironment* die Kalibrierungs-

informationen über die reale Welt, Informationen über Eingabegeräte des Computers und schließlich die Position der Lautsprecher für Applikationen mit Soundeffekten. Zuletzt fasst *Screen3D* Informationen über das Darstellungsgerät der Szene (Größe, Anzahl, Lage im Raum, etc.) zusammen.

Schattierung von Flächen (Shading)

Es gibt verschiedene Möglichkeiten, Primitivobjekte zu färben. Zum Einen direkt durch das Vorgeben von Farben, zum Anderen über die *Appearance* der *Shape3D*, auf der sie sich befinden. Beide Möglichkeiten bieten Vor- und Nachteile. Bei direkter Zuweisung von Farben kann jedem Punkt, mit dem die Geometrie aufgebaut ist, eine eigene Farbe gegeben werden. Somit können Farbübergänge von einem zum anderen Punkt erreicht werden, jedoch ist ein echtes Rendering mit Schattierung und Lichteffekten nicht möglich. Werden den Punkten jedoch ihre zugehörigen Normalenvektoren zugewiesen (oder generiert sie mit Hilfe der Klasse *NormalGenerator* aus dem Paket *com.sun.j3d.utils.geometry*), werden die Flächen entsprechend des jeweiligen Lichteinfalls schattiert. Die Einfärbung übernimmt in dem Fall die Farbgebung der *Appearance* der *Shape3D*, durch welche die Geometrie angezeigt wird.

C Transformation der Geolokationen auf die Globus-Oberfläche

Für die Transformation der Geolokationen und deren Elemente werden 4x4-Matrizen verwendet, welche auch innerhalb der Implementierung von Java3D zum Einsatz kommen. Die Matrizen bestehen aus einer 3x3-Rotationsmatrix $\mathbf{R}$, einem Translationsvektor $\mathbf{T}$ und einem Skalierungswert $\mathbf{S}$, welcher für jede Geolokation mit dem Wert 1 initialisiert wird:

$$M = \left(\begin{array}{c|c} R & T \\ \hline 0 & S \end{array} \right) \tag{C.1}$$

beziehungsweise

$$M = \left(\begin{array}{ccc|c} r_{0,0} & r_{0,1} & r_{0,2} & t_0 \\ r_{1,0} & r_{1,1} & r_{1,2} & t_1 \\ r_{2,0} & r_{2,1} & r_{2,2} & t_2 \\ \hline 0 & 0 & 0 & S \end{array} \right) \tag{C.2}$$

und für jede einzelne Geolokation G_i entsprechend

$$M_{e,G_i} = \left(\begin{array}{c|c} R_i & T_i \\ \hline 0 & S \end{array} \right) \tag{C.3}$$

Abbildung C.1 verdeutlicht den Zusammenhang zwischen ebener und räumlicher Positionierung. Zur besseren Übersicht wird die ebene Weltkarte in X-Richtung „abgerollt" und gedehnt. Exemplarisch wurde eine Geolokation mit dem Längen- und Breitengrad von -45° und -30° gewählt.

Für den ebenen Fall wird die Position der Geolokationen bzw. die Position deren Basiskoordinatensysteme auf einfache Weise durch die Werte der Längen- und Breitengrade in Form des ebenen Transformationsvektors T_p bestimmt. Dabei werden die Längengrade ϕ_i und Breitengrade θ_i (in Grad) sowie die Referenzhöhe $z_{ref,i}$ der einzelnen Geolokationen direkt auf den Koordinatenachsen abgebildet. Der Inhalt der Matrix für die ebene Darstellung ist entsprechend für jede Geolokation G_i:

$$M_{e,G_i} = \left(\begin{array}{ccc|c} & & & \phi_i \\ & R_{e,i} & & \theta_i \\ & & & z_{ref,i} \\ \hline 0 & 0 & 0 & S \end{array} \right) \tag{C.4}$$

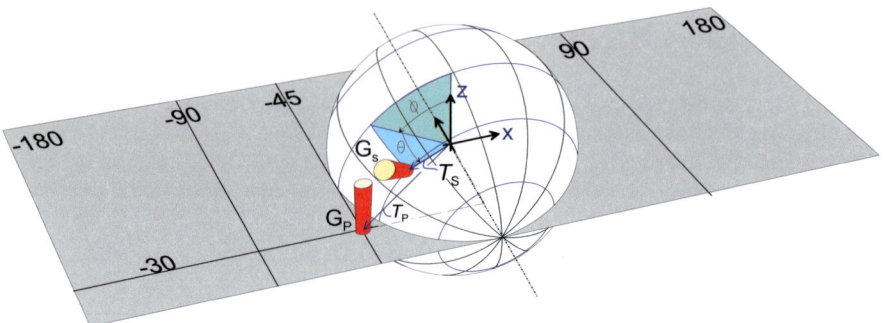

Abbildung C.1: Transformation der Geolokationen auf die Globusoberfläche.

und für die Positionierung im Raum auf der Erdkugel:

$$
M_{s,G_i} = \left(\begin{array}{ccc|c} & R_{s,i} & & T_{s,i} \\ \hline 0 & 0 & 0 & S \end{array} \right)
\tag{C.5}
$$

Bei der Positionierung der Geolokationen im Raum (Erdkugeldarstellung), d.h. an ihren „natürlichen" Ort auf der Erdoberfläche, werden deren lokale ebene Koordinatensysteme M_{p,G_i} durch Rotation und Translation an den entsprechenden Ort transformiert. Das geschieht auf einfache Weise durch eine Drehung des lokalen Koordinatensystems um die Y-Achse mit dem Winkel ϕ (*Längengrad*), einer anschließenden Rotation um die X-Achse mit dem Winkel θ (*Breitengrad*) sowie durch Translation des lokalen Koordinatensystems auf die Erdoberfläche (Abbildung C.1). Als Resultat liegt daraufhin der räumliche Transformationsvektor T_s vor.

Um das durch konsequentes Transformieren der Geolokationen verursachte seitenverkehrte Gegenüberstehen von benachbarten Geolokationen beim Übergang von -180° auf +180° am Nord- bzw. Südpol eines Orbits zu vermeiden, werden für positive Breitengradwerte die Geolokationen zusätzlich um 180° um die Z-Achse gedreht.

Es ergeben sich die Rotationsmatrizen $R_{s,i}$ für die Berechnung der räumlichen Orientierungen:

$$
R_{s,i} = R_{p,i} \cdot R_{X,i} \cdot R_{Y,i} = R_{p,i} \cdot R_{XY,i}, \qquad i = 1 \dots n_{geo}, \theta \leq 0
\tag{C.6}
$$

$$
R_{s,i} = R_{p,i} \cdot R_{X,i} \cdot R_{Y,i} \cdot R_{Z,i} = R_{p,i} \cdot R_{XYZ,i}, \quad i = 1 \dots n_{geo}, \theta > 0
\tag{C.7}
$$

Dabei nehmen die einzelnen Rotationsmatrizen folgende Werte an:

$$R_{X,i} = \begin{pmatrix} \cos\theta_i & 0 & \sin\theta_i \\ 0 & 1 & 0 \\ -\sin\theta_i & 0 & \cos\theta_i \end{pmatrix} \qquad i = 1 \ldots n_{geo} \tag{C.8}$$

$$R_{Y,i} = \begin{pmatrix} 1 & 0 & 0 \\ 0 & \cos\phi_i & -\sin\phi_i \\ 0 & \sin\phi_i & \cos\phi_i \end{pmatrix} \qquad i = 1 \ldots n_{geo} \tag{C.9}$$

und für positive Breitengradwerte (rotiert um Z-Achse mit $180°$):

$$R_{Z,i} = \begin{pmatrix} -1 & 0 & 0 \\ 0 & -1 & 0 \\ 0 & 0 & 1 \end{pmatrix}, \qquad i = 1 \ldots n_{geo} \tag{C.10}$$

Werden die Rotationen um die X- und die Y-Achse zusammengefasst, so ergibt sich

$$R_{XY,i} = \begin{pmatrix} \cos\theta_i & \sin\theta_i\sin\phi_i & \sin\theta_i\cos\phi_i \\ 0 & \cos\phi_i & -\sin\phi_i \\ -\sin\theta_i & \cos\theta_i\sin\phi_i & \cos\theta_i\cos\phi_i \end{pmatrix}, \qquad i = 1 \ldots n_{geo} \tag{C.11}$$

und mit zusätzlicher Rotation um die Z-Achse für positive Breitengradwerte:

$$R_{XYZ,i} = \begin{pmatrix} -\cos\theta_i & -\sin\theta_i\sin\phi_i & \sin\theta_i\cos\phi_i \\ 0 & -\cos\phi_i & -\sin\phi_i \\ \sin\theta_i & -\cos\theta_i\sin\phi_i & \cos\theta_i\cos\phi_i \end{pmatrix}, \qquad i = 1 \ldots n_{geo} \tag{C.12}$$

Für die Translation zur Erdoberfläche werden die Translationsvektoren T_i folgendermaßen berechnet:

$$T_{s,i} = \begin{pmatrix} (r_E + z_{ref,i}) \cdot \cos(90° - \phi_i) \cdot \sin(90° - \theta_i) \\ (r_E + z_{ref,i}) \cdot \sin(90° - \phi_i) \cdot \sin(90° - \theta_i) \\ (r_E + z_{ref,i}) \cdot \cos\theta_i \end{pmatrix}, \qquad i = 1 \ldots n_{geo} \tag{C.13}$$

mit $z_{ref,i}$ als die Referenzhöhe der entsprechenden Geolokationen und r_E als dem Erdradius. Da $sin(90° - \theta) = cos\theta$ bzw. $cos(90° - \theta) = sin\theta$, ergibt sich daraus

$$T_{s,i} = \begin{pmatrix} (r_E + z_{ref,i}) \cdot \sin(\phi_i) \cdot \cos(\theta_i) \\ (r_E + z_{ref,i}) \cdot \cos(\phi_i) \cdot \cos(\theta_i) \\ (r_E + z_{ref,i}) \cdot \sin\theta_i \end{pmatrix}, \qquad i = 1 \ldots n_{geo} \tag{C.14}$$

Die Transformationsmatrizen für die Positionierung der Geolokationen im Raum (Matrix C.6 und C.14) lassen sich $r_{s,i} = r_E + z_{ref,i}$ zusammenfassen in Matrix C.5 für jede Geolokation $G_i(i = 1 \dots n_{geo})$ mit Breitengradwerten kleiner oder gleich 0:

$$
M_{s,G_i} = \begin{pmatrix}
\cos\theta_i & \sin\theta_i \sin\phi_i & \sin\theta_i \cos\phi_i & r_{s,i} \cdot \sin(\phi_i) \cdot \cos(\theta_i) \\
0 & \cos\phi_i & -\sin\phi_i & r_{s,i} \cdot \cos(\phi_i) \cdot \cos(\theta_i) \\
-\sin\theta_i & \cos\theta_i \sin\phi_i & \cos\theta_i \cos\phi_i & r_{s,i} \cdot \sin\theta_i \\
0 & 0 & 0 & 1
\end{pmatrix}
\tag{C.15}
$$

und die Matrizen C.7 und C.14 für die Transformation der Geolokationen für positive Breitengrade:

$$
M_{s,G_i} = \begin{pmatrix}
-\cos\theta_i & -\sin\theta_i \sin\phi_i & \sin\theta_i \cos\phi_i & r_{s,i} \cdot \sin(\phi_i) \cdot \cos(\theta_i) \\
0 & -\cos\phi_i & -\sin\phi_i & r_{s,i} \cdot \cos(\phi_i) \cdot \cos(\theta_i) \\
\sin\theta_i & -\cos\theta_i \sin\phi_i & \cos\theta_i \cos\phi_i & r_{s,i} \cdot \sin\theta_i \\
0 & 0 & 0 & 1
\end{pmatrix}
\tag{C.16}
$$

D   Benutzungsoberflächen

Um einen Eindruck über die praktische Verwendung der in der vorliegenden Arbeit entwickelten Software zu bekommen, sind auf den folgenden Seiten einige Benutzungsoberflächen abgebildet sowie deren schematischer Aufbau erklärt.

D.1   Basis-Applikationen

Zur Suche und zur Visualisierung von Geolokationen und deren Ergebnisprofilen wurden
neben mehreren Verwaltungsapplikationen zur Steuerung der Konfigurationen der komplexen Spurengasberechnung zwei Basisapplikationen entwickelt, die auf einer gemeinsamen Grundstruktur aufbauen und viele Komponenten gemeinsam nutzen. Eine Trennung
der Applikationen für Geolokationen einerseits und deren Profile andererseits erfolgte
aufgrund der stark unterschiedlichen Anforderung an deren Suche und Visualisierung.

Die schematische Aufteilung der Benutzungsoberflächen für die Basisapplikationen zeigt
Abbildung D.1, eine Bildschirmabbildung der Basisapplikation zur Suche und Visualisierung der Ergebnisprofile zeigt Abbildung D.2.

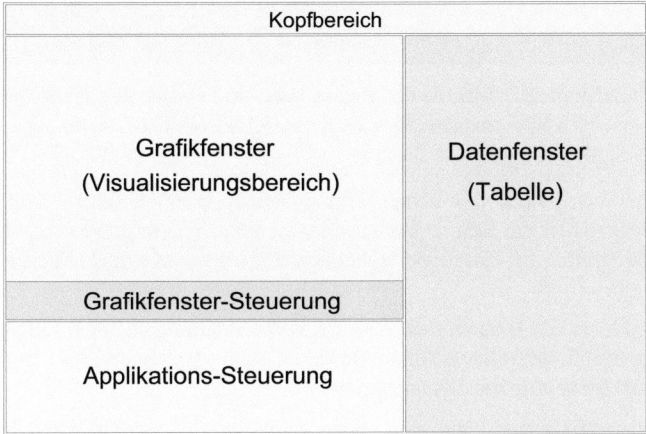

Abbildung D.1: Schematischer Aufbau der grafischen Benutzungsoberfläche der beiden
              Basisapplikationen.

In beiden Abbildungen nimmt der Bereich für die Visualisierung neben der Tabelle den
größten Raum ein. Beide Bereiche lassen sich beliebig vergrößern. Bei einer vertikalen Vergrößerung des Gesamtfensters werden beide Bereiche mitskaliert, bei einer horizontalen Vergrößerung des Gesamtfensters wird ausschließlich die Tabelle vergrößert.

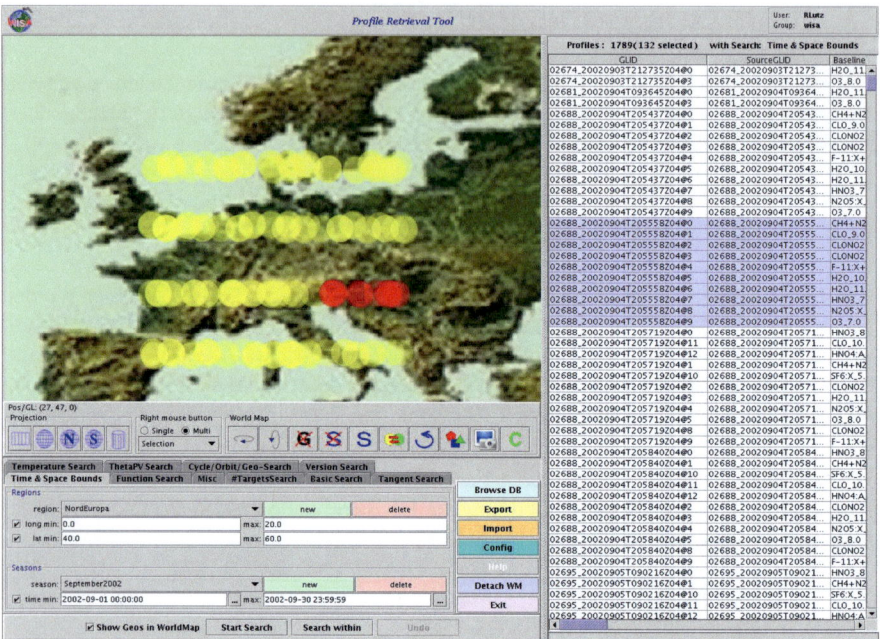

Abbildung D.2: Momentaufnahme der Basisapplikation *Profile Retrieval Tool* zur Suche nach Spurengasprofilen in der MIPAS/ENVISAT-Datenbank.

Anschließend kann jedoch der Visualisierungsbereich interaktiv mit einem so genannten Schiebebalken, der die Tabelle horizontal vom Visualisierungsbereich und den Steuerungsbereichen trennt, auf Kosten der Tabellengröße bis zur maximalen Fenstergröße skaliert werden.

Grundsätzlich kann der Benutzer die Szene im Visualisierungsbereich interaktiv mit der Maus bewegen und vergrößern. Unterhalb des Visualisierungsfensters befindet sich der Bereich für die Steuerung der Visualisierung.

Bei den Basisapplikationen sind eine ebene, eine zylindrische und eine räumliche Repräsentation der Erde wählbar. Zur Vereinfachung kann direkt die räumliche Ansicht des Nord- und Südpols erhalten werden. Daneben kann der Benutzer die Selektion und die Deselektion aller Geolokationen direkt über Buttons steuern, die Eigenschaften des Visualisierungsfensters einstellen (Abbildung D.3) sowie ein Bild des Visualisierungsfensters – ein so genannter Schnappschuss – erzeugen und speichern.

Der Kopfbereich beinhaltet einfache Benutzerinformationen. Neben dem WISA-Logo und einer Überschrift befindet sich am rechten Rand ein Bereich, der die Namen des angemeldeten Benutzers sowie der angemeldeten Gruppe anzeigt, sofern ein Datenbankzugriff erfolgt (ein offline-Betrieb ist dann möglich, wenn lediglich importierte Datensätze visualisiert werden sollen).

Auf der linken, unteren Seite befindet sich im Applikationssteuerungsfenster die Abfragekomponente, in welcher die Parameter für die Suche in der MIPAS/ENVISAT-Datenbank oder im bereits geladenen Datensatz zur iterativen Suche festgelegt werden. Sie besteht aus einer erweiterbaren Menge von Plugin-Modulen, welche erst zur Laufzeit geladen werden. Die Plugins bieten individuelle Suchmöglichkeiten im Datenbestand an und können ohne Änderung des Applikations-Quellcodes hinzugefügt werden. Sie sind in Abbildung D.2 als so genannte Reiter oder Tabs gut zu erkennen.

Die Wahl der Farben sowie der Beschriftung der Bedienelemente (Buttons etc.) ist benutzerabhängig und kann beliebig geändert werden. Ebenso stehen zahlreiche Konfigurationsmöglichkeiten des Visualisierungsbereichs zur Verfügung (Abbildung D.3 a) wie z.B. die Wahl der angezeigten Weltkarte, Transparenzen, Selektionsfarben, u.a.).

Das Datenfenster auf der rechten Seite der Benutzungsoberfläche enthält jeweils eine oder – bei der Applikation zur Suche von Basis-Geolokationen – auch zwei Tabellen, in welchen die charakteristischen Attribute aller geladenen bzw. durch iterative Suche übrig gebliebenen Geolokationen bzw. Ergebnisprofile aufgelistet werden. Nach Selektion der Profile im Visualisierungsbereich oder in der Tabelle wird durch Drücken der rechten Maustaste im Datenfenster ein Menü zur weiteren Verarbeitung der Profile angeboten (Abbildung D.3 b). Über das Menü können sämtliche Visualisierungen für alle Visualisierungselemente gestartet werden.

a)   b)

Abbildung D.3: a) Konfigurationsfenster des Visualisierungsbereichs und
b) Menü zur Auswahl der Visualisierungsart

Alle Fensterbereiche kommunizieren miteinander, d.h. alle Änderungen oder Selektionen, welche in einem Fenster durchgeführt wurden, wirken sich direkt auch auf die anderen Fenster aus.

Daneben können die geladenen Daten in Dateien exportiert werden. Durch den Datenexport kann auf eine teilweise zeitraubende Datenbanksuche verzichtet werden, wenn die selben Daten auf unterschiedliche Weise visualisiert werden sollen. Das ist z.B. bei der detaillierten Untersuchung ausgewählter Datensätze der Fall. Als Dateiformate stehen wahlweise einfache, lesbare Formate (CSV[1], XML[2]) sowie aus Laufzeitgründen das Java-spezifische Binärformat[3] zur Verfügung.

D.2 Basis-Visualisierer

Zur eigentlichen Visualisierung der Spurengasprofile durch unterschiedliche Darstellungselemente wurde ein neutraler Basis-Visualisierer entwickelt, der für die unterschiedlichen Visualisierungselemente gestartet werden kann. Abbildung D.4 zeigt dessen schematischen Aufbau.

Die Benutzungsoberfläche teilt sich auf in einen Darstellungsbereich und einen Steuerungsbereich. Der Steuerungsbereich besteht im oberen Teil aus Eingabeelementen, welche die Funktionalitäten des Basis-Visualisierers ausführen (räumliches Drehen der Elemente sowie der gesamten Szene, Umschaltung von ebener zu Kugeldarstellung der Erde, aktivieren eines räumlichen Gitters, Konfiguration der Szene usw.).

Der untere Teil des Fensters enthält zwölf Schaltflächen, die mit konfigurierbaren Transformationsmatrizen belegt sind, mit denen nach Selektion der jeweiligen Schaltfläche das Hauptkoordinatensystem der Szene gedreht wird. Auf diese Weise können zu Vergleichszwecken genau die selben Positionen im Raum festgelegt werden (siehe auch Abb. D.5).

Darunter wird beim Start des Basis-Visualisierers das elementspezifische Steuerungselement platziert (Details siehe Abschnitt 6.2). Weitere Steuerungskomponenten können je nach Visualisierungskonfiguration automatisch an die jeweils untere Komponente angehängt oder – wenn die Komponente zu groß ist – auf eine eigene, leicht aktivierbare Unterseite (so genannte *Reiter* oder *Tabs*) des Steuerungsbereichs gelegt werden. In Abbildung D.4 sind die Reiter für die Animation und zur tabellarischen Darstellung einzelner selektierter Profildaten oben rechts mit blauem bzw. hellrotem Hintergrund zu sehen. Beim Selektieren eines Reiters wird dessen Komponente durch das Grafiksystem in den Vordergrund gesetzt.

Wird ein Gitter benutzt, so wird nach dessen Konfiguration ein eigener Bereich generiert, welcher unterhalb des elementbezogenen Steuerungsbereichs platziert wird.

---

[1]Comma Separated Values, ein Dateiformat, bei dem die einzelnen Einträge zeilenweise und durch Kommata getrennt gespeichert werden.
[2]Extensible Markup Language ([XML08])
[3]Java bietet die Möglichkeit, jedes Objekt mitsamt Hierarchie und referenzierten Elementen zu serialisieren und als Binärdatei zu speichern. Aufgrund der Verwendung des Binärformats können die Dateien schneller gelesen und beschrieben werden.

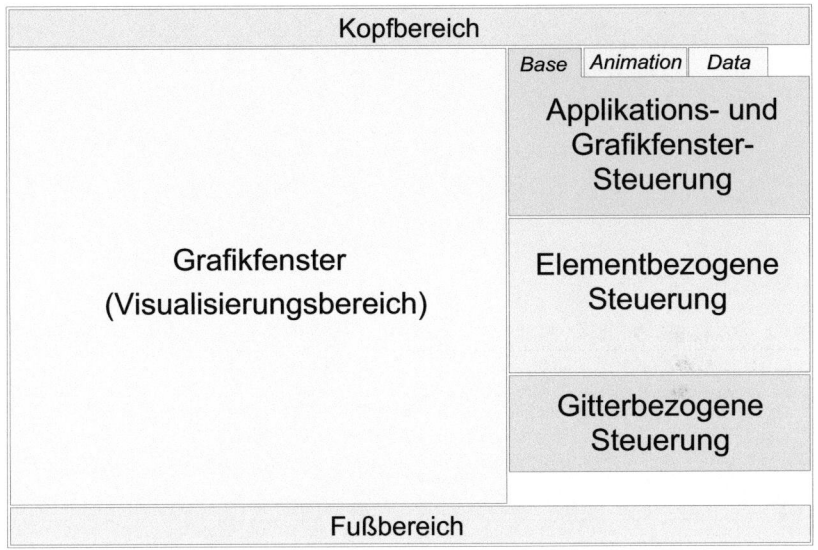

Abbildung D.4: Schematischer Aufbau der grafischen Benutzungsoberfläche des Basis-Visualisierers.

Abbildung D.5 zeigt die Benutzungsoberfläche des 3D-Basis-Visualisierers am Beispiel des Scatterplots aus Abschnitt 2.4. In der Mitte des Steuerungsbereichs ist das Steuerelement für das 3D-Scatterplot-Element platziert. Es besteht aus Interaktionselementen zur Änderung der Elementgröße, der Zuordnung der einzelnen geladenen Gasprofile zu den Elementen bzw. deren Richtungen sowie der Wahl der Darstellung als Quader oder als Kugel bzw. Ellipsoid. Da bei Scatterplots grundsätzlich mit Farbverläufen gearbeitet wird, enthält dessen Steuerelement eine Farbskala. Im Kopf- und Fußbereich werden ebenso wie bei den Basis-Applikationen lediglich einfache Informationen für den Benutzer gehalten.

Der 3D-Basis-Visualisierer wurde in Abbildung D.6 für die Darstellung mit Stick Figures gestartet. Deren Steuerkomponente befindet sich direkt unterhalb der Positionsschaltflächen. Sie beinhaltet Größenänderungen der Stick-Figure-Elemente, Farbzuordnungen, Ein- und Ausblendmöglichkeiten, Farbüberlagerungen und die interaktive Wahl der Stick-Figure-Art. In der Abbildung ist die Steuerungskomponente des Gitters als unterstes Fenster integriert.

Aufgrund der strukturellen Unterschiede von Java2D und Java3D (Abschnitt B) wurde neben dem 3D-Basis-Visualisierer ein weiterer Basis-Visualisierer für den 2D-Raum entwickelt. Er ist prinzipiell genauso aufgebaut wie der 3D-Visualisierer. Auch hier liefern die einzelnen Elemente ihre eigene Steuerungskomponente.

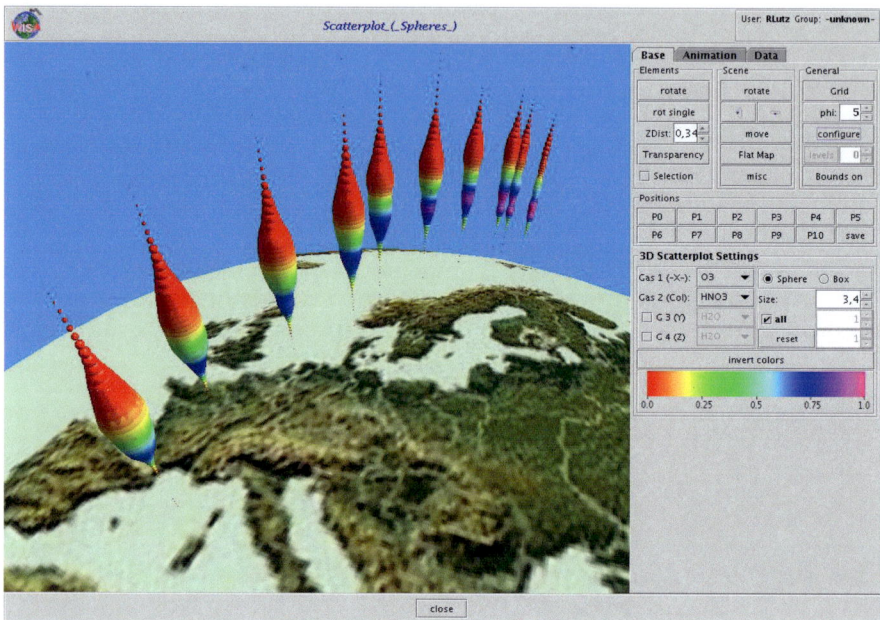

Abbildung D.5: Benutzungsoberfläche des 3D-Basis-Visualisierers am Beispiel des Scatterplots.

Abbildung D.7 zeigt ein Bild des Basis-Visualisierers für den 2D-Raum. Er wurde als Scatterplot gestartet. Hierfür wurde das Visualisierungselement *ScatterPoint2D* modelliert, dessen Punkte als Kreise, Kreisflächen, Quadrate oder Quadratflächen dargestellt werden können. In der Abbildung wurden für die Punkte Kreisflächen gewählt, deren Größe und Farbe durch den selben Parameterwert bestimmt werden. Die einzelnen Kreisflächen selbst sind in Abbildung D.7 aufgrund der großen Datenmenge – es werden Ozon-Werte über die gesamte Weltkarte dargestellt – und aufgrund der Auflösung der Grafik nur schwer zu erkennen. Ziel der Visualisierung ist allerdings nicht, die Geometrieelemente selbst zu erkennen, sondern das Gesamtbild in Form einer Verteilungskarte darzustellen.

Auffällig sind die Bereiche der Grafik, bei denen sehr geringe oder überhaupt keine Spurengaswerte vorhanden sind. Dort liegen entsprechend Kreise mir sehr kleinen Radien bzw. lediglich Punkte vor, was durch deren rote Färbung zusätzlich verdeutlicht wird.

Die Einstellmöglichkeiten des 2D-Basis-Visualisierers und deren aktuelle Werte sind auf der mittleren Steuerkomponente der rechten Seite zu erkennen. Darunter befindet sich die Steuerkomponente für das zu Grunde liegende Gitter und als Unterfenster ist ganz oben die Steuerkomponente zur Filterung der Daten als selektierbaren Reiter zu sehen (*Data*).

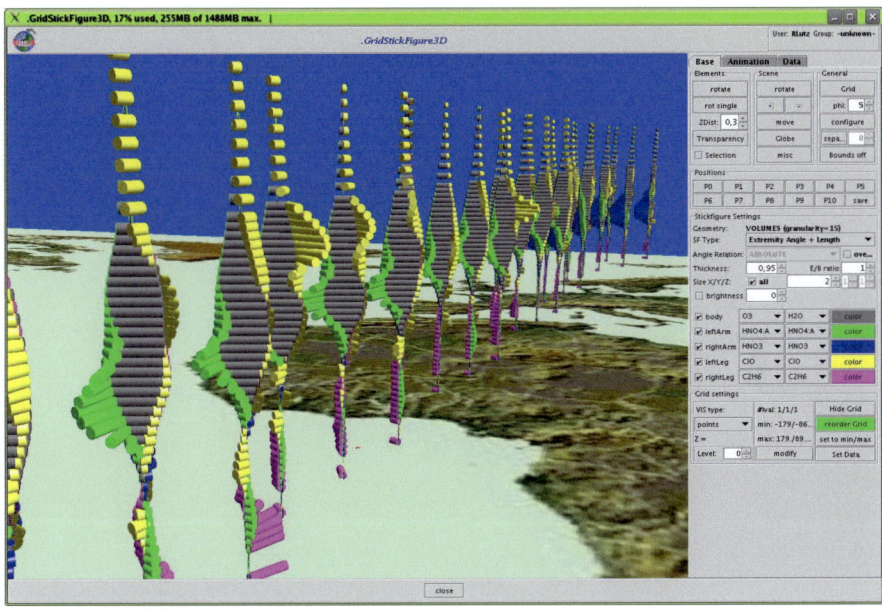

Abbildung D.6: 3D-Basis-Visualisierer mit Stick Figures.

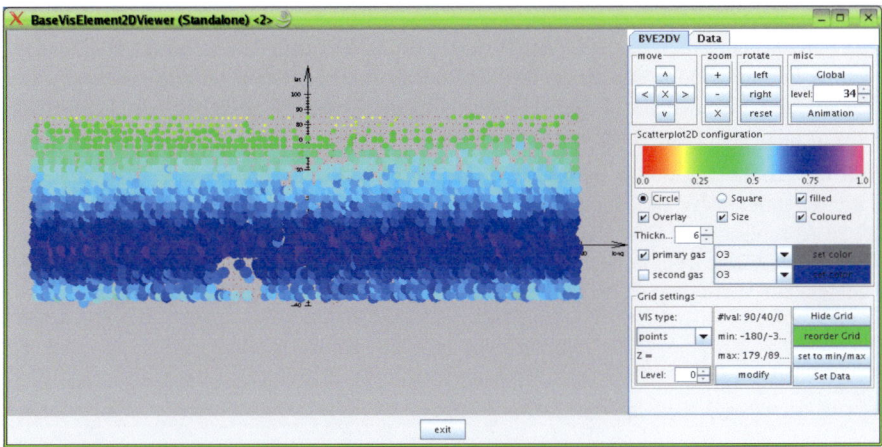

Abbildung D.7: Basis-Visualisierer für den 2D-Raum.

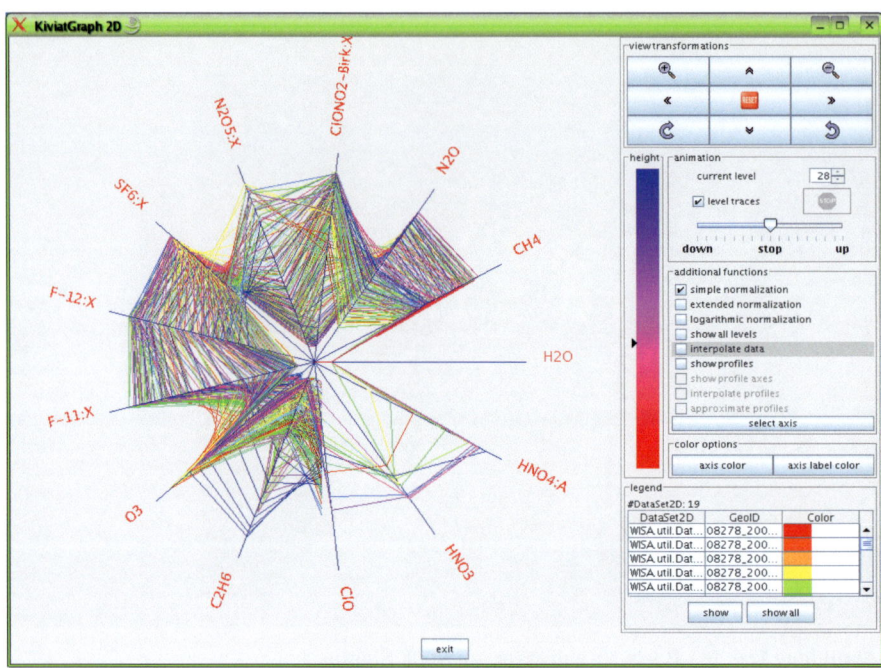

Abbildung D.8: Kiviatgraph-Visualisierer für den 2D-Raum.

Ein Screenshot des Kiviatgraph-Visualisierers ist in Abbildung D.8 zu sehen. Hierbei handelt es sich um eine Komponente des WISA-Softwarebaukastens (s. Abschnitt 6.2). Der Kiviatgraph-Visualisierer ist selbst nicht komponentenbasiert aufgebaut, da das Darstellungsprinzip sich wesentlich von dem der übrigen Visualisierungselemente unterscheidet.

Auf der rechten Seite sind in der Mitte die Einstellungsmöglichkeiten zu erkennen, darunter befindet sich eine Tabelle mit den abgebildeten Profilen (als DataSet2D-Elemente, siehe Abschnitt 6.1). Dort kann nach Selektion eines Tabelleneintrags eine kleine Komponente gestartet werden, welches sämtliche Details über die geladenen Profile in Tabellenform zur Verfügung stellt. Die Animationskomponente ist vollständig integriert.

Literaturverzeichnis

[AB85]   ASIMOV, D. ; BUJA, A.: Grand Tour Methods: an outline. In: ALLEN, D. (Hrsg.): *Computer Science and Statistics: Proceedings of the Seventeenth Symposium on the Interface*. New York : North Holland Publishing Company, 1985, S. 63–67

[Asi85] ASIMOV, D.: The Grand Tour: A tool for viewing multidimensional data. In: *SIAM Journal of Science and Statistical Computing* (1985), Nr. 6, S. 128–143

[Bal96] BALZERT, H.: *Lehrbuch der Software-Technik: Teil 1: Software-Entwicklung*. Heidelberg, Germany : Spektrum Akademischer Verlag, 1996

[Bal99] BALZERT, H.: *Lehrbuch der Objektmodellierung - Analyse und Entwurf*. Heidelberg, Germany : Spektrum Akademischer Verlag, 1999

[Bar05] BARTZ, D.: Visualisierung: Darstellungstechniken - Hochdimensionale Daten. (2005)

[BCS96] BUJA, A. ; COOK, D. ; SWAYNE, D. F.: Interactive High-Dimensional Data Visualization. In: *Journal of Computational and Graphical Statistics* 5 (1996), S. 78–99

[Bec02] BECKMANN, T.: *Entwicklung eines Prozessmanagement-Werkzeugs für die Berechnung atmosphärischer Spurengase aus Daten des Umweltsatelliten ENVISAT*, Berufsakademie Karlsruhe - University of Cooperative Education und Forschungszentrum Karlsruhe GmbH, Institut für Angewandte Informatik, Diplomarbeit, September 2002

[Bec03] BECKMANN, T.: WISA Case Setup Tool - Entwicklung einer graphischen Benutzeroberfläche zur Konfiguration komplexer Spurengasprozessierung im Projekt WISA, 2003. – Projektbericht Berufsakademie Karlsruhe und Forschungszentrum Karlsruhe GmbH

[Bed90] BEDDOW, J.: Shape coding of multidimensional data on a microcomputer display. In: *IEEE Visualization '90 Proceedings*, 1990

[Beh05] BEHLERT, M.: *Realisierung eines Softwarebaukastens für die Visualisierung wissenschaftlicher Daten des Umweltsatelliten ENVISAT*, Berufsakademie Mannheim - University of Cooperative Education und Forschungszentrum Karlsruhe GmbH, Institut für Angewandte Informatik, Diplomarbeit, Sep 2005

[Ber83] BERTIN, J.: *Semiology of Graphics: Diagrams, Networks, Maps*. University of Wisconsin Press, 1983

[BF92]   BESHERS, C. ; FEINER, S.: Automated Design of Virtual Worlds for Visualizing Multivariate Relations. In: *Proceedings Visualization '92*. Los Alamitos, CA : IEEE Computer Society Press, 1992, S. 283–290

[BG89]   BERGERON, R. D. ; GRINSTEIN, G.: A Reference Model for the Visualization of Multi-dimensional Data. In: *Proceedings of the European computer graphics conference and Exhibition Hamburg (EUROGRAPHICS '89)*. Hamburg, 1989, S. 393–399

[Bol09] BOLES, D. *Begleitbuch zur Vorlesung Multimedia-Systeme (1998).* http://www-is.informatik.uni-oldenburg.de/. 25.11.2009

[BP01] BORING, E. ; PANG, A. *Directional Flow Visualization of 2D and 3D Vector Fields.* 2001

[BRI09] *Internet-Seite der Encylopaedia Britannica.* http://www.britannica.org. 25.11.2009

[Bur97] BURKHARDT, R.: *UML: Unified Modeling Language.* Addison-Wesley, 1997

[BW86] BISHOP, G. ; WEIMER, D. M.: Fast Phong shading. In: *SIGGRAPH '86: Proceedings of the 13th annual conference on Computer graphics and interactive techniques.* New York, NY, USA : ACM Press, 1986, S. 103–106

[BWK00] BALDONADO, M. Q. W. ; WOODRUFF, A. ; KUCHINSKY, A.: Guidelines for using multiple views in information visualization. In: *Advanced Visual Interfaces (AVI 2000), ACM Press* (2000), S. 110–119

[Che73] CHERNOFF, H.: The Use of Faces to Represent Points in k-Dimensional Space Graphically. In: *Journal of American Statistical Association* 68 (1973), Nr. 342, S. 361–368

[CM84] CLEVELAND, W. S. ; MCGILL, R.: The many faces of a scatterplot. In: *Journal of American Statistical Association* 79 (1984), S. 807–822

[CMSC96] COOK, D. ; MAJURE, J. J. ; SYMANZIK, J. ; CRESSIE, N.: Dynamic Graphics in a GIS: Exploring and Analyzing Multivariate Spatial Data Using Linked Software. In: *Computational Statistics, Special Issue of Computeraided Analysis of Spatial Data* 11 (1996), Nr. 4, S. 467–480

[Cox90] COX, D. J.: *The Art of Scientific Visualization.* Academic Computing, 1990

[CWR06] CUI, Q. ; WARD, M. O. ; RUNDENSTEINER, E. A.: Enhancing Scatterplot Matrices for Data with Ordering or Spatial Attributes. In: *IS&T-SPIE 18th Annual Symposium of Electronic Imaging - Science and Technology* (2006), S. 361–368

[Dhi02] DHILLON, I. S.: Class Visualization of High-Dimensional Data with Applications. In: *Computational Statistics and Data Analysis* 41 (2002), S. 59–90

[DHK91] DENZER, R. (Hrsg.) ; HAGEN, H. (Hrsg.) ; KUTSCHKE, K.-H. (Hrsg.): *Visualisierung von Umweltdaten, Rostock, 20. November 1990, Proceedings.* Bd. 274. Springer-Verlag, 1991 (Informatik-Fachberichte)

[DP97] DJURCILOV, S. ; PANG, A.: Visualization Tools for Data Assimilation. In: *SPIE Proceedings on Visual Data Exploration and Analysis IV,* 1997, S. 67–76

[DP03] DUPONT, W. D. ; PLUMMER, W. D.: Density Distribution Sunflower Plots. In: *Journal of the American Statistical Association* 8 (2003), Nr. 3

[DP04]   DUPONT, W. D. ; PLUMMER, W. D.: Density Distribution Sunflower Plots in Stata 8.
         In: *3rd North American Stata Users Group Meeting*, 2004

[EOO94] EBERLEH, E. ; OBERQUELLE, H. ; OPPERMANN, R.: *Einführung in die Software -
         Ergonomie*. Berlin : de-Gruyter-Verlag, 1994

[ESA09] *Internet-Seite „About Observing the Earth"der ESA (European Space Agency)*.
         http://www.esa.int/esaEO/. 25.11.2009

[Fai85] FAIRLEY, R.: *Software engineering concepts*. New York, NY, USA : McGraw-Hill,
         Inc., 1985

[Fel95] FELGER, W.: *Innovative Interaktionstechniken in der Visualisierung*. Springer-Verlag,
         1995

[FGW02] FAYYAD, U. ; GRINSTEIN, G. ; WIERSE, A.: *Information Visualization in Data Mi-
         ning and Knowledge Discovery*. San Francisco : Morgan Kaufmann Publishers, 2002

[Fie05] FIEDLER, H.: *Visualisieung mit methapher-basierten Ikonen*, Universität Rostock,
         Fachbereich Informatik, Diplomarbeit, 2005

[Fis05] FISCHER, H.: The MIPAS/ENVISAT Experiment: Status and Results. In: *12th ASS-
         FTS Workshop*. Quebec, Kanada, May 2005

[Fla97] FLANAGAN, D.: *Java in a nutshell (2nd ed.): a desktop quick reference*. Sebastopol,
         CA, USA : O'Reilly & Associates, Inc., 1997

[GC94]   GRAEDEL, T. E. ; CRUTZEN, P. J.: *Chemie der Atmosphäre: Bedeutung für Klima
         und Umwelt*. Heidelberg, Berlin, Oxford : Spektrum Akademischer Verlag, 1994

[Gea00] GEARY, D. M.: *3*. Bd. 2: *Graphic Java: Die JFC beherrschen (Swing)*. München :
         Markt+Technik, 2000

[Geh03] GEHLE, M.: *Entwicklung eines Softwarebaukastens für die Visualisierung wissen-
         schaftlicher Daten des Umweltsatelliten ENVISAT*, Berufsakademie Karlsruhe - Uni-
         versity of Cooperative Education und Forschungszentrum Karlsruhe GmbH, Institut
         für Angewandte Informatik, Diplomarbeit, September 2003

[GHJV95] GAMMA, E. ; HELM, R. ; JOHNSON, R. ; VLISSIDES, J.: *Design Patterns: Elements
         of Reusable Object-Oriented Software*. Addison-Wesley, 1995

[GHLP02] GRINSTEIN, G. ; HOFFMANN, P. ; LASKOWSKI, J. ; PICKETT, R. *Benchmark Deve-
         lopment for the Evaluation of Visualization for Data Mining*. 2002

[GIF89] *GIF Spezifikation (Graphics Interchange Format): A standard defining a me-
         chanism for the storage and transmission of raster-based graphics information*.
         http://www.w3.org/Graphics/GIF/spec-gif89a.txt (25.11.2009). 1989

[GK03]   GRAHAM, M. ; KENNEDY, J.: Using Curves to Enhance Parallel Coordinate Visuali-
         zations. In: *Proceedings on the 7th International Conference on Information Visuali-
         zation* Seventh International Conference on Information Visualization, 2003

[Gou71] GOURAUD, H.: *Computer display of curved surfaces*, University of Utah, Diss., 1971

[Gou98] GOURAUD, H.: Continuous shading of curved surfaces. In: *Seminal graphics: poi-
         neering efforts that shaped the field* (1998), S. 87–93

[Har96] HARRIS, R. L.: *Information Graphics - a comprehensive illustrated reference*. Atlan-
         ta, Georgia : Management Graphics, 1996

[HB91]   HEARN, D. ; BAKER, P.: Scientific Visualization Tutorial Notes. In: *EUROGRA-
         PHICS '91*. Wien, 1991

[HGP99] HOFFMAN, P. ; GRINSTEIN, G. ; PINKNEY, D.: Dimensional Anchors: A Graphic
         Primitive for Multidimensional Multivariate Information Visualizations. In: *Workshop
         on New Paradigms in Information Visualization and Manipulation, in conjunction with
         the eighth ACM Conference on Information and Knowledge management (CIKM'99)*.
         Kansas City, Missouri, USA, 1999

[Hol05] HOLZHÜTER, C.: *Achsenbasierte 3D-Techniken zur Visualisierung zeitabhängiger
         Daten*, Universität Rostock, Fachbereich Informatik, Diss., 2005

[HS07]   HÄRDLE, W. ; SIMAR, L.: *Applied Multivariate Statistical Analysis*. Berlin : Springer-
         Verlag, 2007

[IDL00] IDL. *Surface Objects, Fa. RSI (Research Systems Inc.)*. Demonstrationswerkzeug des
         Visualisierungswerkzeugs IDL. 2000

[Ins90] INSELBERG, A.: The Plane with Parallel Coordinates. In: *The Visual Computer,
         Springer Berlin / Heidelberg* 1 (1990), December, Nr. 4, S. 69–91

[Ins06] INSELBERG, A.: Parallel Coordinates - Lecture Notes. In: *MMDS 2006 - Workshop
         on Algorithms for Modern Massive Data Sets*. Stanford University, USA, 2006

[Jav02] *The Java 3D API Specification, Version 1.3, Stand 2007*. http://java.sun.com/
         products/java-media/3D/forDevelopers/J3D_1_3_API/j3dguide/index.html. 2002

[Jav06] *The Java 2 Platform Standard Edition API Specification, Version 5.0*.
         http://java.sun.com/j2se/1.5.0/doc/api. 2006

[Jav09] *Allgemeine Internet-Seiten von Sun Microsystems Inc. über Java (Quellcode, Doku-
         mentationen, Tutorials, etc.)*. http://www.java.com/, http://java.sun.com/. 25.11.2009

[JPE92] *JPEG (Joint Photographic Experts Group) compressed graphics format specification*.
         http://www.w3.org/Graphics/JPEG (25.11.2009). 1992

[Jun98] JUNG, V.: *Integrierte Benutzerunterstützung für die Visualisierung in Geo-Informationssystemen*, Technische Universität Darmstadt, Fachbereich Informatik, Diss., 1998

[KE01] KRAUS, M. ; ERTL, T.: Interactive Data Exploration with Customized Glyphs. In: *Proceedings WSCG 2001. The 9th International Conference in Central Europe on Computer Graphics, Visualization and Computer Vision.* Pilsen, Tschechien, Februar 2001

[Kei02] KEIM, D. A.: Datenvisualisierung und Data Mining. In: *Datenbank Spektrum* 2 (2002), S. 30–09

[Ker90] KERLICK, G. D.: Moving Iconic Objects in Scientific Visualization. In: *IEEE Visualization '90 Proceedings*, 1990, S. 124–129

[KH81] KLEINER, B. ; HARDIGAN, J. A.: Representing Points in Many Dimensions by Trees and Castles. In: *Journal of American Statistical Association* 76 (1981), Nr. 374, S. 260–269

[KK95] KEIM, G. A. ; KRIEGEL, H.-P.: Possibilities and Limits in Visualizing Large Amounts of Multidimensional Data. In: GRINSTEIN, G. (Hrsg.) ; LASKOWSKI, J. (Hrsg.): *Perceptual Issues in Visualization*, Springer, 1995

[Kre04] KREUSELER, M.: *Ein flexibles Framework zum Visuellen Data Mining*, Universität Rostock, Fachbereich Informatik, Diss., 2004

[Krö00a] KRÖMKER, D. *Visualisierung - Abbildung auf Farben.* Vorlesungsunterlagen, Universität Frankfurt, http://www.gdv.informatik.uni-frankfurt.de/ (25.11.2009). 2000

[Krö00b] KRÖMKER, D. *Visualisierung von Multiparameterdaten.* Vorlesungsunterlagen, Universität Frankfurt, http://www.gdv.informatik.uni-frankfurt.de/ (25.11.2009). 2000

[Lev91] LEVKOWITZ, H.: Color Icons: Merging Color and Texture Perception for Integrated Visualization of Multiple Parameters. In: *IEEE Visualization '91 Proceedings*, 1991, S. 164–170

[LGB+03] LUTZ, R. ; GRABOWSKI, U. ; BECKMANN, T. ; VON CLARMANN, T. ; FISCHER, H. ; FUNKE, B. ; GLATTHOR, N. ; HÖPFNER, M. ; KELLMANN, S. ; KIEFER, M. ; LINDEN, A. ; MILZ, M. ; RESSEL, S. ; STECK, T. ; STILLER, G. P. ; TSIDU, G. M. ; WANG, D.-Y.: The IMK MIPAS Retrieval Processor Environment. In: *Poster Session of the 11th Workshop Atmospheric Science from Space using Fourier Transform Spectrometry (ASSFTS 11)*. Bad Wildbad, Oktober 2003

[LH93] LEVKOWITZ, H. ; HERMAN, G.: GLHS: A Generalized Lightness, Hue and Saturation Color Model. In: *Image Processing* 55 (1993), Nr. 4, S. 271–285

[LL97] LORENZ, H.-P. ; LUTZ, R.: Räumlich-zeitliche Datenbank zur Visualisierung von Spurengasen in der Atmosphäre. In: *Symposium Umweltinformatik*. Straßburg, 1997

[Lut87] LUTZ, R.: *Einfluss der Oberflächenrauhigkeit auf die Umströmung von Gasturbinen-schaufeln.* Karlsruhe, Institut für Thermische Strömungsmaschinen (ITS), Universität Karlsruhe (TH), Diplomarbeit, 1987

[Mas05] MASUCH, M. *Computeranimation.* Vorlesungsunterlagen, Universität Magdeburg, http://www.cs.uni-magdeburg.de/ (18.09.2007). 2005

[MCB00] MACÊDO, M.; COOK, D.; BROWN, T. J.: Visual Data Mining In Atmospheric Science Data. In: *Data Mining and Knowledge Discovery, Springer Netherlands* 4 (2000), April, Nr. 1, S. 69–80

[MER00] MORRIS, C. J.; EBERT, D. S.; RHEINGANS, P.: An Experimental Analysis of the Effectiveness of Features in Chernoff Faces. In: OLIVER, W. R. (Hrsg.): *Proceedings of SPIE - The International Society for Optical Engineering - Volume 3905* 28th AIPR Workshop: 3D Visualization for Data Exploration and Decision Making, 2000, S. 12–17

[Mia99] MIANO, J. (Hrsg.): *Compressed Image FIle Formats. JPEG, PNG, GIF, XBM, BMP.* Amsterdam : Addison-Wesley Longman, 1999 (SIGGRAPH Series)

[Moo02] MOORHEAD, R. *Scientific Visualization for Biological and Physical Scientists.* 2002

[MS91] MCDONALD, J. A.; STUETZLE, W.: Data Visualization using Focusing and Linking. In: *VIS '91: Proceedings of the 2nd conference on Visualization '91.* San Diego, 1991, S. 156–163

[MS04] MÜLLER, W.; SCHUMANN, H.: Exploring large data sets by visual means. In: *Workshop Statistical data mining between research and practice.* Hamburg, Februar 2004

[Mü00] MÜLLER, W.:   *Einsatz grundlegender Darstellungsprimitive zur Informationsvisualisierung - Dissertation.* Fraunhofer IRB Verlag, 2000

[Nag06] NAGEL, H. R.: Scientific Visualization versus Information Visualization. In: *Workshop on State-of-the-Art in Scientific and Parallel Computing.* Umea, Schweden, 2006

[Nec02] NECASEK, M. *Brief Glimpse into the Future of 3D Game Graphics.* http://www.justadventure.com/articles/3D/3DGraphicsTrens.shtm, (25.11.2009). 2002

[NSBF03] NOCKE, T.; SCHUMANN, H.; BÖHM, U.; FLECHSIG, M.: Information Visualization Supporting Modelling and Evaluation Tasks for Climate Models. In: *Proceedings of Winter Simulation 2003.* New Orleans, USA, Dezember 2003

[Nus06] NUSS, D.: *Entwicklung von Komponenten zur 3-dimensionalen Visualisierung mehr-dimensionaler, meteorologischer Satellitendaten*, Hochschule Karlsruhe - Technik und Wirtschaft und Forschungszentrum Karlsruhe GmbH, Diplomarbeit, Mai 2006

[OBBP05] OELTZE, S.; BENDICKS, C.; BEHRENS, S.; PREIM, B.: Multiparametervisualisierung zur Exploration dynamischer Bilddaten. In: *Bildverarbeitung für die Medizin, Informatik aktuell, Springer* (2005)

[Oel03] OELLIEN, F.: *Algorithmen und Applikationen zur Interaktiven Visualisierung und Analyse chemiespezifischer Datensätze*, Friedrich-Alexander-Universität Erlangen-Nürnberg, Diss., 2003

[Oes01] OESTEREICH, B.: *Objektorientierte Softwareentwicklung: Analyse und Design mit der UML*. Berlin : Oldenbourg-Verlag, 2001 (5)

[OL96] ONG, H. L. ; LEE, H. Y.: Software Report WinViz - A Visual Data Analysis Tool. In: *Computation & Graphics, Elsevier Science Ltd.* 20 (1996), Nr. 1, S. 83–84

[Oll02] OLLIEN, F.: *Algorithmen und Applikationen zur interaktiven Visualisierung und Analyse von chemiespezifischen Datensätzen*, Friedrich-Alexander-Universität Erlangen-Nürnberg, Diss., 2002

[OMG09] OMG. *Object Management Group (OMG): Unified Modeling Language (UML), Version 1.5 and 2.0*. http://www.omg.org. 25.11.2009

[OSM10] *OpenStreetMap – die freie Wiki-Weltkarte*. http://www.openstreetmap.org/. 30.11.2010

[Pan01] PANG, A. T.: Visualizing Uncertainty in Geo-spatial Data. In: *Proceedings of the Workshop on the Intersections between Geospatial Information and Information Technology*. Washington, D.C., 2001

[PG88] PICKETT, R. M. ; GRINSTEIN, G.: Iconographics Displays for Visualizating Multidimensional Data. In: *Proceedings of the 1988 IEEE Conference on Systems, Man and Cybernetics*. Beijing und Shenyang, Volksrepublik China, 1988, S. 514–519

[Pho75] PHONG, B. T.: Illumination for computer generated pictures. In: *Commun. ACM* 18 (1975), Nr. 6, S. 311–317

[Pri03] PRIEBE, A.: *Entwicklung einer Datenbankanwendung für die Visualisierung wissenschaftlicher Daten des Umweltsatelliten ENVISAT*, Berufsakademie Mannheim - University of Cooperative Education und Forschungszentrum Karlsruhe GmbH, Institut für Angewandte Informatik, Diplomarbeit, September 2003

[PWL96] PANG, A. T. ; WITTENBRINK, C. M. ; LODHA, S. K.: Glyphs for Visualizing Uncertainty in Vector Fields. In: *IEEE Transactions on Visualization and Computer Graphics* 2 (1996), September, Nr. 3, S. 266–279

[PWL97] PANG, A. T. ; WITTENBRINK, C. M. ; LODHA, S. K.: Approaches to Uncertainty Visualization. In: *The Visual Computer* 13 (1997), S. 370–390

[RA06] RTG-AKUSTIK. *Internet-Seite der Firma RTG Akustik AG*. http://www.sanken.ch. 14.10.2006

[SCF+02] STILLER, G. P. ; VON CLARMANN, T. ; FISCHER, H. ; FUNKE, B. ; GLATTHOR, N. ; GRABOWSKI, U. ; HÖPFNER, M. ; KIEFER, M. ; MILZ, M.: *Wissenschaftliche Berichte*. Bd. FZKA 6703: *Entwicklung eines Auswerte-Algorithmus und eines*

Datenverarbeitungssystems für das MIPAS Satellitenexperiment. Forschungszentrum Karlsruhe, 2002

[SCG96] SCHUMANN, H. ; DE CHAVEZ, N. L. ; GRAW, K. U.: Visual Representation of Multiparameter Data with spatial Dependence. In: *7th Eurographics Worshop on Visualization in Scientific computing*. Prag, 1996

[Sch97] SCHRÖDER, F.: *Visualisierung meteorologischer Daten*. Springer-Verlag, 1997

[Sch02] SCHLINDWEIN, S.: *Entwicklung einer Java-Applikation zur Integration und Synchronisation von Softwarekomponenten*, Berufsakademie Karlsruhe - University of Cooperative Education und Forschungszentrum Karlsruhe GmbH, Institut für Angewandte Informatik, Diplomarbeit, September 2002

[SGG96] SYMANZIK, J. ; GRIFFITHS, L. ; GILLIES, R.: Visual Exploration of Satellite Images. In: *Computational Statistics, Special Issue of Computeraided Analysis of Spatial Data* 11 (1996), Nr. 4, S. 467–480

[SHB+99] SHAW, C. D. ; HALL, J. A. ; BLAHUT, C. ; EBERT, D. S. ; ROBERTS, D. A.: Using Shape to Visualize Multivariate Data. In: *Workshop on New Paradigms in Information Visualization and Manipulation (NPIVM '99), in conjunction with the Eigth ACM International Conference on Information and Knowledge Management (CIKM '99)*. Kansas City, USA, 1999, S. 17–20

[SM00] SCHUMANN, H. ; MÜLLER, W.: *Visualisierung – Grundlagen und allgemeine Methoden*. Springer-Verlag, 2000

[Sti00] STILLER, G. P. (Hrsg.): *Wissenschaftliche Berichte*. Bd. FZKA 6487: *The Karlsruhe Optimized and Precise Radiative Transfer Algorithm (KOPRA)*. Forschungszentrum Karlsruhe, 2000

[SWTS05] SCHULZE-WOLLGAST, P. ; TOMINSKI, C. ; SCHUMANN, H.: Enhancing Visual Exploration by Appropriate Color Coding. In: *Proceedings WSCG 2005, The 10th International Conference in Central Europe on Computer Graphics, Visualization and Interactive Digital Media*. Pilsen, Tschechien, Februar 2005

[TAS03] TOMINSKI, C. ; ABELLO, J. ; SCHUMANN, H.: Axes-Based Visualizations for Time Series Data. In: *Poster Presentation, IEEE Symposium on Information Visualization*. Seattle, USA, Oktober 2003

[TAS04] TOMINSKI, C. ; ABELLO, J. ; SCHUMANN, H.: Axes-Based Visualizations with Radial Layouts. In: *ACM Symposium on applied Computing*. Nikosia, Zypern, 2004

[TAS05] TOMINSKI, C. ; ABELLO, J. ; SCHUMANN, H.: 3D Axes-Based Visualizations for Time Series Data. In: *Interactive Poster, IEEE InfoVis'05*. Minneapolis, USA, Oktober 2005

[The95] THEISEL, H.: Analyse und Visualisierungshilfe für mehrdimensionale wissenschaftliche Daten. In: *Informatik - Forschung und Entwicklung* 10 (1995), Mai, Nr. 2

[TSWS03] TOMINSKI, C. ; SCHULZE-WOLLGAST, P. ; SCHUMANN, H.:   Visualisierung zeitlicher Verläufe auf geografischen Karten.   In: *Proceedings GeoVis 2003, www.informatik.uni-rostock.de/~ct/Publications/geovis.pdf (25.11.2009)*. Hannover, 2003

[WIK09] *Wikipedia Internet-Seite*. http://de.wikipedia.org. 25.11.2009

[WIS09] *Internet-Seite des Projekts WISA (Wissenschaftliches Informationssystem für die Atmosphärenforschung) am Institut für Angewandte Informatik des Karlsruher Instituts für Technologie (KIT)*. http://www.iai.fzk.de/projekte/wisa. 25.11.2009

[WL93] VAN WIJK, J. J. ; VAN LIERE, R.: HyperSlice: visualization of scalar functions of many variables. In: *VIS '93: Proceedings of the 4th conference on Visualization '93*, 1993. – ISBN 0–8186–3940–7 (PAPER), S. 119–125

[WLG97] WEGENKITTL, R. ; LÖFFELMANN, H. ; GRÖLLER, E.: Visualizing the Behavior of Higher Dimensional Dynamical Systems. In: *Proceedings Visualization '97*. Los Alamitos : IEEE Computer Society Press, 1997, S. 119–125

[Wör06] WÖRL, R.: *Einsatz von Animationen bei der Darstellung multidimensionaler Satellitendaten mit Java*, Berufsakademie Karlsruhe - University of Cooperative Education und Forschungszentrum Karlsruhe GmbH, Institut für Angewandte Informatik, Diplomarbeit, September 2006

[XML08] *Extensible Markup Language (XML) 1.0 (Fifth Edition), W3C Recommendation 26 November 2008*. http://www.w3.org/TR/REC-xml/ (25.11.2009). 2008

[Yan05] YANG, J.: *A General Framework for Multi-Resolution Visualization*, Worcester Polytechnic Institute, Diss., April 2005

Abbildungsverzeichnis

1.1   Orbits des Umweltsatelliten ENVISAT aus unterschiedlichen Perspektiven   6
1.2   Struktur der MIPAS/ENVISAT-Messdaten   7
1.3   Verteilung von MIPAS/ENVISAT-Messdaten (Spektren)   8
1.4   Aus MIPAS/ENVISAT-Messdaten abgeleitete Profildatensätze über Europa   9
1.5   Struktur der MIPAS/ENVISAT-Messdaten   10
1.6   Datenmodell der Mess- und Ergebnisdaten von MIPAS/ENVISAT   10
1.7   Einfache 2D-Scatterplots   16
1.8   Scatterplot zur Darstellung von Spurengas-Korrelationen [Fis05]   17
1.9   Scatterplot-Matrizen   19
1.10 Scatterplot-Matrizen   20
1.11 Liniendiagramm zur Darstellung des Verlaufs mehrerer Variablen   22
1.12 Liniendiagramm in der Meteorologie: Darstellung relativer Fehler   23
1.13 Parallele Koordinaten: Prinzip und Beispiel   23
1.14 Parallele Koordinaten: mit Splines (a) und mit Histogrammen (b)   25
1.15 Kiviatgraph (a) und Polardiagramm (b) [RA06].   27
1.16 Säulendiagramme für mehrere Variablen   27
1.17 Dreidimensionale Säulendiagramme   28
1.18 Säulendiagramm: Spurengase in der Atmosphäre [Fis05]   28
1.19 Histogramm: Häufigkeitsverteilung von Klausurpunkten   29
1.20 a) Kreis- und b) Ringdiagramm sowie (c) flächenbasierter Kiviatgraph . .   30
1.21 Chernoff-Gesichter   32
1.22 Grundformen eines Stick Figure   33
1.23 Familie von Stick-Figure-Ikonen [PG88]   34
1.24 Stick-Figure-Diagramm [PG88]   35
1.25 Diagramm mit Sunflower-Glyphen [DP03]   36
1.26 a) Vereinfachter Kiviatgraph als Glyphe, b) Star Glyphen   37
1.27 a) Flächen- und b) Radienproportionale Glyphen   38
1.28 Beispiel eines Data Jacks nach [Moo02]   38
1.29 Farb-Ikone   39
1.30 Darstellung zweier Parameter mit Fläche und Farbe [IDL00]   41
1.31 3D-Techniken: Parallele Koordinaten im Raum   42
1.32 3D-Techniken: Zeitreihendarstellung   43
1.33 Flächendarstellung mit Dicke   45
1.34 Auswirkung von Transparenz auf einfache ebene Flächendarstellung . . .   46
1.35 Transparenz zur Identifikation von Datenmengen   47
1.36 Schattierungsverfahren: a) Flat-, b) Gouraud- und c) Phong Shading . . .   48
1.37 3D-Glyphen ohne (a) und mit Schattierung (b)   49
1.38 a) Perspektivische und b) Parallele Darstellung von 3D-Elementen   50
1.39 Darstellung des Nebel-Effektes. a) Elemente ohne und b) mit Nebel . . .   51

2.1   Prinzip der erweiterten Normalisierung   63
2.2   Hilfsmittel der Visualisierung: Weltkarte und Globus   65
2.3   Hilfsmittel der Visualisierung: Surrogate   67
2.4   Hilfsmittel der Visualisierung: Weltkarte mit Gitter   68
2.5   Hilfsmittel der Visualisierung: Selektion   70
2.6   3D-Scatterplots: Kugel- und Quaderdarstellung   73
2.7   3D-Scatterplots: Parameterüberlagerung   74
2.8   3D-Scatterplots: Parameterüberlagerung O_3 und HNO_3 am Nordpol   . . .   76
2.9   Stick Figures: prinzipielle Varianten   79
2.10 Stick Figures: Interpretation der abgebildeten Parameter   82
2.11 Stick Figures: Interpretation der abgebildeten Parameter (2)   83
2.12 Stick Figures: Variante **A** (Angle)   85
2.13 Stick Figures: Prinzip der abs. und rel. Rotation der Extremitäten   85
2.14 Stick Figures: Reversion der Rotation des Basiskörpers   86
2.15 Stick Figures: Unterschiede beim Ausblenden des Basiskörpers.   87
2.16 Stick Figures: Extremitäten-Basiskörper-Längenverhältnis   89
2.17 Stick Figures: Überlagerung mit mehreren farbkodierten Profilen.   89
2.18 Stick Figures: Verwendung der wertabhängigen Helligkeit   91
2.19 Stick Figures: Transparenzeffekt bei verdeckten Elementen   92
2.20 Stick Figures: Variante **T** (Thickness)   93
2.21 Stick Figures: Variante **L** (Length)   94
2.22 Stick Figures: Variante **L+T, A+L** (Length+Thickness, Angle+Length) .   95
2.23 Stick Figures: Varianten **BA+L** (Body Angle+Length)   96
2.24 Stick Figures: Varianten **A** (Angle, absolut und relativ)   97
2.25 Stick Figures: Varianten **A+T** (Angle+Thickness, absolut und relativ) . .   98
2.26 Stick Figures: Varianten **A+T** (Angle+Thickness, abs. und rel. angepasst)   99
2.27 Stick Figures: Varianten **A+L, A+L+T** (Angle+Length+(Thickness)) . .   99
2.28 Stick Figures: Varianten ohne Basiskörperwinkel **EA** 101
2.29 3D-Glyphen: Detailansicht 103
2.30 3D-Glyphen: Unterschiedliche Dicken 105
2.31 3D-Glyphen: Art der Geometrieelemente, Helligkeitseffekt und Transparenz 106
2.32 3D-Data-Jacks: Kegel- und Zylinderdarstellung von Einzelelementen . . 108
2.33 3D-Data-Jacks: Kegel- und Zylinderdarstellung für einen realen Datensatz 108
2.34 3D-Data-Jacks: Zylinderdarstellung geneigt und transparent 109
2.35 3D-Balkendiagramm: Prinzipieller Aufbau als Visualisierungselement . . 110
2.36 3D-Balkendiagramm: Darstellung von acht Spurengasprofilen 111
2.37 3D-Profilgruppe: konzentrische, parallele und überlagerte Linienanordnung 112
2.38 3D-Profilgruppe: konzentrische und parallele Flächenanordnung 113
2.39 3D-Profilgruppe: Verwendung der Transparenz bei Flächenanordnung . . 114

3.1   Parallele Profile: Entstehung von Parallelen Profilen 118

3.2   Darstellung von Chlornitrat entlang Orbit Nr. 2910 [Fis05]   119

3.3   Parallele Profile: 2D-Darstellung von Chlornitrat entlang Orbit Nr. 2910 .   120

3.4   Parallele Profile: 3D-Darstellung von Chlornitrat entlang Orbit Nr. 2910 .   121

3.5   Parallele Profile: 3D-Darstellung von Chlornitrat mit Farbüberlagerung .   121

3.6   Parallele Profile: 3D-Darstellung von Chlornitrat (perspektivisch)   122

3.7   Parallele Profile: Überlagerung zweier Profile   123

3.8   Parallele Profile: Gleichzeitige Darstellung mehrerer Spurengase   124

3.9   Parallele Profile: 3D-Darstellung von Chlornitrat mit Farbüberlagerung .   124

3.10 Parallele Profile: Darstellung als Verlaufsbild   125

3.11 Parallele Profile: Verlaufsbild mit anderer Farbskala   125

3.12 Parallele Profile: Gleichzeitige Darstellung mehrerer Spurengase   126

3.13 Parallele Profile: Darstellung am Messort   127

4.1   Basisanimationen: Elementgruppen, Szene und einzelne Ebenen   130

4.2   Animationsverfahren für Form- und Farbenänderung   131

4.3   Animation von Scatterplots: Verlauf von Ozon über der Höhe   133

4.4   Animation von Scatterplots: Beispieldatensatz für HNO_4 und $ClONO_2$.   134

4.5   Animation von Scatterplots: Farb- und Größenanimation (einzelne Höhen)   135

4.6   Animation von Stick Figures: Grundsätzliche Variationen   136

4.7   Animation von Stick Figures: Farbüberlagerung   137

4.8   Animation von Stick Figures: Datensatz für die 2D-Animation   138

4.9   Animation von Stick Figures: Ebenen 10 bis 50 des Datensatzes   139

4.10 Animation von Stick Figures: Gegenüberstellung des Profilverlaufs . . .   140

4.11 Animation von Kiviatgraphen: Geografischer Verlauf des Orbits Nr. 8278   141

4.12 Animation von Kiviatgraphen: *Ozon*-Konzentration (untersch. Höhen) . .   142

4.13 Animation von Kiviatgraphen: *Level Tracing*   143

4.14 Animation von Kiviatgraphen: Höhenprofile der einzelnen Viertelkreise .   143

4.15 Animation von Kiviatgraphen: Spurengase für mehrere Geolokationen . .   144

4.16 Datensatz für *Ozon* und *F11* über Europa   146

4.17 Animation durch separates Anzeigen einzelner Höhenebenen.   147

4.18 Animation zeitlicher Änderungen: Abbildung von Nullwerten   148

5.1   Interaktionsgeschwindigkeit für einzelne Visualisierungselemente   158

6.1   Struktur der Datensätze: Höhenprofile   162

6.2   Systemarchitektur: Visualisierungskomponente und die WISA-Software .   164

6.3   UML-Datenmodell für ein Visualisierungselement   166

6.4   UML-Datenmodell (Kommunikation Vis-Element <-> Basis-Visualisierer)   170

6.5   UML-Datenmodell für die Integration der Animationskomponente   172

6.6   Szenegraph des Basis-Element-Viewers.   174

6.7   Grafische Benutzungsoberfläche der Basis-Applikation   175

6.8   Grafische Benutzungsoberfläche des Basis-Visualisierers   176

A.1 Zusammenfassung einzelner DataSet2D-Elemente. 189
A.2 Veranschaulichung des Speicherplatzbedarfs (1) 191

B.1 Grundaufbau eines Szenegraphen bei Java3D 195
B.2 Diagrammobjekte eines Szenegraphen bei Java3D 196

C.1 Transformation der Geolokationen auf die Globusoberfläche. 204

D.1 Schematischer Aufbau der Basisapplikations-GUI 207
D.2 Momentaufnahme der Basisapplikation *Profile Retrieval Tool* 208
D.3 Konfigurationsfenster und VIS-Menü 209
D.4 Schematischer Aufbau des Basis-Visualisierers 211
D.5 Benutzungsoberfläche des 3D-Basis-Visualisierers 212
D.6 3D-Basis-Visualisierer mit Stick Figures. 213
D.7 Basis-Visualisierer für den 2D-Raum 213
D.8 Kiviatgraph-Visualisierer für den 2D-Raum 214

Tabellenverzeichnis

1.1   Messdatenaufkommen von MIPAS/ENVISAT (Missionszeit)   11

5.1   Bewertung der 3D-Visualisierungselemente (Profile)   153
5.2   Bewertung der 3D-Visualisierungselemente (Identifikation von Korrela-
      tionen)   155
5.3   Speicherplatzbedarf der 3D-Methoden   157

Glossar

Benutzer   Bediener eines Visualisierungssystems, der mit Hilfe des Computers und seinen Eingabe- und Ausgabegeräten versucht, mit allen verfügbaren Visualisierungswerkzeugen und Effekten eine optimale Abbildung eines Sachverhalts zu erreichen. Er unterscheidet sich vom Betrachter dadurch, dass er aktiv an der Erzeugung der Visualisierung beteiligt ist.

Betrachter   Betrachter eines (Zwischen-)Ergebnisses einer Visualisierung. Er ist im Gegensatz zum Benutzer nicht am Entstehungsprozess beteiligt.

GIS-System   Geografisches Informationssystem, mit dem umweltrelevante oder städtebauliche Daten mit Bezug zu einem bestimmten geografischen Ort veranschaulicht werden können

GUI   Grafische Benutzungsoberfläche (Graphical User Interface). Auch als sogenannte Mensch-Maschine-Schnittstelle zu Softwareprodukten bekannt.

Kardinalität   Die Kardinalität (auch Komplexitätsgrad genannt) gibt bei Entity-Relationship-Diagrammen an, mit wie vielen anderen Entitäten eine Entität einer Entitätsmenge in einer konkreten Beziehung stehen muss bzw. stehen kann. Die Angabe der Kardinalität erfolgt bei UML [OMG09] durch eine Zahl bzw. einer Zahl und einem Sternchen („beliebig viele") am jeweiligen Ende einer Relation (Verbindungslinie).

Ozonloch   Bereich in der oberen Stratosphäre (ca. 25-50km) über der Arktis und Antarktis, in dem eine zu geringe Konzentration von Ozon vorliegt. Die Ozon-Konzentration schwankt jahreszeitlich abhängig von der Menge der solaren UV-Strahlung.

Rendering   Rendern oder Bildsynthese bezeichnet in der 3D-Computergrafik die Erzeugung eines Bildes aus einer Szene. Eine Szene ist ein virtuelles räumliches Modell, das Objekte und deren Materialeigenschaften, Lichtquellen, sowie die Position und Blickrichtung eines Betrachters definiert. Computerprogramme zum Rendern von Bildern werden Renderer genannt.

Szene   Zusammenfassung aller an einer Visualisierung beteiligten Elemente, die für einen Benutzer sichtbar sein können und von diesem manipulierbar sind. Beispielsweise kann eine Szene aus einem Koordinatensystem und mehreren Elementen bestehen. Dieser Begriff wird vor allem für die Visualisierung von 3D-Elementen benutzt.

XML   (Extensible Markup Language) Auszeichnungssprache zur Darstellung hierarchisch strukturierter Daten in Form von Textdaten.

Bereits veröffentlicht wurden in der Schriftenreihe des Instituts für Angewandte Informatik / Automatisierungstechnik bei KIT Scientific Publishing:

Nr. 1:   BECK, S.: Ein Konzept zur automatischen Lösung von Entscheidungsproblemen bei Unsicherheit mittels der Theorie der unscharfen Mengen und der Evidenztheorie, 2005

Nr. 2:   MARTIN, J.: Ein Beitrag zur Integration von Sensoren in eine anthropomorphe künstliche Hand mit flexiblen Fluidaktoren, 2004

Nr. 3:   TRAICHEL, A.: Neue Verfahren zur Modellierung nichtlinearer thermodynamischer Prozesse in einem Druckbehälter mit siedendem Wasser-Dampf Gemisch bei negativen Drucktransienten, 2005

Nr. 4:   LOOSE, T.: Konzept für eine modellgestützte Diagnostik mittels Data Mining am Beispiel der Bewegungsanalyse, 2004

Nr. 5:   MATTHES, J.: Eine neue Methode zur Quellenlokalisierung auf der Basis räumlich verteilter, punktweiser Konzentrationsmessungen, 2004

Nr. 6:   MIKUT, R.; REISCHL, M.: Proceedings – 14. Workshop Fuzzy-Systeme und Computational Intelligence: Dortmund, 10. - 12. November 2004, 2004

Nr. 7:   ZIPSER, S.: Beitrag zur modellbasierten Regelung von Verbrennungsprozessen, 2004

Nr. 8:   STADLER, A.: Ein Beitrag zur Ableitung regelbasierter Modelle aus Zeitreihen, 2005

Nr. 9:   MIKUT, R.; REISCHL, M.: Proceedings – 15. Workshop Computational Intelligence: Dortmund, 16. - 18. November 2005, 2005

Nr. 10: BÄR, M.: µFEMOS – Mikro-Fertigungstechniken für hybride mikrooptische Sensoren, 2005

Nr. 11: SCHAUDEL, F.: Entropie- und Störungssensitivität als neues Kriterium zum Vergleich verschiedener Entscheidungskalküle, 2006

Nr. 12: SCHABLOWSKI-TRAUTMANN, M.: Konzept zur Analyse der Lokomotion auf dem Laufband bei inkompletter Querschnittlähmung mit Verfahren der nichtlinearen Dynamik, 2006

Nr. 13: REISCHL, M.: Ein Verfahren zum automatischen Entwurf von Mensch-Maschine-Schnittstellen am Beispiel myoelektrischer Handprothesen, 2006

Nr. 14: KOKER, T.: Konzeption und Realisierung einer neuen Prozesskette zur Integration von Kohlenstoff-Nanoröhren über Handhabung in technische Anwendungen, 2007

Nr. 15: MIKUT, R.; REISCHL, M.: Proceedings – 16. Workshop Computational Intelligence: Dortmund, 29. November - 1. Dezember 2006

Nr. 16: LI, S.: Entwicklung eines Verfahrens zur Automatisierung der CAD/CAM-Kette in der Einzelfertigung am Beispiel von Mauerwerksteinen, 2007

Nr. 17: BERGEMANN, M.: Neues mechatronisches System für die Wiederherstellung der Akkommodationsfähigkeit des menschlichen Auges, 2007

Nr. 18: HEINTZ, R.: Neues Verfahren zur invarianten Objekterkennung und -lokalisierung auf der Basis lokaler Merkmale, 2007

Nr. 19: RUCHTER, M.: A New Concept for Mobile Environmental Education, 2007

Nr. 20: MIKUT, R.; REISCHL, M.: Proceedings – 17. Workshop Computational Intelligence: Dortmund, 5. - 7. Dezember 2007

Nr. 21: LEHMANN, A.: Neues Konzept zur Planung, Ausführung und Überwachung von Roboteraufgaben mit hierarchischen Petri-Netzen, 2008

Nr. 22: MIKUT, R.: Data Mining in der Medizin und Medizintechnik, 2008

Nr. 23: KLINK, S.: Neues System zur Erfassung des Akkommodationsbedarfs im menschlichen Auge, 2008

Nr. 24: MIKUT, R.; REISCHL, M.: Proceedings – 18. Workshop Computational Intelligence: Dortmund, 3. - 5. Dezember 2008

Nr. 25: WANG, L.: Virtual environments for grid computing, 2009

Nr. 26: BURMEISTER, O.: Entwicklung von Klassifikatoren zur Analyse und Interpretation zeitvarianter Signale und deren Anwendung auf Biosignale, 2009

Nr. 27: DICKERHOF, M.: Ein neues Konzept für das bedarfsgerechte Informations- und Wissensmanagement in Unternehmenskooperationen der Multimaterial-Mikrosystemtechnik, 2009

Nr. 28: MACK, G.: Eine neue Methodik zur modellbasierten Bestimmung dynamischer Betriebslasten im mechatronischen Fahrwerkentwicklungsprozess, 2009

Nr. 29: HOFFMANN, F.; HÜLLERMEIER, E.: Proceedings – 19. Workshop Computational Intelligence: Dortmund, 2. - 4. Dezember 2009

Nr. 30: GRAUER, M.: Neue Methodik zur Planung globaler Produktionsverbünde unter Berücksichtigung der Einflussgrößen Produktdesign, Prozessgestaltung und Standortentscheidung, 2009

Nr. 31: SCHINDLER, A.: Neue Konzeption und erstmalige Realisierung eines aktiven Fahrwerks mit Preview-Strategie, 2009

Nr. 32: BLUME, C.; JAKOB, W.: GLEAN. General Learning Evolutionary Algorithm and Method: Ein Evolutionärer Algorithmus und seine Anwendungen, 2009

Nr. 33: HOFFMANN, F.; HÜLLERMEIER, E.: Proceedings – 20. Workshop Computational Intelligence: Dortmund, 1. - 3. Dezember 2010

Nr. 34: WERLING, M.: Ein neues Konzept für die Trajektoriengenerierung und -stabilisierung in zeitkritischen Verkehrsszenarien, 2011

Nr. 35: KÖVARI, L.: Konzeption und Realisierung eines neuen Systems zur produktbegleitenden virtuellen Inbetriebnahme komplexer Förderanlagen, 2011

Nr. 36: GSPANN, T. S.: Ein neues Konzept für die Anwendung von einwandigen Kohlenstoffnanoröhren für die pH-Sensorik, 2011

Nr. 37: LUTZ, R.: Neues Konzept zur 2D- und 3D-Visualisierung kontinuierlicher, multidimensionaler, meteorologischer Satellitendaten, 2011

Die Schriften sind als PDF frei verfügbar, eine Nachbestellung der Printversion ist möglich. Nähere Informationen unter www.ksp.kit.edu.